EL viaje del DISCÍPULO

UNA GUÍA DE NAVEGACIÓN A LA FORMACIÓN Y TUTORÍA ESPIRITUALES

DAVID BUEHRING

El Viaje del Discípulo
Una guía de navegación a la formación y tutoría espirituales
Derechos reservados ©2007 por David K. Buehring

Todas las citas bíblicas se han tomado de la versión Reina-Valera 1960, excepto donde se indica una versión diferente.

Publicado por: HigherLife Publishing and Marketing, Inc.
400 Fontana Circle
Building 1, Suite 105
Oviedo, FL 32765
EUA

Pedidos: Página web: www.lionshare.org
Email: info@lionshare.org
Teléfono: 615-377-4688

Traducción al español: Gladys Aparicio / Cubierta y diseño: Corrie Commisso y Antonio DePina

A Ryan y Malia

*Los amamos y les animamos mientras sirven a Dios
para cumplir Sus propósitos en vuestra generación.
¡Lleguen bien a la meta!*

Contenido

Reconocimientos

Me siento profundamente honrado y sumamente agradecido por las muchas personas que Jesús ha traído a mi vida en mi propio viaje en el discipulado. En realidad, buena parte de este libro es compilación de los numerosos depósitos que en mi vida hicieron miembros de mi familia, líderes y maestros piadosos, mentores, colegas y compañeros en el ministerio, amigos y otras personas que me alentaron. Sin la inversión que hicieron en mí, esta obra que usted tiene en sus manos no habría sido posible. En mi corazón hay un lugar especial de honor para cada uno de ellos.

Quiero agradecer en especial a mi esposa, Cheryl, que es absolutamente un regalo para mí. Sin tu amor, tu compañía, tu apoyo y tus oraciones, no estaría donde estoy ahora. Tú, más que nadie, te has sacrificado sin egoísmo alguno para ayudarme a aprender muchos de los caminos de Dios descritos en este libro. Te amo y nunca llegarás a comprender lo mucho que significas para mí.

Ryan y Malia, a través de mi relación con ustedes como su Papá, me han enseñado tanto como los demás acerca del carácter y los caminos de Dios. Los amo mucho y estoy orgulloso de ustedes, y lo que más anhelo en la vida es ver lo que en el futuro Dios hará en ustedes, y a través de ustedes, para cambiar el mundo.

Muchas gracias a Corrie Commisso por su diagramación y diseño extraordinarios, a Gladys Aparicio por su excepcional trabajo en la traducción al español, y a Antonio DePina por su ayuda con la diagramación del material en español.

Finalmente, estoy eternamente agradecido al Señor Jesús. Estoy muy consciente (como lo están quienes me conocen) de que, sin Él, no podría hacer nada de algún valor — pero en Él puedo seguir aprendiendo a amar, obedecer, servir y llegar bien a la meta. Por Su gracia —y para Su gloria— ese es mi objetivo.

Dave Buehring
Franklin, Tennessee
Primavera 2007

Cómo usar eficazmente *El Viaje del Discípulo*

El propósito primordial de este libro interactivo es proveer a iglesias, grupos y organizaciones de misiones, grupos de estudio, colegios, universidades, seminarios, familias y a los que estudian en casa, una guía práctica para la formación espiritual de nuevos creyentes y de veteranos en la fe cristiana, y brindarles una herramienta para discipular y guiar a otros en los caminos de Dios.

El contenido se ha diseñado tanto para adultos como para jóvenes, y puede usarse de diversas maneras. Pueden trabajar en los 12 capítulos durante 12 semanas (un capítulo por semana) o 12 meses (un capítulo al mes), dependiendo del lugar, el tiempo que deseen dedicar y la profundidad con que deseen realizar el estudio.

Cada capítulo está dividido en cinco secciones que están marcadas por un símbolo. *Una mirada desde la orilla* inicia el viaje con una introducción a cada capítulo. *Zarpemos* trata de fundamentos básicos. *En aguas más profundas* lleva al estudiante a las verdades centrales del tema en discusión. *Echemos la red* da la oportunidad para una reflexión del corazón basada en lo aprendido, y *La pesca del día* da un breve resumen del capítulo y lleva hacia su aplicación en la vida.

El objetivo de las 52 reflexiones sobre el carácter de Dios, al final del libro, es que el estudiante medite en un atributo del carácter divino cada semana durante un año, permitiendo que, en base a la Biblia, la mente y el corazón vean más claramente quién es Dios y cómo es Él.

Aquí debemos decir que, aunque la información ocupa un papel importante en nuestra vida, la meta es la transformación de vida y de corazón —por la Palabra y el Espíritu— y un conocimiento práctico de los caminos de Dios que pueda aplicarse a todo aspecto en la vida del creyente. El énfasis recae en un cambio del corazón y la aplicación en la vida real.

Presentamos aquí algunas sugerencias para usar *El Viaje del Discípulo*:

- **Grupos pequeños de estudio y tutoría**
  Este libro es apropiado ya sea para un grupo de estudio, para la capacitación de un equipo que ministrará en misiones por un período breve, en la tutoría de persona a persona o en un grupo pequeño. Un método que sugerimos es que asigne a personas para estudiar un segmento o un capítulo completo, y que luego lo discutan juntos en la siguiente reunión. La oportunidad de interacción y de hacer preguntas puede resultar en una experiencia de aprendizaje eficaz para los participantes. Los padres pueden discipular a sus hijos adolescentes en los caminos de Dios estudiando juntos el libro en el devocional familiar.

- **Capacitación de grupos grandes**
  Puesto que este libro está dividido en 12 capítulos, puede usarse como curso de estudio para adultos o curso de discipulado para jóvenes durante tres meses o un año. En colegios, institutos, universidades y seminarios puede usarse como curso de formación espiritual durante un trimestre, un semestre o el año académico. En cualquiera de estas opciones, puede utilizar los grupos pequeños para motivar al diálogo y a la aplicación práctica.

- **Uso para estudio personal**
  Esta opción permite que la persona estudie el libro a su propio ritmo. Puede hacerlo siguiendo el orden de los capítulos, o según la necesidad o interés que tenga. Lo mismo puede decirse de las reflexiones sobre el carácter de Dios que están al final del libro.

- **Recurso para maestros y discipuladores**
  Para los que ministran como discipuladores y maestros, este libro provee abundante material sobre numerosos temas de discipulado que pueden servir como bosquejos para clases y sesiones de capacitación.

UNA MIRADA DESDE LA ORILLA

> "Así dijo Jehová: No se alabe el sabio en su sabiduría,
> ni en su valentía se alabe el valiente, ni el rico se alabe en sus riquezas.
> Mas alábese en esto el que se hubiere de alabar: en entenderme
> y conocerme, que yo soy Jehová, que hago misericordia,
> juicio y justicia en la tierra;
> porque estas cosas quiero, dice Jehová".
>
> *Jeremías 9:23-24*

¿Quién es Dios y cómo es Él realmente? No hablo de la imagen de Dios que viene a nuestra mente o la que el diablo ha tratado de establecer en nuestro pensamiento. Me refiero a quién es Él en verdad. Dios ha elegido revelarse a nosotros en formas que podemos entender y con las cuales podemos identificarnos. Él desea tanto que lo conozcamos que incluso envió a Jesús a la Tierra para que lo experimentemos — Dios como hombre, Aquel que caminó entre nosotros. Y Jesús nos dice: "El que me ha visto a mí, ha visto al Padre" (Jn. 14:9).

La Biblia pinta un retrato imborrable de Dios, ilustrando cómo es Él. Por medio de los nombres y títulos que se le atribuyen, revela Su naturaleza, personalidad y carácter. En el libro de Apocalipsis vemos una descripción plena de Dios. Él es el Alfa y la Omega (el principio y el fin); Aquel que era, es y ha de venir; Aquel que vive; Aquel que tiene las llaves de la muerte y del Hades. Es revelado como el Señor Dios Todopoderoso, el Cordero de Dios, el Rey de reyes y Señor de señores, Aquel que está sentado en el trono, el Soberano de los reyes de la tierra, Aquel a quien las naciones adoran. Él es santo (apartado) y digno de recibir honra, gloria y alabanza. Y esta es sólo una muestra de los atributos que encontramos en un solo libro de la Biblia. ¡Imagine cuánto más podemos conocer a Dios al dar una mirada a los 66 libros!

Creo que, desde el inicio de nuestra vida,

el diablo trata de distorsionar el carácter de Dios para impedir que conozcamos a nuestro Creador. Acosándonos estratégicamente con mentiras y acusaciones que tocan las heridas de nuestro corazón, o echándonos en cara nuestras decisiones pecaminosas, Satanás siembra una imagen sombría y distorsionada de Dios en nuestro corazón y mente — una imagen que en nada se asemeja al Dios que nos revela la Escritura. Puesto que el pecado entró en el mundo, esto, en cierto grado, ocurre en todos nosotros.

Piense por un momento. ¿Qué factores han formado su impresión respecto a Dios? ¿Será posible que una relación difícil haya dañado la percepción que tiene de Su carácter? Tal vez haya tenido una experiencia negativa por medio de la cual el diablo le ha mentido en cuanto a quién es Dios. Quizá su pasado incluya otras filosofías religiosas o cosmovisiones que superponen creencias falsas a la verdadera naturaleza de Dios. Tal vez su punto de vista acerca de Dios se haya formado al participar en una iglesia sin vida, carente de frutos y amor.

En este capítulo tendrá la oportunidad de ver, de acuerdo a la Biblia, quién es Dios realmente. Para recibir más ayuda, al final del libro encontrará 52 reflexiones sobre el carácter de Dios — una para cada semana. Para empezar, haga una pausa en este momento y pídale a Dios que se revele a usted en este capítulo.

zarpemos

Dios nos invita a conocerlo personalmente, no sólo a saber *de* Él o *acerca de* Él. Quiere llevarnos a una relación real, tan personal y tangible como la relación más duradera que hayamos tenido en la vida. Desea que lo conozcamos directamente, no que nos conformemos con lo que dicen otros. Él nos llama a conocerlo por nosotros mismos.

Muchos hombres y mujeres en la Biblia conocieron íntimamente a Dios. Lo buscaron con una pasión tal que permitieron que Dios se les revelara. Abraham fue llamado amigo de Dios (Stg. 2:23); Moisés habló con Él cara a cara (Ex. 33:7-11); el único deseo de David era contemplar la hermosura de Dios (Sal. 27:4). María sólo anhelaba sentarse a los pies de Jesús (Lc. 10:38-42); y Pablo estuvo dispuesto a renunciar a todo para conocer a Dios (Fil. 3:7-14).

Dios en las relaciones

A lo largo de la Biblia hallamos vívidos relatos de personas que experimentaron a Dios en una relación significativa. Esos relatos hablan a nuestra vida, revelándonos lo que significa *conocer* a Dios. Veamos algunos ejemplos:

Adán y Eva – Gn. 2—3
- Dios los creó y sopló en ellos aliento de vida.
- Dios permitió que Adán colaborara con Él poniendo nombres a los animales.
- Él suplió para las necesidades de la pareja: la necesidad de una ayuda idónea para Adán, y la necesidad de ambos de cubrirse.
- Dios tenía compañerismo con ellos. Reconocían Su voz cuando Él se paseaba en el huerto.

Enoc – Gn. 5:24; He. 11:5
- La Biblia nos dice que Enoc caminó con Dios.

Abraham y Sara
- Abraham conocía el llamado de Dios en su vida y Su propósito de bendecirlo (Gn. 12:1-3).
- Dios hizo un pacto con Abraham y se le reveló (Gn. 15; 17).
- Dios visitó a Abraham y Sara (Gn. 18:1-15).

IDEAS Y NOTAS

- Abraham se encontró con Dios en el lugar de oración (Gn. 18:16-33).
- Abraham experimentó a Dios en el lugar de obediencia (Gn. 22:1-19).
- Dios lo llamó Su amigo (2 Cr. 20:7; Is. 41:8; Stg. 2:23).

Moisés

- Dios se encontró con Moisés en la zarza ardiente, donde le reveló Su carácter, Su nombre y Su llamamiento para él (Ex. 3; 4).
- Dios le reveló Su poder a Moisés, siendo esta la primera de muchas veces (Ex. 4:1-9).
- Moisés halló favor con Dios (Ex. 32:7-14).
- Moisés habló cara a cara con Dios, como un hombre habla con su amigo (Ex. 33:7-11).
- Moisés quería conocer los caminos de Dios a fin de conocerlo (Ex. 33:13; Sal. 103:7).
- Cuando Moisés le pidió a Dios que le mostrara Su gloria, Él se le reveló pasando a su lado mientras proclamaba Su carácter (Ex. 33:18–34:7).

David

- David fue un varón conforme al corazón de Dios (1 S. 13:14; Hch. 13:22, 36).
- Su mayor deseo era conocer a Dios (Sal. 27:4).
- Los cantos de David (Salmos) revelan mucho de lo que él sabía acerca del carácter de Dios (Sal. 145).
- Debido a que David conocía a Dios, hizo grandes proezas por Él (1 S. 17).

Jesús

- Jesús hablaba con Dios como Su Padre y nos animó a hacer lo mismo (Mt. 6:9-13).
- Jesús pasaba tiempo a solas con el Padre en oración (Mt. 14:23; Lc. 6:12-16; 22:39-44).
- Jesús conocía el corazón y la voluntad de Su Padre (Jn. 5:19-20; 12:49-50).
- Jesús deseaba glorificar al Padre (Jn. 17:4-5).
- Jesús deseaba que Sus discípulos conocieran a Dios tan íntimamente como Él lo conoce (Jn. 17:23-26).

Dios nos invita a conocerlo personalmente, no sólo a saber de Él o acerca de Él.

Lo principal en el cristianismo no es el trabajo que hacemos, sino la relación que mantenemos y la atmósfera que esa relación produce. Eso es todo lo que Dios desea que busquemos, y es lo único que es atacado continuamente.

Oswald Chambers, 1874-1917, predicador escocés

Marta y María

- Ellas ministraron a Jesús personalmente en el hogar de ellas (Lc. 10:38-42).
- María se sentó a los pies de Jesús para aprender de Él (Lc. 10:38-42).
- Ellas experimentaron a Jesús como la resurrección y la vida cuando su hermano Lázaro fue resucitado (Jn. 11:1-44).

Pablo

- Jesús se reveló a Saulo (Pablo) en el camino a Damasco cuando iba a perseguir a la iglesia (Hch. 9:1-19).
- El mayor deseo de Pablo era conocer mejor a Jesús (Fil. 3:7-14).
- La misión y la oración de Pablo era que la gente conociera mejor a Jesús (Ef. 1:17).

Conozcamos a Dios en la Biblia

Los atributos de Dios

Dios se revela en la Biblia a través de Sus nombres, títulos y atributos. Al leer la Biblia, note cada vez que encuentre una expresión del carácter de Dios. Ponga atención al contexto de cada referencia, porque tal vez le dé más enseñanzas sobre esa característica de Dios. Por ejemplo, al leer el libro de Juan, note referencias tales como:

- Él es el *Verbo*, el *Cordero de Dios* y *Maestro* (Jn. 1).
- Él es el *Dios de milagros* y el *Purificador del templo* (Jn. 2).
- Él es el *Buen Pastor* y el *Padre*, y Jesús es revelado como el *Hijo de Dios* (Jn. 10).
- Él es la *Vid Verdadera*, el *Labrador* y *Consolador* (Jn. 15).

Los caminos de Dios

Aprender acerca del corazón, la mente y las actitudes de Dios nos revela los caminos y principios divinos para vivir en Su reino, que es otra manera de conocerlo. Debemos considerar que los caminos de Dios no son nuestros caminos ni los del mundo (Is. 55:8-9). Moisés deseaba conocer los caminos divinos para conocer mejor a Dios (Ex. 33:13). David clamó para que Dios le mostrara Sus caminos (Sal. 25:4-5). Veamos algunos ejemplos de los caminos de Dios:

- Si desea realmente vivir, primero debe morir a usted mismo (Lc. 9:23-25).
- Si vive en humildad, experimentará la gracia de Dios (Stg. 4:6).
- Para vivir sabiamente, debe vivir primero en el temor de Dios (Pr. 9:10).
- Para ser grande en el reino de Dios, debe ser el mayor siervo (Mt. 20:25-28).

IDEAS Y NOTAS

Las obras de Dios

Los actos y el comportamiento de Dios muestran quién es Él y cómo es.

- La división del mar Rojo para salvar a Su pueblo muestra Su poder, protección y el compromiso respecto a Sus promesas (Ex. 14; 15).
- La victoria de David sobre Goliat demuestra la capacidad de Dios para obtener grandes logros por medio de quienes están dispuestos a que Él los use para Sus propósitos (1 S. 17).
- La historia de Job nos permite ver las transacciones que a menudo ocurren a nuestro alrededor en el ámbito espiritual, y cómo Dios muestra Su gloria a través de ellas (Job).
- La forma en que Jesús trató la situación de la mujer hallada en adulterio nos muestra el alcance del perdón de Dios (Jn. 8:1-11).

Las palabras de Dios

Lo que Dios declara nos da la oportunidad de conocerlo y entenderlo mejor.

- "Hagamos al hombre a nuestra imagen, conforme a nuestra semejanza" revela el corazón y el plan de Dios al crear al ser humano. "Hagamos" [tercera persona, plural] también nos muestra la Trinidad en la creación (Gn. 1:26).
- "Honra a tu padre y a tu madre... No matarás. No cometerás adulterio. No hurtarás..." nos muestra que Dios desea relaciones saludables (Ex. 20:12-15).
- "Yo soy el camino, y la verdad, y la vida; nadie viene al Padre, sino por mí" nos muestra que el único modo de relacionarnos con Dios es por medio de la Persona de Jesucristo (Jn. 14:6).
- "Más bienaventurado es dar que recibir" revela el corazón de Dios en cuanto a dar (Hch. 20:35).

Dios se revela en la Biblia a través de Sus nombres, títulos y atributos.

En este momento estamos tan cerca de Dios como realmente escogemos estar. Es cierto que a veces desearíamos una intimidad más profunda, pero cuando llega el momento, no estamos preparados para pagar el precio necesario.

J. Oswald Sanders, 1902-1992, teólogo y líder misionero de Nueva Zelandia

Experimente a Dios en su vida

Así como invertimos en nuestras relaciones terrenales y pasamos mucho tiempo con las personas que amamos, respetamos y admiramos, se nos invita a invertir en nuestra relación con Jesús. Dios desea encontrarse con nosotros para comunicarnos lo real de Su persona y presencia. Podemos conocerlo íntima y personalmente.

Busque a Dios
Los que buscan a Dios de todo corazón, lo hallarán (Jer. 29:13). Si dedica tiempo a leer la Biblia y a vivir en relación con Dios, ponga mucha atención a la forma en que Él le revelará más de Su carácter y Sus caminos.

Ame a Dios
Exprese su amor a Dios en alabanza. Use lo que está aprendiendo acerca de Su carácter para declararle Su adoración. Utilice el libro de Salmos como un himnario de adoración para expresar a Dios su gratitud, alabanza y adoración (Mt. 22:37-38).

Ore a Dios
Lleve a Dios en oración todos los asuntos que Él pone en su corazón para que interceda. Al hacerlo, quizá Él le indique específicamente cómo desea que ore. Esto le permite colaborar con Dios en el avance de Su reino (Jn. 15:7-8).

Espere en Dios
Separe tiempo en su vida para esperar en silencio ante Dios, permitiendo que Él hable a su corazón. Aprender a escuchar Su voz es esencial para seguir a Jesús (Sal. 37:7; Jn. 10:27).

Obedezca a Dios
Una de las mejores formas en que puede conocer y experimentar a Dios es andar cada día en obediencia a Él. A medida que Dios le dirija y guíe, obedézcale en forma total. Cultive su corazón de modo que se deleite en obedecer a Dios (Jn. 14:23).

Una de las mejores formas en que puede conocer y experimentar a Dios es andar cada día en obediencia a Él.

IDEAS Y NOTAS

Confíe en Dios
En nuestro caminar con Dios hay tiempos cuando no vemos los frutos o resultados que desearíamos. Esto no significa que Dios no esté obrando. Simplemente debemos confiarle las circunstancias de nuestra vida, aun cuando no entendamos lo que sucede (Pr. 3:5-6).

Tema a Dios
En nuestra vida siempre debemos sentir reverencia y asombro por quién es Dios, recordando que Él nos creó, y nosotros somos hechura de Sus manos. Conocer Su carácter y Sus caminos nos permite andar en humildad ante Dios, manteniendo en una perspectiva correcta nuestra relación con Él (Pr. 9:10; Is. 64:8).

Obstáculos para conocer a Dios

A veces nos distanciamos de buenos amigos. Nuestros caminos siguen distintos intereses y perdemos de vista una relación que antes era importante para nosotros. Lo mismo puede ocurrir en la relación con Dios. Aunque Él nunca se aleja de nosotros, nosotros lo perdemos de vista por las distracciones de este mundo. Veamos algunos factores que amenazan con obstaculizar nuestra relación con Dios.

Distorsión
Ideas falsas respecto a cómo es Dios pueden estorbar para que toquemos Su corazón. Asegúrese de permitir que la Escritura renueve su corazón y mente de acuerdo a como Él es realmente.

Apatía
Las riquezas, las posesiones materiales y la sobrealimentación espiritual sin nosotros dar a otros, pueden volvernos apáticos hacia Dios y Sus propósitos. Esto no quiere decir que la riqueza y los bienes materiales sean malos. Significa que, aquello con lo que Dios nos bendice, debemos considerarlo como algo que nos da para que bendigamos a otras personas y lo usemos para extender Su reino.

Independencia
Es fácil empezar a depender de nuestra sabiduría y experiencia, dejando sutilmente de depender de la verdad y consejo de Dios. La esencia total de nuestro andar con Él es vivir en completa dependencia de Su carácter y presencia en nuestra vida.

Pecado
Esto se refiere a nuestras decisiones pecaminosas así como a los pecados cometidos contra nosotros. Debemos proteger nuestro corazón de todo pecado, amargura y resentimiento, porque estos destruyen el fundamento de nuestra amistad con Dios.

El mayor rival de la devoción a Jesús es el servicio a Él. El único objetivo del llamado de Dios es Su satisfacción, no el llamamiento a hacer algo para Él.

Oswald Chambers, 1874-1917, predicador escocés

Vida ocupada

Si el diablo no puede persuadirle a pecar, tratará de distraerlo manteniéndolo ocupado. Cuidado con esos tiempos cuando su vida se vuelve tan agitada que parece no haber tiempo para estar a solas con Jesús.

Orgullo

Cuando todo gira alrededor de nosotros, en vez de Jesús, ¡cuidado! Esté atento a la trampa del éxito. Dios no compartirá Su gloria con otro.

Idolatría

¿Hay algo en su vida a lo cual le está dando prioridad sobre Jesús? ¿Tal vez sus posesiones o actividades? ¿Qué lugar ocupan sus relaciones, incluyendo la relación con su cónyuge y sus hijos? ¿Quizá su ministerio es más importante que Aquel en cuyo nombre ministra? Deténgase y examine lo que su vida dice acerca de su corazón.

 # EN AGUAS MÁS PROFUNDAS

La naturaleza de Dios*

La naturaleza de Dios comprende muchos aspectos. Las siguientes cualidades son inherentes a quien Él es.

Dios es viviente — Dt. 5:26; Ap. 1:18

A través del Antiguo y del Nuevo Testamento se declara que Dios es viviente y que vive.
- "Vive Jehová" es una expresión del Antiguo Testamento que se usaba como juramento (1 S. 14:39, 45).
- La declaración de Pedro acerca de Jesús fue que Él era "el Cristo, el Hijo del Dios viviente" (Mt. 16:16).
- Los creyentes son llamados "templo del Dios viviente" (2 Co. 6:16).
- Los ángeles llevan "el sello del Dios vivo" (Ap. 7:2).

Esta verdad muestra el contraste con la adoración a un ídolo o imagen tallada que carece de vida.

IDEAS Y NOTAS

_____

_____

_____

_____

* Agradezco al Dr. J. Rodman Williams, profesor de la Facultad de Religión de la Universidad Regent de Virginia Beach, VA, cuyos materiales y conferencias sobre "Dios, el mundo y la redención" ayudaron a formar mi comprensión sobre la naturaleza de Dios, la Trinidad y el carácter de Dios. Aprendí mucho de su material sobre estos temas y lo he usado aquí con su permiso.

- Por ser el Dios viviente, Él puede dar vida, renovarla y hacer que vuelva de entre los muertos (Jn. 11:17-44).
- Él es quien da vida eterna (Jn. 3:15, 16, 36).
- Dios es contemporáneo, es decir, no sólo estaba vivo en el pasado sino que está intensamente vivo en este momento.

Dios es Espíritu — Jn. 4:24

Dios es incorpóreo, es decir, no tiene cuerpo y no está formado de sangre, carne y huesos. Su realidad es completamente espiritual.

- No posee la visibilidad corpórea del ser humano (1 Ti. 1:17).
- Puesto que Su ser no tiene forma, se le puede ver por medio de Su propia revelación en la Biblia.
- Para el hombre, en su estado presente, es imposible contemplar a Dios. Lo destruiría (Ex. 33:20).
- Cuando Jesús vino a la Tierra, lo hizo en forma corpórea y tenía un cuerpo como el nuestro en todo aspecto (1 Jn. 1:1-4), y al final veremos Su rostro (Ap. 22:4).

Dios es dinámico. Siendo Espíritu, nada lo limita, es libre y nadie lo puede obligar a hacer algo.

- Para Él no hay límites de ninguna clase. Es totalmente libre para expresarse y hacer Su voluntad. Su ser es espontaneidad absoluta (2 Co. 3:17).
- En Dios no existen barreras ni limitaciones de ninguna clase. No está limitado por luchas internas ni es dominado por necesidades interiores.
- Dios no está limitado por Su creación ni por las leyes y estructuras de la misma. Se mueve libremente dentro de Su orden creado y puede moverse fuera de este, actuando en formas que sobrepasan lo que Él le ha revelado al hombre.
- El hombre no puede exigirle nada. A Dios no se le puede forzar a hacer algo por obligación; Él actúa de acuerdo con Su voluntad suprema.
- Las acciones de Dios no son arbitrarias, basadas en caprichos. Su voluntad nace de Su carácter, que es perfecta santidad, justicia, amor, sabiduría, etc.

Dios es dinámico. Siendo Espíritu, nada lo limita, es libre y nadie lo puede obligar a hacer algo.

Creo que no hay nada más lleno de amor, más profundo, más compasivo ni más perfecto que el Salvador; en el mundo hay sólo una figura de belleza absoluta: Cristo.

Fedor Dostoievsky, 1821-1881, novelista, periodista y escritor ruso

Dios es personal

En la Biblia Dios deliberadamente revela quién es Él.

- Él desea que lo conozcamos.
- Puesto que Él es personal, la Biblia utiliza muchos nombres, títulos y atributos para describir lo que un solo nombre no puede comunicar.

Vemos Su relación personal con la gente.

- A través de la Biblia, Dios le habla a la gente y esta le habla a Él (Ex. 33:11; Hch. 9:1-19).
- Él hace pactos con otros (Gn. 9:8-17; 17:7-8; 2 S. 7:11-16).
- Dios comunica Su esencia a la gente usando representaciones antropomórficas; es decir, se describe a Sí mismo como alguien que posee características personales como risa, ira, tristeza; o atributos físicos como ojos, brazos, manos, etc. (Sal. 2; Is. 40:10-12).

Dios nos da un retrato de Sí mismo en la persona de Jesús (Mt. 1:23; Jn. 14:9).

- Jesús vino a la Tierra como ser humano — siendo a la vez completamente Dios y completamente hombre (Jn. 1:1-14; 1 Jn. 1:1-4).
- Él nació (Lc. 2:7) y experimentó la niñez (Lc. 2:40, 52).
- Poseía mente (Lc. 2:52), alma (Jn. 12:27) y emociones (Jn. 11:35; He. 5:8-9).
- Se cansaba (Jn. 4:6), sentía hambre y sed (Mt. 4:11; Jn. 19:28).
- La gente veía a Jesús como hombre (Mt. 13:55-56; Mr. 6:3).

Dios es infinito

- Él trasciende el espacio (1 R. 8:27; Job 11:7-9).
- Para Dios no hay restricciones, limitaciones ni barreras, mientras que los seres humanos están restringidos por el espacio.
- Dios es el Altísimo, exaltado sobre todo lo humano, lo terrenal y celestial.

Dios es eterno

- Él trasciende el tiempo (Sal. 90:4; 2 P. 3:8).
- Dios trasciende y controla el tiempo, mientras que nuestros años son limitados.
- Él es el Dios eterno que no tiene principio, tiempo intermedio ni fin. Él ve el final desde el principio (Ap. 4:8).
- Para Dios no hay progresión de días, años, décadas y siglos. Dios es.

IDEAS Y NOTAS

Dios es inmutable

- Dios trasciende a Su creación.
- La naturaleza y el carácter de Dios no cambian (Mal. 3:6).
- En Dios no hay fluctuación. Es constante y estable en todo lo que Él es.
- Cuando la Biblia dice que Dios "se arrepintió", esto enfatiza la respuesta de Dios al hombre y su conducta. Ese "arrepentimiento" no indica en absoluto que Dios cambie, sino que ejerce otro aspecto de Su carácter en base a la respuesta que recibe del hombre (Ex. 32:14; Nm. 23:19; Jon. 3:1-10).

Dios es omnipotente

- Dios es todopoderoso.
- A través de toda la Biblia hay evidencias del poder de Dios (Ex. 15:6; Ro. 1:16; Ef. 1:19).
- Él es Dios Todopoderoso. No existe tarea que Él no pueda realizar (Gn. 18:14; Jer. 32:17; Mt. 19:26).
- Él es el Dios de milagros, que hace lo extraordinario y sobrenatural (Ex. 14:21-31; 1 R. 18:16-40; Mt. 8:1–9:38; Lc. 1:26-38).
- Dios puede hacer todas las cosas pero eso no significa que lo hace todo. Su poder está vinculado a Su carácter, que es amor, bondad, sabiduría, justicia, etc.
- Toda filosofía que considere que Dios posee poder limitado es totalmente antibíblica (Sal. 62:11).

Dios es omnisciente

- Dios sabe todas las cosas.
- Dios es perfecto en conocimiento; Su sabiduría es completa e infinita (1 Jn. 3:20; Job 37:16; Sal. 147:5).
- El conocimiento de Dios no es adquirido como el nuestro. Siendo el Autor y Creador de todas las cosas, Él no necesita que alguien le enseñe (Is. 40:13-14).
- Dios conoce todos los aspectos de Su creación — desde los átomos hasta las personas y las galaxias.
- Dios sabe anticipadamente lo que sucederá (Sal. 139:4, 16; Is. 42:9). Él sabe todo — cada evento en la historia, en la vida humana y en el futuro. Él ve cada momento con igual claridad. Su presciencia no es conocimiento previo sino un conocimiento que no está limitado por el tiempo.

¿De dónde viene la idea de que si lo que hacemos es divertido, no puede ser voluntad de Dios? El Dios que creó las jirafas, las uñas de los bebés, la cola de un cachorrito, la calabaza de cuello torcido, el grito de ciertas aves y la risa de una niña, tiene sentido del humor. Puede estar seguro de eso.

Catherine Marshall, 1914-1983, escritora de los E.U.A.

- Dios conoce cada aspecto de nuestra existencia. Conoce cada pensamiento y sentimiento (Ez. 11:5; Jer. 17:9-10). Conoce nuestras palabras aun antes que se formen en nuestra lengua (Sal. 139:4; Mt. 12:36-37). Jesús recalcó la importancia de que vivamos con el constante reconocimiento de que Dios nos conoce personalmente. Él está consciente de nuestras necesidades y tiene en cuenta aun los más pequeños detalles de nuestra vida, incluso cuántos cabellos tenemos en la cabeza (Mt. 6:32; 10:30).
- Puesto que Dios sabe todas las cosas, eso nos desafía a vivir en rectitud porque todos nuestros caminos están constantemente delante de Él (Sal. 119:168).
- La omnisciencia de Dios es también un tremendo consuelo para nosotros porque Él sabe lo que hay en nuestro corazón (Sal. 139).

Dios es omnipresente
- Dios está en todas partes.
- Dios está presente simultáneamente en todo el universo. No está limitado por el espacio ni distribuido a través de la creación — Él está completa e igualmente presente en todo lugar a la vez (Jer. 23:24).
- Dios está cerca de usted y de mí (Hch. 17:27-28).
- No podemos huir de la presencia de Dios (Sal. 139:7-12).
- Aunque una persona esté lejos de Dios, eso no significa que Él esté lejos de ella.
- Dios está presente en forma singular en la vida de los creyentes por medio del Espíritu Santo que mora en ellos (Jn. 14:17).

Dios es providencial
- Dios cuida y protege vigilantemente Su creación.
- Dios está íntimamente interesado en Su creación y está comprometido activamente con ella.
- La Providencia se refiere a la preservación de la creación por parte de Dios. En Él todas las cosas subsisten (Col. 1:17; He. 1:3). Él puso todo en su lugar, desde los átomos hasta las estrellas. Creó nuestro corazón para que latiera y hace que la sangre rica en oxígeno siga su curso por nuestras venas. Es por Su Providencia que permanecemos con vida y recibimos provisión para nuestras necesidades (Mt. 6:25-34).
- La Providencia de Dios no sólo suple para nuestras necesidades físicas, sino que nos protege de peligros ocultos. Su mano rechaza las amenazas contra nuestra salud y los ataques espirituales invisibles.
- Su Providencia muestra Su participación en la creación. Fue Dios quien sopló aliento de vida en el hombre (Gn. 2:7), y Él continúa interviniendo en los asuntos de la humanidad.

IDEAS Y NOTAS

- Dios guió a Israel con una columna de nube en el día y una columna de fuego en la noche. También les dio los Diez Mandamientos (Ex. 13:21-22; 20:1-17).
- Dios vino a la Tierra en la persona de Jesús — Emanuel, "Dios con nosotros" (Mt. 1:23).
- Él les dijo a los discípulos que estaría con ellos siempre (Mt. 28:20).
- Los discípulos declararon que Él no estaba lejos de cada uno de ellos (Hch. 17:27-28).
- La Providencia de Dios incluye Su dirección para la creación. Desde el principio Dios ha guiado al hombre hacia Sus propósitos divinos, y ni el orgullo ni el egoísmo del corazón humano puede obstaculizar lo que Él ordena. Dios es el Señor de la historia y Su propósito es que todos los pueblos y naciones lo conozcan (Hch. 17:24-27). Esto no le niega al hombre su libertad — Dios utiliza todo, aun los hechos pecaminosos del hombre, para establecer Su voluntad. Dios cumple plenamente Sus propósitos a pesar de las obras malvadas del hombre (Hch. 2:23-24).

La Trinidad

La Trinidad

El cristianismo se mantiene fiel a la creencia en un Dios y sólo un Dios. Nunca se puede declarar con demasiada firmeza la unicidad de Dios. La afirmación de la unicidad de Dios se ve en la frase "Jehová nuestro Dios, Jehová uno es" — una frase que llegó a conocerse como el *Shema* que el pueblo de Israel repetía cada día (Dt. 6:4). Jesús reafirmó esta verdad en el Nuevo Testamento (Mr. 12:29). En la Biblia nunca se usa el término *Trinidad*, pero a través de toda la Escritura se evidencia la verdad de la Trinidad (Gn. 1:26; 3:22; Lc. 3:21-22; Mt. 28:19).

Dios en tres Personas — Padre, Hijo y Espíritu Santo

- Cada uno es una Persona (Lc. 3:21-22).
- Vemos la verdad de la Trinidad aun desde el libro de Génesis, con el uso del plural (Gn. 1:26; 3:22; 11:7).
- Vemos la Trinidad en el bautismo de Jesús y, otra vez, cuando Jesús comisiona a Sus discípulos (Mt. 3:16-17; Mt. 28:19).
- Cada Persona de la Trinidad es Dios: el Padre (Is. 64:8; Mt. 6:9); el Hijo [Jesús] (Jn. 1:1, 14, 18; He. 1:8); y el Espíritu Santo (Hch. 5:3-4)

Permita que su religión sea menos teoría y más una relación de amor.
Gilbert K. Chesterton, 1874-1936, escritor británico

Nuestros corazones fueron creados para Ti, Señor, y estarán
inquietos hasta que reposen en Ti.
San Agustín de Hipona, 354-430, padre de la iglesia

Un Dios en tres Personas

- Todas las Personas de la Trinidad o Divinidad son Dios.
- El Padre es totalmente Dios, el Hijo es totalmente Dios, y el Espíritu Santo es totalmente Dios.
- Cada Persona de la Trinidad contiene la totalidad de la Divinidad y es el Dios único e indiviso.
- No hay obras del Padre que no sean también del Hijo, etc.
- Ellos tienen los mismos atributos — lo que se dice de uno se aplica a todos.
- Hay una unión sobrenatural de tres Personas divinas. Cada una debe ser adorada y honrada como Dios.
- Cada una debe ser adorada considerando que todas poseen los mismos atributos — al adorar a una, las otras también son adoradas.

Las Personas de la Trinidad son distintas

- Las tres Personas de la Trinidad existen eternamente y permanecen distintas eternamente. No son figuras retóricas, títulos o expresiones de diferentes formas en que Dios se revela.
- El hecho de que sean "tres" no niega la "unicidad".
- Algunos de los actos de la Divinidad a través de la Biblia ayudan a definir la distinción de cada Persona.
    - El Padre es la fuente y origen de la creación.
    - El Hijo (Jesús) vino a ser la encarnación de Dios en carne humana.
    - El Espíritu Santo fue enviado a la gente por el Padre y el Hijo.

El misterio de la Trinidad

- La mente humana no puede comprender totalmente la Trinidad, pero esta es una verdad bíblica sobre la cual se levanta el fundamento de la fe cristiana.
- Esta verdad debe aceptarse por fe. Es revelada por el Espíritu.

La mente humana no puede comprender totalmente la Trinidad, pero esta es una verdad bíblica sobre la cual se levanta el fundamento de la fe cristiana.

IDEAS Y NOTAS

El carácter de Dios

El carácter de Dios se muestra en la forma en que escoge relacionarse con Su creación. Aunque son muchas las características que conforman Su carácter, algunas cualidades fundamentales describen quién es Él.

Dios es santo
- La santidad es la esencia de Su carácter. "Santo" significa "apartado" (Is. 6:3).
- Él es admirable y majestuoso (Ex. 3:5-6; Ap. 1:12-17).
- Su presencia santa produce profunda reverencia y admiración en Su creación (Ec. 12:13-14; Is. 8:13; Mt. 10:28).
- Él es puro, sin corrupción alguna de cosas impuras (Hab. 1:13).
- Es completamente justo (Sal. 119:137; 145:17).
- Hace justicia, dando a cada uno conforme a Su obra, y es compasivo hacia los maltratados y oprimidos (Sal. 89:14; 97:2; 103:6; 140:12).

Dios es amor — 1 Jn. 4:8
- Dios envió a Jesús para demostrar Su amor (Jn. 3:16; Ro. 5:8).
- El amor de Dios es activo y da de Sí mismo, sin importar la actitud de quien lo recibe. Es un amor incomprensible, pero es derramado sobre nosotros sin cesar (Jer. 31:3; Ef. 3:17-19; 1 Jn. 3:1).
- El amor de Dios se expresa en Su:
    - Compasión (Ex. 34:6-7; Sal. 136).
    - Gracia (Ex. 33:19; Ef. 2:1-10).
    - Misericordia (Ef. 2:4; Sal. 119:156).
    - Bondad (Sal. 118:1).
    - Perdón (Ef. 1:7).

Dios de la verdad
- Dios posee perfecta integridad; sin cambiar la verdad, sin quitarle ni aumentarle (Nm. 23:19; 2 Ti. 2:13).
- Dios es confiable y Su palabra es segura — "Fiel es el Señor a su palabra y bondadoso en todas sus obras" (Sal. 145:13b, *Nueva Versión Internacional* — Nota de trad.: Esta oración no aparece en la versión Reina-Valera 1960).
- Dios es fiel (Ex. 34:6-7; Lm. 3:21-23).

El catecismo escocés dice que el propósito principal del hombre es "glorificar a Dios y disfrutarlo para siempre". Pero comprenderemos entonces que ambos son lo mismo. Disfrutar plenamente es glorificar. Al ordenar que le glorifiquemos, Dios nos invita a disfrutarlo.

C. S. Lewis, 1898-1963, notable autor e intelectual inglés

Reflexiones sobre el carácter de Dios

Al final del libro encontrará 52 nombres, títulos y atributos de Dios en los que puede reflexionar. Meditar en los nombres de Dios es una manera de usar la Escritura para renovar su mente respecto a quién es Él y cómo es. Le recomiendo que estudie un atributo cada semana, anotando las ideas y enseñanzas que descubra. Disfrute un año de íntima reflexión. Cuando termine los 52, encontrará aproximadamente otros 170 para inspirarle en su viaje para conocer mejor a Dios.

Los nombres hebreos de Dios

Una de las maneras de conocer a Dios es meditar en Sus nombres. A continuación hay una lista de algunos de Sus nombres hebreos, los significados y los pasajes bíblicos donde se encuentran.

Elohim
- Este es el nombre con que se presenta a Dios en el principio de la Biblia (Gn. 1:1).
- *El* significa Dios y está relacionado con Su poder, potencia, gloria y autoridad. *Ohim* habla de pluralidad y nos da el primer cuadro de la Trinidad. El nombre *Elohim* está conectado con los actos poderosos de Dios.

Jehová
- Este es Su nombre cuando se habla de relaciones y pactos.
- Dios se presentó al hombre en el huerto como *Jehová Dios* (Gn. 2:7).

Jehová El-Shaddai
- Dios Todopoderoso – El Dios de poder, abundancia y bendición.
- Dios se reveló a Abraham como El-Shaddai cuando le prometió un hijo (Gn. 17:1-2).

IDEAS Y NOTAS

Adonai

- Este nombre, que se traduce como *Señor* o *Maestro*, se refiere a que Dios es dueño de nuestra vida y puede gobernarla.
- Abraham se refirió a Dios como Adonai cuando Él le dijo lo que iba a suceder a Sodoma y Gomorra (Gn. 18:3).

Jehová-Jireh

- El Señor mi Proveedor.
- Este nombre fue revelado cuando Dios salvó la vida de Isaac y proveyó un carnero para que Abraham lo sacrificara (Gn. 22:14).
- Este nombre indica anticipadamente que Dios daría a Su Hijo para nuestra redención y salvación.

Jehová-Rafa

- El Señor mi Sanador.
- Cuando Israel llegó a Mara, Dios hizo un pacto de sanidad con Su pueblo (Ex. 15:22-26).

Jehová-Nissi

- El Señor mi Estandarte, o cobertura, protección y victoria.
- Este nombre fue revelado cuando Moisés, durante una batalla contra los amalecitas, alzó la vara de la victoria en el lugar de oración (Ex. 17:15).

Jehová-M'kadesh

- El Señor mi Santificador. Él es quien nos aparta para servirle y hace que le pertenezcamos totalmente a Él.
- El Señor dijo que sería el santificador de Israel si caminaban en obediencia a Él (Ex. 31:13).

Meditar en los nombres de Dios es una manera de usar la Escritura para renovar su mente respecto a quién es Él y cómo es.

Estaríamos en silencio y sabríamos que eres Dios. Estamos maravillados ante Ti. Tu admirable santidad, esplendor majestuoso, gloria resplandeciente, poder sin límites y soberanía incuestionable. Te adoramos por tu carácter perfecto, tu conocimiento y sabiduría infinitos, tu justicia absoluta, tu fidelidad inquebrantable, tu misericordia sin fin. Inclinamos nuestro corazón y doblamos nuestras rodillas ante tu belleza admirable, tu personalidad fascinante, tu humildad incomprensible, tu comprensión inescrutable y tu amor insondable. Lo que más necesitamos es tener una revelación mucho mayor de cómo eres Tú realmente.

Joy Dawson, maestra de Biblia de Nueva Zelandia

Jehová-Shalom

- El Señor mi Paz.
- Este es el nombre que Gedeón puso al altar que construyó para recordar al ángel de Jehová, quien lo comisionó como guerrero para que liberara a Israel de los madianitas, asegurándole que no moriría por haber visto al ángel (Jue. 6:23-24).

Jehová-Tsidkenu

- El Señor mi Justicia.
- Dios le dijo a Jeremías que profetizara que un renuevo justo de David vendría para salvar a Judá, y que Israel moraría confiado. Esta es una figura de Jesús, nuestra justicia. Sólo por medio de Él podemos vivir rectamente delante de Dios (Jer. 23:6).

Jehová-Rohi

- El Señor mi Pastor.
- David declaró: "Jehová es mi pastor". Esto indica liderazgo además de intimidad (Sal. 23:1).

Jehová-Sama

- El Señor está allí.
- Este nombre se refiere a la ciudad restaurada y hermoseada donde Dios morará con Su pueblo para siempre (Ez. 48:35).

El carácter de Dios se muestra en la forma en que escoge relacionarse con Su creación.

IDEAS Y NOTAS

ECHEMOS LA RED

¿Qué imágenes lleva en su corazón y mente acerca de Dios y cómo es Él? ¿Cómo llegaron allí esas imágenes? ¿Están de acuerdo con la Biblia? ¿Cuáles imágenes contradicen a la Biblia?

_____

_____

_____

_____

_____

_____

_____

_____

¿Cuáles son los nombres, títulos o atributos de Dios que tienen más significado para usted en su vida hoy?

_____

_____

_____

_____

_____

_____

_____

_____

_____

_____

_____

*Jamás alguien recibió algo de Dios por merecerlo. Habiendo caído,
el hombre merece sólo castigo y muerte. Así que, si Dios contesta la oración,
se debe a que Dios es bueno. ¡Dios lo hace por Su bondad,
Su misericordia, Su benevolencia! Esa es la fuente de todo.*

A. W. Tozer, 1897-1963, pastor y escritor de los E.U.A.

¿Cómo puede conocer y experimentar mejor a Dios personalmente? ¿Cómo puede desarrollar su relación con Dios? ¿A qué necesita darle más atención?

_____

_____

_____

_____

_____

_____

_____

¿Qué es lo que más le habló acerca de la naturaleza de Dios?

_____

_____

_____

_____

_____

Dé una mirada a la última sección del libro y empiece su experiencia de reflexión escogiendo un aspecto de Dios que le gustaría conocer mejor. Anote sus ideas.

_____

_____

_____

_____

_____

IDEAS Y NOTAS ━━━━━━

_____

_____

_____

_____

LA PESCA DEL DÍA

Resumen del capítulo

- Dios desea que lo conozcamos pero el diablo hará todo lo posible para impedirlo, especialmente distorsionando la imagen de Dios en nuestro corazón y mente.
- Podemos ser más deliberados para conocer a Dios, buscándolo y permaneciendo conscientes de las áreas que pueden obstaculizar nuestra búsqueda.
- Dios se revela a nosotros por medio de Sus nombres, títulos y atributos, Sus caminos, Sus obras y Sus palabras en la Biblia.
- Dios nos invita a conocer Su naturaleza y carácter. Podemos verlo más claramente al reflexionar en Sus nombres, títulos y atributos.

¿Cuáles fueron las dos o tres áreas de las que el Espíritu Santo le habló más claramente en este capítulo, y cómo le responderá usted?

_____

_____

_____

_____

_____

_____

_____

_____

_____

_____

_____

_____

_____

CAPÍTULO 2
EL LLAMADO AL DISCIPULADO

 UNA MIRADA DESDE LA ORILLA

"Si alguno quiere venir en pos de mí, niéguese a sí mismo, y tome su cruz, y sígame. Porque todo el que quiera salvar su vida, la perderá; y todo el que pierda su vida por causa de mí y del evangelio, la salvará. Porque ¿qué aprovechará al hombre si ganare todo el mundo, y perdiere su alma?"

Marcos 8:34-36

Este versículo se encuentra en tres de los cuatro evangelios, recalcando la seriedad del llamamiento del Señor al discipulado. En Mateo, el pasaje es precedido por el relato de la revelación que tuvo Pedro al reconocer que Jesús era el Cristo; y lo sigue la represión a Pedro por permitir que Satanás influya en los asuntos de Dios. Ambas experiencias —el reconocimiento y confesión de que Jesús era el Hijo de Dios, y rehusar acceso a Satanás en su corazón y mente— fueron sólo el comienzo de lo que significaría ser discípulo de Jesús. En realidad, si alguien lo seguía, iba a costarle más — requeriría su vida misma. De los doce discípulos originales, al final diez morirían por su Mesías y la proclamación de Sus buenas nuevas (el evangelio).

Un discípulo es aquel que se somete a la tutoría de otra persona para aprender su estilo de vida y difundir su causa. El discípulo-estudiante aprende de su señor-maestro escuchándolo, observándolo y participando con él en los eventos de la vida cotidiana. El estudiante se forma por la influencia del maestro, cosechando de las experiencias y el conocimiento de éste. Los discípulos son instruidos, corregidos, animados y entrenados a lo largo del viaje del discipulado. En resumen, el discípulo-estudiante llega a asemejarse mucho al señor-maestro, tanto en su vida como en su propósito. Esto es lo que Jesús tenía en mente cuando llamó a hombres y mujeres a

seguirlo en el discipulado. Los llamó para que llegaran a ser como Él y discipularan a otros para hacer lo mismo.

El discípulo de Jesús no es sólo alguien que cree que Jesús es real, o que asiste con regularidad a las actividades de la iglesia. Uno no se hace discípulo al bautizarse, ni tampoco por diezmar o simplemente por ser bueno. Todo eso es importante, pero Jesús nos dio un criterio más elevado respecto a lo que significa ser Su discípulo. En el pasaje de arriba, Él dijo que el discípulo se niega a sí mismo, toma su cruz y lo sigue, dando su vida a Cristo y al evangelio.

Para crecer como discípulo se requiere un corazón dispuesto y deseoso de aprender, además del compromiso radical de obedecer a Jesús. Se necesita el apoyo de otras personas que estén más avanzadas en su andar con Dios. Para obtener el mayor provecho de este libro, encuentre a otra persona o un grupo de personas con quienes pueda caminar en el estudio de estos capítulos. A medida que se desarrolle la relación con ellas, dígales que desea recibir su guía espiritual. Recuerde que el discipulado nace de relaciones, primero con Jesús, luego con otras personas. Todos debemos someternos a la tutoría de Jesús, y Él desea que nos ayudemos unos a otros para madurar como discípulos. ¿Quiénes son los que le están discipulando y a quiénes está discipulando usted?

zarpemos

A los que oyen y creen, Jesús los ha llamado a unirse a Él para cumplir los propósitos de Su Padre. El discipulado es un estilo de vida, no sólo membresía en una iglesia. Requiere *disciplina*; de ahí el término que tiene la misma raíz usada en *discipulado*. Se nos advierte que evaluemos el costo de nuestro compromiso, porque el voto que hacemos no es holgazán ni pasivo. El llamado al discipulado es, esencialmente, a ser capacitadores. Al aceptar el llamado, tenemos que ser capacitados para que podamos capacitar a otros.

Las condiciones del discipulado

Cuando Jesús habló a las multitudes, les advirtió: "Entrad por la puerta estrecha". Luego dijo: "Porque ancha es la puerta, y espacioso el camino que lleva a la perdición, y muchos son los que entran por ella; porque estrecha es la puerta, y angosto el camino que lleva a la vida, y pocos son los que la hallan" (Mt. 7:13-14). En ese momento, al hablar Jesús, el Maestro discipulador indicaba el terreno sobre el que estaba parado y el camino inusual que recorrería. Seguirlo significaba alejarse del camino que la gente comúnmente recorría. El viaje del discípulo no se parecería a la vida que había conocido. Además, se caracterizaba por ciertas condiciones clave.

Arrepentimiento - Mt. 4:17-22; Hch. 2:38; 26:20; 2 Co. 7:10

El arrepentimiento es un cambio de dirección; es dejar el pecado y dar vuelta para ir hacia Dios y Sus caminos. El arrepentimiento es un cambio del corazón que ocurre en respuesta a una revelación de la gracia y misericordia de Dios, de la profundidad y las consecuencias de nuestro pecado y egoísmo, y de la necesidad de tener a Jesús en nuestra vida. Esto lleva a la confesión de pecados, e incluye corregir lo malo que hicimos a aquellos contra quienes pecamos, y pedir perdón a Dios y a los demás. El arrepentimiento refleja la disposición del corazón para permitir que Jesús sea el Señor — para dejar que Él dirija nuestra vida.

Fe en Jesús - Mr. 1:15; Ro. 10:9-10; Ef. 2:8-9; He. 11:6

La fe no es sólo una creencia, sino la confianza y dependencia activas en Jesús para todo, desde nuestra salvación hasta las necesidades diarias. Ya no dependemos de nosotros mismos para hallar respuestas ni seguimos nuestra voluntad, sino que ponemos nuestra vida en Sus manos.

IDEAS Y NOTAS

Amor a Jesús – Mt. 10:37-39; Mr. 12:28-31
Los discípulos aman a Jesús por encima de todo y de todos. Sus pensamientos, afectos, motivaciones, deseos, acciones y compromisos primordiales apoyan un amor absoluto a Dios, dándole gloria y honra a Él.

Negarse a sí mismo y tomar la cruz – Mt. 16:24; Mr. 8:34; Lc. 9:23
Negarse a uno mismo, desde el punto de vista bíblico, es rendirse a los deseos del Espíritu Santo en vez de los deseos de la carne. La Biblia nos enseña que la carne y el Espíritu se oponen entre sí (Gá. 5:16-26). Esto no significa que no podamos disfrutar de lo que Dios nos da en la vida. Simplemente significa que vivimos buscando los deseos del Espíritu Santo, en vez de ser controlados por nuestros deseos. La cruz nos dio ejemplo de lo que es la muerte, y nos llama a morir al derecho a nuestros talentos, recursos, familia y amigos, al uso de nuestro tiempo, nuestra carrera, reputación y futuro. Rendimos todos los derechos a Su servicio.

Seguir a Jesús – Mt. 4:18-22; Mr. 10:17-31; Lc. 5:27-32; Jn. 21:15-25
Seguir a Jesús significa renunciar a todo lo demás. El llamamiento del discípulo requiere que abandonemos todo a fin de quedar libres para servir a Jesús. El discipulado pone nuestra vida completamente bajo Su señorío, permitiéndole reinar como el Amo de ella. Cuando nos comprometemos al discipulado, nos comprometemos a seguirle donde Él nos guíe (Mt. 28:20).

El costo del discipulado

Cuando un escriba se acercó a Jesús diciéndole que lo seguiría a dondequiera que Él lo guiara, el Señor le presentó un cuadro vívido de lo que demandaría ese compromiso. Jesús le dijo: "Las zorras tienen guaridas, y las aves del cielo nidos; mas el Hijo del Hombre no tiene dónde recostar su cabeza" (Mt. 8:19-20). Imagine al Rey de reyes, sin tener siquiera un lugar modesto que pudiera considerar su hogar. ¿Está usted preparado para seguirle a donde Él le guíe? ¿Ha considerado el costo?

Una diferencia en las normas – 2 Co. 5:17; Ef. 4:17-21
Los discípulos de Jesús viven conforme a los principios absolutos, las verdades y los valores revelados en la Biblia, no según las normas del mundo que les rodea.

Los discípulos aman a Jesús por encima de todo y de todos.

Señor, renuncio a todos mis planes y metas, a todos mis deseos y esperanzas, y acepto tu voluntad para mi vida. Me rindo a Ti, rindo mi vida y mi todo completamente a Ti para ser tuya para siempre. Lléname y séllame con tu Espíritu Santo. Úsame como desees. Envíame donde desees. Haz tu voluntad absoluta en mi vida cualquiera que sea el costo, ahora y siempre.

Betty Scott Stam, 1906-1934, misionera en China, mártir

El menosprecio de la sociedad – Mt. 5:10-12; Jn. 15:19-20; 2 Ti. 3:12

Puesto que los discípulos de Jesús viven para Dios, los que no lo hacen no entenderán. Quizá estos le rechacen o se enojen porque usted ya no encaja en su grupo o en el sistema del mundo. Los cristianos tibios o los que se han alejado de Dios tal vez reaccionen también así.

La disciplina del yo – Gá. 5:22-23; Ef. 4:27; 1 Co. 9:24-27

El discípulo de Jesús permite que el Espíritu Santo entre en su vida para que ajuste áreas en las que se tomó licencias o actuó sin control. Decide así no dar ventaja alguna al diablo.

Una batalla que librar – Jn. 10:10; Ef. 6:10-18; 2 Ti. 2:1-4

Cuando llegamos a ser cristianos, el enemigo de nuestra alma, el diablo, hará todo lo posible para robar, matar y destruir nuestro caminar con Jesús. La buena noticia es que Jesús ha vencido al diablo, así que nosotros también podemos hacerlo (1 Jn. 3:8; 4:4).

Una vida entregada – Jn. 12:23-26; 13:1-17; 15:13; Ap. 12:11

El seguir a Jesús está centrado en los demás. Requiere ceder nuestros derechos y deseos para seguir a Jesús a dondequiera que nos guíe, y dar de nosotros en favor de otras personas.

Perseverancia en la tarea – Ro. 5:1-5; Fil. 3:12-14; 2 Ti. 4:7-8; He. 12:1-3

Los discípulos de Jesús han sido llamados a la asignación más admirable en el mundo: conocer a Dios y darlo a conocer al mundo. El viaje del discípulo tendrá altibajos, pero si nos aferramos a Jesús, el autor y consumador de nuestra fe, llegaremos bien a la meta.

Las características de los discípulos

Comentarios del libro de 1 Juan

Cuando amamos a Jesús, vemos la verdad que Él nos presenta y somos transformados. Con el corazón dispuesto a seguirle, se nos presentan opciones respecto a nuestros pensamientos, acciones y actitudes. Sin embargo, responder al llamamiento del discipulado requiere que lleguemos a ser como Aquel que nos discipula. El discípulo de Cristo renuncia a sus opciones para seguir la voluntad santa y perfecta del Padre.

- • Los discípulos testifican de la realidad de Jesús y la proclaman (1 Jn. 1:1-4).
- • Los discípulos andan en la luz (1 Jn. 1:5-10).
- • Los discípulos obedecen a Jesús (1 Jn. 2:3-5).
- • Los discípulos viven como Jesús (1 Jn. 2:5-6).
- • Los discípulos no aman al mundo (1 Jn. 2:15-17).
- • Los discípulos no practican el pecado (1 Jn. 3:8-10; 5:18).

IDEAS Y NOTAS

- • Los discípulos aman a otras personas (1 Jn. 3:14-18; 4:7-21).
- • Los discípulos son del Espíritu (1 Jn. 4:1-6, 13).
- • Los discípulos no son controlados por el temor (1 Jn. 4:18).
- • Los discípulos vencen al mundo, a la carne y al diablo (1 Jn. 2:15-17; 3:8; 5:1-5, 18).
- • Los discípulos oran conforme a la voluntad de Dios (1 Jn. 5:13-15).
- • Los discípulos se guardan de los ídolos (1 Jn. 5:21).

La causa del discípulo

Los discípulos de Jesús anhelan ver a todas las naciones adorando al Señor. En su corazón llevan la visión que describe el libro de Apocalipsis, donde toda tribu, lengua, pueblo y nación adora ante el trono de Dios. Esta pasión permea todo lo que hacen. Los discípulos perciben todo a través de esta visión. Sus decisiones nacen al ver su vida entera a través del patrón de la Gran Comisión (Mt. 28:18-20).

Prediquen el evangelio a toda criatura - Mr. 16:15-20
El mensaje del evangelio de gracia avanzará sólo si los discípulos de Jesús obedecen Su mandato, asegurándose de que todos tengan la oportunidad de oír el evangelio. Pablo, el apóstol, decidía su siguiente lugar de ministerio en base a donde existiera la necesidad (Hch. 13–28; Ro. 10:14-15; 15:20).

Ministren como embajadores de la reconciliación - 2 Co. 5:17-21
Dios nos ha dado el ministerio y el mensaje de la reconciliación. La vida de los discípulos está dedicada a reconciliar al ser humano con Dios, y, como resultado, a las personas entre sí. Esto incluye la reconciliación de familias, razas y generaciones.

Hagan discípulos a todas las naciones - Mt. 28:18-20
Dios creó a toda tribu, lengua, pueblo y nación para expresar Su carácter y gloria en la Tierra. Él desea que ellos se reúnan ante Su trono en el cielo (Ap. 5:9-14; 7:9-12). Sus discípulos reconocen que guiar a las personas a una fe nueva en Jesús es sólo el inicio de su viaje como creyentes. Los discípulos transmiten a otros lo que a ellos se les ha transmitido — se comprometen a discipular a nuevos creyentes en las verdades de la Palabra de Dios y a ser sus mentores en los caminos de Dios.

Glorifiquen a Dios - Jn. 17:4; 1 Co. 10:31
Jesús glorificó al Padre cumpliendo lo que se le encomendó hacer en la Tierra. Como discípulos de Jesús, seguimos Su ejemplo. El propósito de nuestra vida es glorificar a Dios. Queremos que Jesús sea exaltado, no nosotros.

Si Cristo Jesús era Dios y murió por mí, entonces ningún sacrificio puede ser demasiado grande como para hacerlo por Él.

C. T. Studd, 1860-1931, jugador de cricket y misionero británico en China, India y África

El precio es elevado. Dios no quiere ser nuestro socio, ¡sino nuestro dueño!

Leonard Ravenhill, 1907-1994, evangelista y predicador inglés

EN AGUAS MÁS PROFUNDAS

Los discípulos de Jesús sobresalen porque reflejan la luz de Dios en un mundo en tinieblas. Muestran el carácter del único Dios verdadero, atrayendo al mundo hacia su Salvador. Los discípulos se comprometen a seguir a Jesús y andar en Sus caminos. Mediante esta devoción, ellos glorifican a Dios.

Las siguientes siete cualidades están en el centro de la vida del discípulo. Estas áreas necesitan cultivo y desarrollo continuos en lo más profundo del corazón del discípulo. Estas cualidades lo sitúan en correcta relación con los caminos y propósitos de Dios, proveyéndole a la vez una fortaleza para defenderse contra los dardos de fuego del diablo. Son claves para andar en unidad con otros creyentes y, en la actitud, reflejan el corazón de Jesús, dando a los que no son creyentes la oportunidad de experimentarlo a Él a través de nuestra vida.

Amor

Escoger el bien supremo para Dios, para otros y para usted
Fundamentos del amor

- Dios es amor (1 Jn. 4:16).
- Podemos amar porque Él nos amó primero (1 Jn. 4:19).
- Los discípulos aman a Jesús por encima de todos y de todo (Mt. 22:37-38; Jn. 21:15-17).
- Debemos amar a nuestro prójimo como a nosotros mismos (Mt. 22:39).
- El amor es la marca distintiva para que el mundo sepa que somos discípulos de Jesús (Jn. 13:34-35).
- Jesús mandó a Sus discípulos que se amen unos a otros, lo cual significa que es posible (Jn. 15:12).
- La mayor expresión de amor es que pongamos nuestra vida (y dejemos nuestra agenda) por otros (Jn. 15:13).
- Debemos amar a nuestros enemigos (Mt. 5:44).
- El amor de Jesús nos compele a alcanzar a los perdidos (2 Co. 5:11-21).

El amor es la marca distintiva para que el mundo sepa que somos discípulos de Jesús.

IDEAS Y NOTAS

Cualidades del amor - 1 Co. 13:1-8

- No importa quiénes seamos, qué creamos o cómo nos use Dios, sin amor nada somos (vv. 1-3).
- El amor es sufrido. Es paciente, no se irrita con facilidad ni se enfurece rápidamente (v. 4).
- El amor es benigno. Tiene en alta estima a los demás; reconoce las necesidades de otros y busca la forma de satisfacerlas (v. 4).
- El amor no tiene envidia. Aprecia lo que otros poseen sin sentir celos (v. 4).
- El amor no es jactancioso. No procura atraer la atención hacia sí mismo ni planea formas de dejar una impresión favorable (v. 4).
- El amor no se envanece. No es egocéntrico; reconoce que la vida no gira alrededor de uno mismo (v. 4).
- El amor no hace nada indebido. Siempre honra a los demás (v. 5).
- El amor no busca lo suyo. Su interés primordial no es la satisfacción propia sino procurar la comodidad y bienestar de otras personas (v. 5).
- El amor no se irrita. Pone su vida por otros. Cuando no se hace su voluntad, no deja que las emociones lo controlen. El amor no es excesivamente sensible, no anida pronto sentimientos de rechazo ni se siente herido (v. 5).
- El amor no guarda rencor. No enumera ofensas que han sido perdonadas (v. 5).
- El amor no se goza de la injusticia, mas se goza de la verdad. Lamenta la pecaminosidad y no siente placer cuando otros caen. Desprecia la mentira y el engaño. El amor busca, recibe y celebra la verdad en todo momento y a cualquier costo (v. 6).
- El amor todo lo sufre. No expone el pecado y las debilidades de otros, sino que los protege (v. 7).
- El amor todo lo cree. Cree en la valía e integridad de una persona (v. 7).
- El amor todo lo espera. Persiste en tiempos difíciles. El amor nunca se rinde, porque Dios es amor (v. 7).
- El amor todo lo soporta. Continúa amando aunque no reciba amor a cambio (v. 7).
- El amor nunca deja de ser. Aún está allí cuando todo y todos se han ido (v. 8).

Los discípulos de Jesús sobresalen porque reflejan la luz de Dios en un mundo en tinieblas. Muestran el carácter del único Dios verdadero, atrayendo al mundo hacia su Salvador.

Sé fiel en las pequeñas prácticas de amor que formarán en ti la vida de santidad y te harán semejante a Cristo.

Madre Teresa de Calcuta, 1910-1997, misionera a los pobres

El amor cristiano, sea a Dios o al ser humano, es asunto de la voluntad.

C. S. Lewis, 1898-1963, notable autor e intelectual inglés

Perdón

Liberar a otros de las ofensas recibidas

Las heridas, especialmente las heridas emocionales, nos tientan a aferrarnos al mal que nos han hecho. Queremos creer que nuestro perdón depende de lo que nos deben y de la disposición del culpable para compensarnos por el dolor que nos causó. Sin embargo, la Biblia nos enseña lo que es el verdadero perdón.

- Jesús murió por nuestros pecados para que podamos conocer Su perdón (Col. 1:13-14).
- Dios perdona nuestros pecados (Sal. 103:2-5; 1 Jn. 1:9).
- Tan lejos como está el este del oeste, así ha alejado Él de nosotros nuestros pecados (Sal. 103:12).
- Porque hemos sido perdonados, podemos perdonar a otros (Mt. 18:21-35).
- Debemos perdonar a quienes han pecado contra nosotros (Mt. 6:9-15).
- Debemos perdonar a otros así como Jesús nos ha perdonado (Ef. 4:32; Col. 3:13).
- Debemos perdonar a los que nos hieren una y otra vez (Mt. 18:21-22).
- Así como Jesús perdonó al hombre en la cruz, nosotros perdonamos a los que nos causan dolor (Lc. 23:32-43).

Humildad

Estar dispuestos a que nos conozcan tal como somos

El apóstol Pablo, al reflexionar en la vida terrenal de Jesús, nos recuerda que Él, "siendo en forma de Dios, no estimó el ser igual a Dios como cosa a que aferrarse". Por el contrario, Jesús "se despojó a sí mismo" (Fil. 2:5-11). Tomando la forma de hombre, jamás se defendió ni usó los privilegios que le pertenecían. Aunque era Rey, escogió nacer en un establo y pasar toda su vida terrenal sin demandar las comodidades de un palacio, ni oro ni linos finos.

- Jesús es nuestro modelo de humildad (Fil. 2:5-11; Mt. 11:28-30).
- Humildad es lo que Dios requiere de nosotros (Mi. 6:8).
- Dios ama al humilde (Is. 66:2).
- Dios resiste a los soberbios y da gracia a los humildes (Stg. 4:6).
- Debemos ser completamente humildes (Ef. 4:2-3; Col. 3:12).
- Debemos humillarnos. Dios valora tanto la humildad que, si rehusamos humillarnos, Él nos humillará usando a otras personas y circunstancias en nuestra vida (1 P. 5:5-6).
- Debemos andar en humildad ante todos (Tit. 3:1-2).
- Un niño nos da una figura de lo que debe ser la humildad (Mt. 18:4).
- Dios exalta al humilde en el momento oportuno (Stg. 4:10; 1 P. 5:5-6).

IDEAS Y NOTAS

Frutos de una vida humilde

- El humilde reconoce cuando se equivoca y otros tienen la razón.
- El humilde está dispuesto a aprender y acepta que le corrijan.
- El humilde promueve a otros aunque posean las mismas capacidades, porque su humildad le da verdadera seguridad en quién es él.
- El humilde se somete a las autoridades delegadas por Dios.
- El humilde demuestra autenticidad y sinceridad. Es accesible, apropiadamente vulnerable a críticas y transparente.
- El humilde se siente cómodo aceptando un lugar "menos importante" ante Dios y otras personas.
- Su disposición a que lo conozcan tal como es, incluye sus dones y cualidades principales; por tanto, actuar con humildad le permite hallar su lugar en el equipo para el reino, a la vez que reconoce a los demás y da lugar para que todos encuentren también su lugar.
- Donde hay humildad, como resultado, hay unidad. Es imposible que exista división donde las personas están dispuestas a humillarse. Por otro lado, la falta de unidad indica falta de humildad, y la falta de humildad finalmente destruye los lazos de unidad.
- Dios manifiesta Su presencia a personas y comunidades que están saturadas de humildad (2 Cr. 7:14; 34:27).

Quebrantamiento

Completa rendición a Dios y dependencia de Él

Dios a menudo usa a personas y circunstancias en la vida para hacernos ver que no podemos seguir adelante por nosotros mismos, dejándonos totalmente rendidos a Él y en completa dependencia de Él. Así como se quebranta al caballo salvaje para que su belleza y fuerza resulten en productividad y utilidad, lo mismo ocurre con los discípulos de Jesús que Él desea usar para Su gloria.

- Jesús dio ejemplo de quebrantamiento en el jardín de Getsemaní, cuando renunció a Su voluntad para hacer la voluntad de Su Padre (Mt. 26:36-46; Lc. 22:40-46).
- Jesús dijo que separados de Él, nada podemos hacer (Jn. 15:5).
- Dios requiere el quebrantamiento de nuestra voluntad y la dependencia en Él para que podamos participar en los propósitos de Su reino.
- Dios no desprecia al quebrantado (Sal. 51:17).
- A Dios le agrada que dependamos completamente de Él. Por Su amor perfecto hacia nosotros, Él orquestará situaciones en nuestra vida para desarrollar en nosotros ese quebrantamiento y dependencia en Él (véase la historia de José en Gn. 37—50).
- Cuando vea que Dios le está guiando a un nivel más profundo de quebrantamiento, ríndase a Él. Aproveche toda oportunidad para rendir su voluntad a la voluntad de Dios, y dependa de Él para que le dirija.

Que este sea todo su esfuerzo, oración y deseo — que pueda ser despojado de todo egoísmo, y con total sencillez seguir sólo a Jesús.

Tomás de Kempis, 1380-1471, místico y autor alemán

Obediencia

Hacer lo que Jesús me ha pedido
Modelo de obediencia
- Jesús fue obediente a Su Padre, aun hasta la muerte en la cruz (Fil. 2:5-11).
- Jesús aprendió la obediencia; eso significa que también podemos aprender (He. 5:7-10).
- En Hechos vemos que los discípulos fueron obedientes a Jesús. Veamos algunos ejemplos:
    - Jesús les dijo que esperaran y lo hicieron (Lc. 24:49 / Hch. 1:12-14).
    - Les dijo que predicaran el evangelio y lo hicieron (Mr. 16:15 / Hch. 2:14-41; 8:5-8).
    - Les dijo que pusieran sus manos sobre los enfermos y lo hicieron (Mr. 16:17-20 / Hch. 3:1-10).

Definición de obediencia
- Como discípulos, debemos obedecer a Dios sobre todos los demás (Hch. 5:29).
- La obediencia es una expresión de nuestro amor a Dios (Jn. 14:15, 21, 24).
- Nuestra obediencia a Dios demuestra Su señorío en nuestra vida (Gn. 22:1-14).
- La obediencia trae bendición (Dt. 28:1-14).
- La desobediencia tiene consecuencias (Dt. 28:15-68). La obediencia atrasada es desobediencia. Es mejor obedecer de inmediato. Si quiere ver un ejemplo de esta verdad, lea la historia del profeta Jonás (Jon. 1—4).
- Los discípulos de Jesús andan en obediencia a la verdad de Dios revelada en la Biblia, y a la dirección del Espíritu Santo en sus vidas, como se demuestra en todo el libro de Hechos.
- El Espíritu Santo nunca nos guiará a hacer algo contrario al carácter de Dios o a lo que revela la Escritura. Podemos reconocer Su dirección porque siempre está de acuerdo con quien Dios es y con la verdad de Su Palabra (Hch. 5:29).

Servidumbre

Poner mi vida por otros
Modelo de servidumbre
- Jesús vino como siervo (Mt. 20:28; Fil. 2:5-11).
- Jesús demostró servidumbre lavando los pies de Sus discípulos (Jn. 13:1-17).

Definición de servidumbre
El siervo renuncia a sus derechos para así servir mejor a Dios y a otros (Fil. 2:5-7). El corazón del siervo anhela estar a disposición de Dios para Sus propósitos, que incluye servir a los demás. La actitud de siervo consiste en poner las palmas de las manos abiertas y hacia arriba, listo para permitir que el Señor tome de él y para que también le dé (1 Co. 9:24-27).

IDEAS Y NOTAS

- Los siervos rinden los derechos a su familia.
- Los siervos rinden los derechos al matrimonio.
- Los siervos rinden los derechos a la vida de solteros al casarse.
- Los siervos rinden los derechos a sus amigos.
- Los siervos rinden los derechos a su libertad.
- Los siervos rinden los derechos a sus finanzas y posesiones.
- Los siervos rinden los derechos a la popularidad y a la reputación.
- Los siervos rinden los derechos a su tiempo.
- Los siervos rinden los derechos a la alimentación, casa, descanso y comodidad.
- Los siervos rinden los derechos a su posición, rango o lugar de importancia.
- Los siervos rinden los derechos a su nacionalidad o denominación.
- Los siervos rinden los derechos a sus dones y ministerio.
- Los siervos rinden los derechos a sus opiniones y al derecho de tener la razón.
- Los siervos rinden los derechos a su futuro.

- Rendir los derechos no significa que uno no se responsabiliza por las personas y las cosas en su vida. El propósito de la rendición de los derechos es que el siervo esté a disposición de Dios para servir a Él y a otros más eficazmente, no para que se vuelva irresponsable.
- Todo derecho que no rendimos a Dios puede sutilmente dirigir nuestra vida, al punto de llegar a dominarnos (1 Co. 6:12; 9:24-27).
- La evidencia de que no hemos rendido nuestros derechos puede incluir reacciones de ira, lástima de uno mismo o el intento de tomar el control.

Los siervos andan en humildad – Fil. 2:8
- Los siervos no hacen cosas para recibir aplauso o aprobación de la gente, sino para su Padre celestial.
- Los siervos no procuran que se fijen en ellos, sino que están dispuestos a servir en lugares no visibles.
- Los siervos están dispuestos a servir, no importa cuán desagradable sea el trabajo.
- Los siervos no buscan posiciones de liderazgo para ejercer poder sobre la gente, sino para servir a los demás.

Los siervos andan en obediencia – Fil. 2:8
- La evidencia del amor de un siervo por su Señor es la obediencia.
- Los siervos viven en forma piadosa, con una actitud piadosa y siempre bajo autoridad.
- Los siervos son obedientes a Dios aunque no comprendan totalmente lo que Él hace. Confían en Su carácter y Sus caminos.
- Los siervos son obedientes a Dios aunque resulte contrario a lo que el mundo dice.

Así como el siervo sabe que debe obedecer primero a su amo en todo, la rendición a una obediencia implícita e incuestionable tiene que llegar a ser la característica esencial de nuestra vida.

Andrew Murray, 1828-1917, pastor, misionero y escritor sudafricano

Conozco el poder que tiene la obediencia para hacer fácil lo que parece imposible.

Teresa de Ávila, 1515-1582, reformadora y contemplativa

Los siervos sirven a todas las personas
- Los siervos sirven a todo aquel que Dios les llama a servir.
- Los siervos sirven a la gente sin tener en cuenta sus antecedentes o nacionalidad.
- Los siervos sirven a la gente sin tener en cuenta su apariencia física, sus actitudes o acciones.
- Los siervos sirven a pesar de lo que "sienten" acerca de otros o lo que otros sienten acerca de ellos.
- Los siervos sirven a pesar de la manera en que otros los tratan.

Los siervos mueren al yo y viven para Dios y los demás
- Los siervos mueren a la voluntad propia para hacer la voluntad de Dios.
- Los siervos mueren al placer propio para agradar a Dios.
- Los siervos mueren a la confianza exclusiva en sí mismos para confiar plenamente en Dios.
- Los siervos mueren a sus opiniones para aceptar los caminos de Dios.

Morir al yo
Cuando se olvidan de usted, lo abandonan o deliberadamente lo dejan de lado, y usted no se irrita ni le duele el insulto o el descuido, sino que mantiene su corazón recto delante de Dios, gozoso de ser contado como digno de sufrir por Jesús — *eso es morir al yo.*

Cuando se habla mal del bien que usted hace, cuando ignoran sus deseos, cuando no toman en cuenta su consejo o se burlan de sus opiniones, y usted rehúsa dar lugar al enojo en su corazón o aun defenderse — *eso es morir al yo.*

Cuando usted con amor y paciencia soporta todo desorden, irregularidad, impuntualidad o conducta molesta, y cuando observa derroche, insensatez, extravagancia e insensibilidad espiritual, y lo soporta como lo hizo Jesús — *eso es morir al yo.*

Cuando siente contentamiento con todo tipo de alimentación, ropa, clima, cultura, y ante cualquier interrupción por la voluntad de Dios — *eso es morir al yo.*

Cuando nunca desea hablar de usted en las conversaciones ni mencionar sus buenas obras, ni anhela elogios; cuando en verdad prefiere pasar desapercibido — *eso es morir al yo.*

Cuando ve que otros prosperan y sus necesidades son satisfechas, y usted puede regocijarse sinceramente con ellos sin envidiarlos, ni duda de Dios aunque sus propias necesidades sean mucho mayores — *eso es morir al yo.*

IDEAS Y NOTAS

Cuando puede aceptar reproche y corrección de alguien menos importante que usted, y con humildad puede someterse interna y externamente, sin que surjan áreas de rebeldía o resentimiento en su corazón — *eso es morir al yo.*

¿Ha muerto ya? En estos días el Espíritu Santo desea llevarnos a la cruz para que podamos ser más como Jesús (Fil. 3:10).

— *Anónimo*

Temor de Dios

Reverenciar a Dios y referirnos a Él en todo lo que hacemos

Dios es amor, y el perfecto amor echa fuera el temor (1 Jn. 4:18). Esto dice la Biblia. Cuando amamos perfectamente, confiamos, y nuestra confianza disipa las amenazas que trae el temor. Entonces, ¿se ha preguntado alguna vez qué quiere decir Dios cuando dice que debemos *temerle*? *Temer a Dios* no significa asustarse de Él, o abrigar dudas respecto a la vida que Él controla soberanamente. Más bien, se refiere a un profundo sentido de admiración y reverencia, a una inclinación interior de nuestro espíritu en reconocimiento de quién Él es en verdad.

Promesas para quienes temen a Dios

La Biblia menciona muchas promesas para los que temen a Dios. Veamos algunas:

- Fructificación (Ex. 1:17-21)
- Nos guarda de pecar (Ex. 20:20)
- Bendiciones sobre nosotros y nuestros hijos (Dt. 5:29)
- Larga vida (Pr. 9:10-11)
- Guía (Sal. 25:12)
- Comunión íntima con Dios (Sal. 25:14)
- Protección y liberación por medio de ángeles (Sal. 34:7)
- Provisión para las necesidades (Sal. 34:9)
- Sabiduría (Sal. 111:10; Pr. 9:10)

Temer a Dios no significa asustarse de Él... Más bien, se refiere a un profundo sentido de admiración y reverencia, a una inclinación interior de nuestro espíritu en reconocimiento de quién Él es en verdad.

Sólo el temor a Dios puede librarnos del temor al hombre.

John Witherspoon, 1723-1794, predicador, rector de la Universidad Princeton

Resuelvo nunca hacer algo que temería hacer si fuera la última hora de mi vida.

Jonathan Edwards, 1703-1758, predicador y teólogo estadounidense

- Se gana el respeto de otros (Neh. 5:9)
- Bendiciones en la vida familiar (Sal. 128)
- Compañerismo (Sal. 119:63)
- Riquezas, honra y vida (Pr. 22:4)
- Deseos cumplidos (Sal. 145:19)
- Gran bondad (Sal. 31:19)
- Preservación de la vida (Pr. 19:23)
- Honra para las mujeres (Pr. 31:30)
- Una heredad (Sal. 61:5)
- Bendiciones de Dios (Sal. 112:1-10)

Temer a Dios es tomarlo seriamente
- Es sentir profundo respeto y admiración por quien Dios es (Is. 40:12-31).
- Es reconocer que Dios es la Autoridad Suprema en el universo (Sal. 33:8-9).
- Moisés se encontró con Dios y el suelo se volvió santo (Ex. 3:1-6).
- Isaías tuvo una visión del cielo donde se declaraba que Dios es santo, y eso lo perturbó (Is. 6:1-8).
- Nuestra obediencia a Dios está directamente relacionada con cuánto le tememos (Gn. 22:1-14).
- Cuando reconocemos quién es Dios realmente, lo que nos lleva a tomarlo con seriedad, resulta absurda la idea de desobedecerle.
- Dios quiere llevarnos al punto en que *lo que Él nos pide hacer* no sea tan importante como *Quién nos pide que lo hagamos*. Los mandatos pierden importancia ante la gloria del Dios majestuoso que da las órdenes.

Temer a Dios es aborrecer la maldad – Sal. 8:13; 16:6
- Dios no tolera el pecado en absoluto (Gn. 6:6-7; 19—20; Lv. 19:2).
- El grado en que tememos a Dios es el mismo grado en que aborrecemos el pecado.
- Sólo somos tan santos como lo son nuestros pensamientos (Sal. 19:14; 51:6; Fil. 4:8).
- Debemos tener el temor a Dios en nuestra lengua (Sal. 34:11-14; Mt. 12:36; Stg. 3:1-12).
- Debemos tener el temor a Dios en la forma en que nos relacionamos con otros (Stg. 4:11-12).
- Debemos andar en el temor de Dios en la forma en que nos relacionamos con quienes están en autoridad (Nm. 12:9-10; 1 S. 24:1-7; 2 R. 2:23-24; Sal. 105:15).

El temor a Dios nos guía a buscarle en todo momento
- Los que temen a Dios se refieren a Él en su vida diaria, en todo lo que hacen (Sal. 25:14).
- Los que temen a Dios evitan el pecado de soberbia — evitan actuar sin referirse a Él (Sal. 19:13).

IDEAS Y NOTAS

El temor al hombre

Para servir a Dios, no debemos poner a otros dioses delante de Él. Preocuparnos por la reacción de la gente más que por la de Dios indica que respetamos más al hombre que a Dios. En vez de ser el justo temor a Dios, esa actitud representa un temor no santo al hombre. Existe temor al hombre cuando, al decidir lo que haremos o no haremos, nos basamos en criterios que no son la verdad de Dios ni Su dirección en nuestra vida.

- El temor al hombre pone lazo (Pr. 29:25).
- El temor al hombre nos llevar a complacer a la gente.
- El temor al hombre obstaculiza nuestra obediencia a Jesús.

ECHEMOS LA RED

¿Ya es usted discípulo de Jesús? Si no, considere las condiciones y el costo del discipulado, y luego comprométase a ser un discípulo del Señor, sincero y totalmente consagrado a Él.

_____

_____

_____

_____

_____

_____

_____

_____

_____

_____

No es insensato quien da lo que no puede guardar,
para ganar lo que no puede perder.

Jim Elliot, 1927-1956, misionero de E.U.A. en Ecuador, mártir

¿Cuáles características del discípulo son evidentes en su vida? ¿Hay áreas en las que usted necesita crecer?

_____

_____

_____

_____

_____

_____

_____

_____

¿Se ha comprometido usted a la causa del Señor en el discipulado? ¿Cómo está usted hoy en esas áreas?

_____

_____

_____

_____

_____

_____

_____

_____

_____

IDEAS Y NOTAS

_____

_____

_____

_____

Examínese delante del Señor en las áreas del amor, perdón, humildad y quebrantamiento. ¿Qué le dijo con más firmeza el Espíritu Santo respecto a esas áreas?

_____

_____

_____

_____

_____

_____

_____

_____

_____

¿Cómo está en las otras tres áreas: obediencia, servidumbre y temor a Dios? ¿Cuál es su situación en estas áreas y en qué aspectos necesita crecer?

_____

_____

_____

_____

_____

_____

_____

_____

_____

_____

_____

_____

_____

_____

El carácter siempre se pierde cuando se sacrifica un ideal elevado
en el altar de la conformidad y popularidad.

Charles Spurgeon, 1834-1892, predicador y autor inglés

LA PESCA DEL DÍA

▣ Resumen del capítulo

- La Biblia indica las condiciones bíblicas para ser discípulo de Jesús, y nos dice que es importante considerar o contar los costos.
- Aunque cada uno de nosotros es singular, las características bíblicas que tenemos en común nos identifican a los que hemos decidido vivir como discípulos de Jesús.
- Hemos sido llamados a una causa como discípulos de Jesús, con el propósito de glorificar a Dios conociéndolo y dándolo a conocer a otros.
- Para que el discípulo tenga salud y desarrollo espirituales, y para que su vida tenga un impacto amplio y perdurable, es esencial que ande en amor, perdón, humildad, quebrantamiento, obediencia, servidumbre y temor a Dios.

¿Cuáles fueron las dos o tres áreas de las que el Espíritu Santo le habló más claramente en este capítulo, y cómo le responderá usted?

_____

_____

_____

_____

_____

_____

_____

_____

_____

IDEAS Y NOTAS

_____

_____

_____

_____

_____

CAPÍTULO 3
LA GRACIA DE DIOS

 ## UNA MIRADA DESDE LA ORILLA

"Porque por gracia sois salvos por medio de la fe; y esto no de vosotros, pues es don de Dios; no por obras, para que nadie se gloríe".

Efesios 2:8-9

La gracia de Dios está entretejida a lo largo de la Biblia, siempre presente de generación en generación desde el inicio del tiempo. En Génesis 3, aunque Adán y Eva habían pecado, Dios los buscó. Cuando se escondieron por la vergüenza y el miedo, Él fue hacia ellos. Para disciplinar su rebelión, Dios los sacó del huerto. Sin embargo, les extendió Su gracia proveyéndoles túnicas para que cubrieran su desnudez.

Al estudiar la vida de los héroes del Antiguo Testamento —como Abraham, Moisés, David, Ester y Daniel—, vemos demostrada la gracia de Dios. Ésta se expresa en el amor y la bondad de Dios. A veces la vemos en Su intervención a favor del hombre. La gracia a menudo capacita al hombre para vencer su pecado o sus dificultades. La gracia frecuentemente nos es concedida como poder divino para que andemos en obediencia y cumplamos la voluntad de Dios en la Tierra.

La gracia de Dios se ve aún más vívidamente en el Nuevo Testamento. Jesús vino "lleno de gracia y de verdad" (Jn. 1:14-17). En una sinagoga de Nazaret declaró que había venido "para dar buenas nuevas a los pobres... a pregonar libertad a los cautivos, y vista a los ciegos; a poner en libertad a los oprimidos; a predicar el año agradable del Señor" (Lc. 4:14-21). Todo lo que hacía —alimentar a multitudes, sanar a los enfermos, ministrar a los pobres, enseñar acerca del

reino celestial, liberar a los endemoniados, resucitar a los muertos— revelaba el favor de Dios y Su deseo de actuar en favor del hombre. La expresión suprema de la gracia de Dios fue la muerte de Su Hijo en la cruz —una demostración sin igual, excepto por Su resurrección de entre los muertos. Jesús obtuvo para nosotros lo que jamás hubiéramos logrado por nosotros mismos. Aquel que era sin pecado, murió para que el pecado pudiera ser destruido — para que fuéramos reconciliados a una eterna relación de amor con un Padre celestial (2 Co. 5:17-28). Por gracia somos hijos y herederos de Dios (Ro. 8:15-17; Jn. 3:1).

La gracia es resultado de la sobreabundancia de quien Dios es. No la recibimos por algo que hicimos. Es una dádiva de Dios sobre nosotros, un regalo totalmente distinto a todo lo que podamos recibir. La gracia transforma corazones, nos conduce a la relación con Jesús, nos da poder para resistir el temor y la tentación, y para hacer la voluntad de Dios. La gracia produce arrepentimiento e infunde fe en gratitud a Dios.

En este capítulo examinaremos la gracia con más detenimiento. Consideraremos las bendiciones de la gracia en nuestra vida, descubriremos el corazón paternal de Dios hacia nosotros, y aprenderemos cómo Su gracia produce en nosotros un cambio de corazón y nos capacita para vivir piadosamente, dando como resultado que andemos en obediencia a Él.

zarpemos

En el libro de Hechos vemos que el mensaje de la gracia de Jesús siguió extendiéndose. Permeó la vida y el ministerio de Sus discípulos, y era el tema central del evangelio que predicaban. Los discípulos sabían que la gracia les proporcionaba el medio de salvación, como Pedro testificó en el famoso concilio de Jerusalén, al declarar: "Creemos que por la gracia del Señor Jesús seremos salvos" (Hch. 15:11). El libro de Hechos nos dice que Dios confirmó tal declaración de Su gracia por medio de señales y prodigios (Hch. 14:3). La gracia permeó tan abundantemente sus vidas que llegó a ser la evidencia por la que reconocían a los creyentes en Cristo (Hch. 11:23). La joven iglesia fue instada a perseverar en la gracia de Dios, con la promesa de que ésta los edificaría (Hch. 20:32; 13:43). Cuando los discípulos eran enviados a predicar el evangelio, se les encomendaba a la gracia de Dios (Hch. 14:26; 15:40).

En cada una de sus 13 epístolas o cartas, Pablo saluda a sus hermanos y hermanas en el Señor con una bendición de gracia, y al despedirse, reafirma esa bendición. Pablo conocía el poder de la gracia para sostener aun a la iglesia perseguida. En sus escritos, Pablo menciona la gracia más de 80 veces; más de la cuarta parte de éstas se encuentran en el libro de Romanos. Estas referencias están entretejidas a través de sus enseñanzas para afirmar a sus lectores romanos en las verdades del fundamento de la gracia de Dios.

Pablo predica la gracia de Dios

Efesios 2:1-10
En la carta del apóstol Pablo a la iglesia de Éfeso, encontramos una de las enseñanzas más completas sobre la gracia de Dios. Demos una mirada más cercana a la gracia a través de este pasaje.

Nuestra condición desesperada (2:1-3)
- Estábamos muertos en nuestros delitos y pecados.
- Seguíamos la corriente del mundo.
- Seguíamos al príncipe de la potestad del aire.
- Éramos desobedientes.
- Vivíamos en los deseos de la carne, haciendo la voluntad de la carne y de los pensamientos.
- Éramos hijos de ira.

Dios responde a nuestra necesidad (2:4-7)

IDEAS Y NOTAS

- Por su gran amor por nosotros.
- Dios da Su gracia porque es rico en misericordia.
- Él nos dio vida cuando estábamos muertos en nuestros pecados.
- Somos salvos por gracia.
- Dios nos resucitó con Cristo.
- Dios nos hizo sentar con Jesús en los lugares celestiales.
- Dios desea mostrarnos las abundantes riquezas de Su gracia y bondad en Cristo Jesús en los siglos venideros.

Salvos por gracia (2:8-10)
- Por gracia hemos sido salvados.
- Es por fe.
- La salvación no proviene de nosotros.
- La salvación es el regalo de Dios.
- No podemos ganar la salvación mediante obras.
- No podemos gloriarnos de nuestra salvación.
- Somos hechura de Dios, creados en Cristo Jesús para buenas obras.
- Dios preparó buenas obras de antemano para que andemos en ellas.

Bendiciones espirituales de la gracia

Efesios 1:3-14
La gracia nos provee una relación correcta con Dios y todo lo que necesitamos para vivir en santidad en Él.

Lo que somos "en Cristo"
- Somos bendecidos en los lugares celestiales con toda bendición espiritual en Cristo (Ef. 1:3).
- Fuimos escogidos antes de la creación del mundo para ser santos y sin mancha (Ef. 1:4).
- Fuimos adoptados (aceptados) por Dios en amor (Ef. 1:4-5).
- Hemos llegado a ser hijos de Dios (Ef. 1:5).
- Se nos ha dado gratuitamente la gloria de Su gracia (Ef. 1:6).
- Fuimos redimidos (Ef. 1:7).
- Nuestros pecados fueron perdonados (Ef. 1:7).
- Dios hizo sobreabundar sobre nosotros las riquezas de Su gracia (Ef. 1:7-8).

*Pocas almas comprenden lo que Dios haría en ellas si se
rindieran sin reservas a Él y si permitieran
que Su gracia las moldeara como corresponde.*

Ignacio, 50-117, obispo de Antioquía

- Conocemos el misterio de Su voluntad – de reunir en Cristo todas las cosas celestiales y terrenales (Ef. 1:9-10).
- Fuimos escogidos para alabanza de Su gloria (Ef. 1:11-12).
- Fuimos incluidos en Cristo (Ef. 1:13).
- Fuimos sellados con el Espíritu Santo (1:13).
- Tenemos asegurada una herencia (Ef. 1:13-14).

Jesús, el Dador de la gracia

La Biblia menciona dádivas que recibimos como resultado de la gracia de Dios. A continuación mencionaremos algunas. Léalas con frecuencia para recordar lo que Jesús ha hecho por usted y la posición especial que usted tiene en Cristo.

- Jesús gustó la muerte por nosotros para que ya no tengamos temor de ella (He. 2:9).
- Jesús llevó nuestros pecados en la cruz para que podamos morir a los pecados y vivir a la justicia, y para que seamos sanados por Sus heridas (1 P. 2:21-24).
- Jesús ha llegado a ser el Pastor y Obispo de nuestras almas (1 P. 2:24-25).
- Jesús nos reconcilió con Dios (2 Co. 5:17-20).
- Jesús no sólo gustó la muerte sino que fue hecho pecado por nosotros (2 Co. 5:21).
- Jesús nos hizo embajadores con el ministerio y mensaje de reconciliación (2 Co. 5:18-20).
- Jesús nos libró del poder y dominio del pecado y de la condenación (Ro. 8:1-4).

La gracia transforma corazones, nos conduce a la relación con Jesús, nos da poder para resistir el temor y la tentación, y para hacer la voluntad de Dios.

IDEAS Y NOTAS

- Jesús nos libró del poder de Satanás (Col. 2:13-15; 1 Jn. 3:8).
- Jesús nos ha dado vida eterna (Jn. 3:16).
- Jesús nos está edificando juntamente para ser morada Suya en el Espíritu (Ef. 2:22).
- Jesús nos ha hecho hijos de Dios (Gá. 4:4-7).
- Jesús nos ha hecho cercanos (Ef. 2:12-13).
- Jesús nos hizo conciudadanos con el pueblo de Dios y miembros de Su familia (Ef. 2:19).
- Jesús nos hizo herederos (Ro. 8:15-17).
- Jesús nos ha dado autoridad sobre el diablo (Lc. 10:19).

EN AGUAS MÁS PROFUNDAS

El mensaje cristiano es el "evangelio de la gracia de Dios" (Hch. 20:24). Dios envió a Su Hijo a redimir al mundo caído, como expresión de Su amor admirable y sin límites. Al experimentar la gracia, ésta nos permite conocer el amor de Dios, la transformación de nuestro corazón y el poder necesario para vivir en santidad y andar en obediencia a Jesús. Definamos qué es la gracia de Dios y demos una mirada más profunda al efecto que tiene en nuestra vida.

La acción de Dios en favor del hombre

Tal como nos recuerda Efesios 2, todos estábamos "muertos en nuestros pecados... y seguíamos la corriente del mundo". El "príncipe de la potestad del aire" dominaba nuestra vida. No importa cuán *buenos* hayamos sido, nuestro pasado incluía "la satisfacción de los deseos de nuestra carne". En la Biblia vemos un reflejo de nuestro corazón. Aunque se describe con exactitud nuestra naturaleza pecaminosa, está escrito: "Pero Dios..." En otras palabras, Dios entró en la escena. Él tomó la iniciativa y manifestó Su bondad hacia nosotros.

La gracia es la entrada de Dios en nuestras circunstancias para intervenir en nuestro favor. Aunque somos indignos, Dios nos trata como si fuéramos dignos.

El arrepentimiento y la fe no nos salvan; son, más bien, la respuesta apropiada del corazón a la expresión de la gracia de Dios.

Confía el pasado a la misericordia de Dios, el presente al amor de Dios, y el futuro a la providencia de Dios.

San Agustín de Hipona, 354-430, padre de la iglesia

- Dios es quien toma a los impíos y los justifica ante Él (Ro. 4:5).
- Jesús murió por nosotros cuando éramos débiles (Ro. 5:6).
- Cuando aún éramos pecadores, Dios nos mostró Su amor muriendo por nosotros (Ro. 5:8).
- Todos hemos pecado y estamos destituidos de la gloria de Dios, pero somos justificados gratuitamente ante Él por Su gracia (Ro. 3:23-24).
- Jesús asistió a una comida en casa de Mateo para estar con pecadores (Mt. 9:9-13).
- Jesús actuó en favor de una mujer sorprendida en el acto de pecado (Jn. 8:1-11).
- En la historia de Zaqueo se nos dice que Jesús vino a buscar y a salvar lo que se había perdido (Lc. 19:1-10).
- En la parábola de la oveja perdida, el pastor deja a las 99 y va en busca de la oveja perdida hasta hallarla (Lc. 15:1-7).
- En la parábola de la moneda perdida, una mujer busca por toda la casa hasta encontrarla, y luego prepara fiesta a sus amigas y vecinas para que se regocijen con ella (Lc. 15:8-10).
- En la parábola del hijo pródigo, el padre vigila y espera que su hijo regrese. Cuando éste vuelve, el padre es movido a misericordia y corre a su encuentro para abrazarlo y besarlo. Luego el hijo recibe una túnica especial y un anillo, y celebran su regreso con un banquete (Lc. 15:11-32).

Una respuesta apropiada a la gracia de Dios
La Biblia nos enseña que somos salvos por gracia, no por obras (Ef. 2:8-9). El arrepentimiento y la fe no nos salvan; son, más bien, la respuesta apropiada del corazón a la expresión de la gracia de Dios hacia nosotros. La *gratitud*, que deriva de la misma raíz griega de "gracia", es también resultado natural del encuentro con la gracia de Dios.

El inmerecido amor y favor de Dios hacia el hombre

Uno de los aspectos más importantes de la gracia es el inmerecido amor y favor divinos. Dios desea que las personas conozcan y experimenten Su misericordia. Él nos ama y nos acepta, y Su actitud hacia nosotros es de favor. ¿Sabía usted que Dios lo ve con una mirada de favor? Para tener una idea del amor y favor que recibimos por la gracia de Dios, medite en los siguientes pasajes de los Salmos.

- "Porque tú, oh Jehová, bendecirás al justo; como con un escudo lo rodearás de tu *favor*" (Sal. 5:12).
- "Muestra tus maravillosas *misericordias*... Guárdame como a la niña de tus ojos" (Sal. 17:7-8).

IDEAS Y NOTAS

- "Porque tu *misericordia* está delante de mis ojos, y ando en tu verdad" (Sal. 26:3).
- "Porque un momento será su ira, pero su *favor* dura toda la vida" (Sal. 30:5).
- "Jehová, hasta los cielos llega tu *misericordia*... ¡Cuán preciosa, oh Dios, es tu *misericordia!*... Extiende tu *misericordia* a los que te conocen" (Sal. 36:5, 7, 10).
- "Tu *misericordia* y tu verdad me guarden siempre" (Sal. 40:11).
- "Nos acordamos de tu *misericordia*, oh Dios, en medio de tu templo" (Sal. 48:9).
- "Ten piedad de mí, oh Dios, conforme a tu *misericordia*" (Sal. 51:1).
- "Porque mejor es tu *misericordia* que la vida; mis labios te alabarán" (Sal. 63:3).
- "Respóndeme, Jehová, porque benigna es tu *misericordia*" (Sal. 69:16).
- "*Gracia* y gloria dará Jehová. No quitará el bien a los que andan en integridad" (Sal. 84:11).
- "El que rescata del hoyo tu vida, el que te corona de *favores* y *misericordias*" (Sal. 103:4).
- "¿Quién es sabio y... entenderá las *misericordias* de Jehová?" (Sal. 107:43).
- "Vivifícame conforme a tu *misericordia*" (Sal. 119:88).
- "Hazme oír por la mañana tu *misericordia*, porque en ti he confiado" (Sal. 143:8).

Dios como Amigo de los quebrantados de corazón

Todos hemos sufrido rechazo, algunos más profundamente que otros. Vivimos en un mundo pecaminoso — nosotros hemos pecado y otras personas han pecado contra nosotros. Aun aquellos que han tenido gran influencia en nuestra vida, como nuestros padres y otros familiares, figuras de autoridad y compañeros, nos han herido en algún momento. Tal vez esas experiencias dolorosas han hecho que vivamos inseguros, con el temor de fracasar y de sufrir más rechazo. A veces el dolor nos lleva a construir murallas en nuestra personalidad, para mantener alejada a la gente y no recibir más heridas.

Al ser heridos por el rechazo y tratar de compensar por el dolor, a menudo recurrimos a lo que nos causa placer. Un medio para satisfacer nuestro déficit de amor es la lascivia, que es un deseo anormalmente intenso de usar o tener algo en forma egoísta. Esto puede incluir la lascivia por cosas como la comida, alcohol, drogas, poder, pornografía o sexo. O, quizá tratemos de satisfacer la falta de amor por medio del orgullo, actuando para obtener aceptación de la gente. Esto puede manifestarse como esfuerzo para superar a otros en lo académico, en el trabajo, en deportes, en diversos talentos o aun en el ministerio. Al final, ninguno de estos intentos podrá satisfacer la profunda falta de amor en nuestro corazón.

Lo que necesitamos hacer es ir a Jesús en medio del dolor. Puesto que Él sufrió más dolor y rechazo que todos, nos comprende totalmente (Is. 53:3). Él desea revelarnos Su amor para consolarnos y sanarnos del dolor causado por el rechazo (Sal. 34:18; 147:3). Él nos ama y nos acepta aun cuando sentimos como si todos nos hubiesen rechazado (Sal. 27:10). Además, sabe a quiénes puede enviar a nuestra vida para que nos expresen Su amor y favor llenos de gracia.

Aunque no soy lo que debería ser, ni lo que deseo ser, ni lo que espero ser, verdaderamente puedo decir que no soy lo que antes fui... por la gracia de Dios soy lo que soy.

John Newton, 1725-1807, autor de himnos y clérigo inglés

Cuando sufrimos el rechazo de quienes más deberían amarnos —nuestros padres—, una marca perdurable de dolor puede quedar grabada en nuestra vida. A través de los años he observado que si en la vida de un niño falta el amor del padre, puede resultar en serios problemas cuando es adulto. Aunque tanto el padre como la madre juegan un papel crucial en el desarrollo emocional del hijo, el padre posee inherentemente la capacidad para moldear una imagen de Dios que refleja su propio rol paternal. La forma en que el hombre vive frente a sus hijos queda plasmada en el alma de los pequeños e influye en el modo en que éstos vivirán.

Dios como Restaurador de lo perdido

El enemigo de nuestra alma, el diablo, hará todo lo posible para desfigurar el carácter de Dios ante nuestros ojos. Aunque nuestros padres se esforzaron para amarnos de la mejor manera que pudieron, Satanás intentó usar las heridas que ellos sufrieron en manos de otras personas para poner obstáculos en nuestra vida. En otras palabras, nuestros padres nos rechazaron e hirieron porque ellos fueron rechazados y heridos. De esa manera, dice la Biblia, los pecados del padre se perpetúan de generación en generación (Ex. 20:4-6; 34:7). Para que Satanás ya no tenga poder en nuestra vida y romper el ciclo de dolor, tenemos que pedirle a Dios Su gracia para perdonar a los que nos han herido. Puesto que las personas dañadas, dañan a otras, y las personas que han sido sanadas, sanan a otras, la gracia de Dios nos liberará para bendecir a todo aquel que nos haya herido, a fin de que reciban el amor y favor de Dios por medio de nuestra vida.

Dios como Padre celestial

La Biblia habla de Dios como "Padre eterno" (Is. 9:6) y "Padre de huérfanos" (Sal. 68:5). Jesús se refirió a Él como el "Padre nuestro que estás en los cielos" (Mt. 6:9). Dios desea "re-engendrarnos" en Su amor y en Sus caminos. Sólo Él puede restaurar las pérdidas que han impactado nuestro sentido de amor, aceptación y valía, así como el sentirnos parte de una familia y tener propósito en la vida. El salmo 139 nos revela el corazón de Dios respecto a nosotros, como Alguien que nos conoce y nos ama absolutamente, que siempre está presente, y nos creó en forma singular y con un propósito.

La imagen de Dios que llevamos en nuestro corazón y mente afecta la forma en que vivimos cada día.

IDEAS Y NOTAS

Si desea leer más sobre el tema de cómo lidiar con el dolor y el rechazo, y sobre la sanidad del corazón, le recomiendo el libro del Dr. Bruce Thompson, **Las Murallas de mi Corazón**, publicado por Ministerios de Consejería Bíblica.

Nuestro Padre celestial nos conoce y nos ama absolutamente - Salmos 139:1-6
En algún momento de nuestra vida, muchos nos preguntamos quién es Dios y cómo estamos relacionados con Él. ¿Es posible tener una verdadera relación con Dios? Nos preguntamos: *¿Cuánto me conoce y cuánto me ama Él?* La Biblia nos dice que Dios es nuestro Padre celestial y nos ama en forma perfecta y absoluta. Veamos más detenidamente Salmos 139:1-6. Al estudiar este pasaje, recuerde que Dios no es tan solo uno más grande de entre nosotros, ni es como nuestros padres terrenales.

- v. 1 - *examinado* (en hebreo significa "cavar en") - Dios ha cavado en nosotros; por tanto, nos conoce y nos comprende mejor que nosotros mismos.
- v. 2 - Él conoce las áreas conscientes de nuestra vida: cuando nos sentamos (vida pasiva) y cuando nos levantamos (vida activa). Conoce las áreas subconscientes: de donde nacen nuestros pensamientos, aun antes de que surjan. Dios sabe cómo pensamos y en qué pensamo; incluso sabe cómo se forman nuestros pensamientos y fluyen a nuestra mente.
- v. 3 - Él conoce nuestras decisiones y hábitos, nuestro estilo de vida. Dios está íntimamente familiarizado con nuestras actitudes internas y nuestra conducta externa.
- v. 4 - Dios nos conoce totalmente. Él nos comprende, conoce nuestro lenguaje (lo que queremos decir cuando hablamos), y se identifica con nosotros y nos ama absolutamente.
- vv. 5-6 - Él no está limitado por el tiempo y es infinito: *detrás* (nuestro pasado) y *delante* (nuestro futuro), y Su mano está sobre mí (presente). Dios nos conoce en forma tan maravillosa que el salmista David no lo podía comprender. Dios conoce nuestro pasado, presente y futuro, y ha puesto Su mano sobre nuestra vida. Dios nos conoce mejor que todos.

El corazón amoroso de nuestro Padre
- Nuestro Padre celestial conoce todo acerca de nosotros (Mt. 10:29-30).
- Nos amó aun cuando estábamos en nuestra peor condición (Ro. 5:8).
- Es amoroso con nosotros y nos manifiesta Su amor abundantemente (Dt. 33:12; 1 Jn. 3:1).
- Nos ama tanto que nos adoptó en Su familia (Gá. 4:4-7).
- Nos llama por nombre (Jn. 10:3).
- Es nuestro "Abba" Padre (Ro. 8:15).
- Su amor por nosotros nunca cesa (Jer. 31:3).
- Su amor es generoso; es un amor sacrificado (Él murió por nosotros) (Jn. 3:16).
- Nuestro Padre celestial nos ama tanto como ama a Jesús (Jn. 17:23).

Dios ama a cada uno de nosotros como si sólo uno de nosotros existiera.

San Agustín de Hipona, 354-430, padre de la iglesia

Imágenes de Dios como Padre

Era el 28 de mayo de 1984, y después de ese día, yo jamás sería el mismo. Mi esposa, Cheryl, estaba en el noveno mes de embarazo y lista para dar a luz a nuestro primer hijo. Cuando el momento llegó, yo estaba a su lado y tuve el privilegio de ver la llegada de nuestro hijo al mundo.

Cheryl y yo estábamos emocionados y dábamos gracias a Dios por habernos dado un niño. Minutos después, una enfermera lo tomó en sus brazos y me pidió que la siguiera. Caminé cerca de ella mientras avanzábamos por un pasillo del pequeño hospital en Kealakekua, Hawai.

Después de voltear a la derecha, entramos en un cuarto donde la enfermera empezó a llenar el lavabo con agua tibia. Mientras hacía eso, me entregó a mi hijo recién nacido, cubierto de sangre y grasa, y me dijo que lo lavara. Después de darme una toalla, salió del cuarto, dejándome solo con mi hijo por primera vez.

Lo miré, lo estudié – ¡y descubrí que había sacado mi mentón! Mientras lo lavaba con mucho cuidado, empecé a hablarle tiernamente, experimentando emociones que nunca antes había sentido. Le dije que su nombre era Ryan David, que lo amaba, que siempre lo amaría y que tenía un compromiso con él que perduraría todos los días de mi vida.

Mientras le expresaba mi amor y compromiso a mi hijo, él estaba ante mí, observando lleno de paz a este hombre a quien pronto conocería como su papá. Él no tenía que estar limpio para que yo lo amara. No necesitaba prometerme nada ni hacer algo para ganarse mi amor y aceptación. Él ya se había ganado mi corazón – y yo le había dado mi amor incondicional aun mucho antes de verlo.

Esa noche cruzaron ideas por mi mente y experimenté emociones que eran totalmente nuevas para mí. Era maravilloso tener un hijo a quien podría amar y a quien podría darme. Aunque sabía que cometería muchos errores al criarlo, mi corazón estaba decidido a amarlo sin importar lo que pasara. Después me di cuenta de algo – si yo, siendo un padre finito, podía expresar esa clase de amor y compromiso profundos a un hijo, ¿cuánto más Dios, como el Padre celestial infinito, desea que conozcamos Su amor y compromiso incondicionales hacia nosotros?

Para nuestro Padre celestial no tenemos que limpiarnos, no tenemos que prometer ni hacer nada para alcanzar la atención de Su corazón. Su amor es ilimitado y Su compromiso hacia nosotros es eterno. Cuánto anhela que vislumbremos lo mucho que Él desea derramar Su amor sobre nosotros. Dios sabe que una vez que comprendamos Su admirable amor por nosotros, nunca seremos los mismos otra vez.

IDEAS Y NOTAS

Nuestro Padre celestial siempre está presente - Salmos 139:7-12

- vv. 7-8 - Aquí hay dos preguntas respecto a la posibilidad de huir de la presencia de Dios. La respuesta, simplemente, es que ningún destino puede separarnos de Dios.
- vv. 9-10 - Cuando David escribe acerca de las "alas del alba", parece imaginarse montado sobre los rayos solares que atraviesan los cielos al salir el sol por el horizonte cada mañana. Luego, se imagina cruzando la expansión total de los mares hasta el punto más alejado de Dios. No importa a dónde vayamos, Dios irá adelante y lo hallaremos como si hubiera estado esperando nuestra llegada. Su mano estará allí para guiarnos y sostenernos.
- vv. 11-12 - Las tinieblas, que presentan la máxima limitación física, no oscurecen Su visión. Ni la noche más oscura puede ocultar el lugar donde estamos. Absolutamente nada puede escondernos de la presencia de Dios. Para Dios, la oscuridad es como la luz.

El corazón presente y atento de nuestro Padre

- Él es nuestro Padre eterno (Is. 9:6).
- Siempre está con nosotros y nunca nos dejará ni desamparará (Dt. 31:6).
- Nos mantiene en Su mano (Jn. 10:29).
- Es un Padre para los huérfanos (Sal. 68:5).
- Cuando nos sentimos rechazados y abandonados, Él nos recibe (Sal. 27:10).
- Siempre está atento a nosotros y nos cuida (1 P. 5:7).
- Conoce nuestras necesidades y provee para nosotros (Mt. 6:8, 25-32).
- Es misericordioso y nos consuela (2 Co. 1:3).

Imágenes de Dios como Padre

Mi amada y hermosa hija, Malia Joy, tenía apenas cinco años cuando esto pasó. Es algo que le sucede a la mayoría de la gente en algún momento de su vida — pero esa vez le había ocurrido a mi hijita.

Para comprender el drama de ese momento para mí, primero debe entender algo. Como un padre que ama a su hija, yo había hecho todo lo que estaba a mi alcance para protegerla física y emocionalmente. Le enseñé a no correr en la calle, a no irse con desconocidos, y a sujetarse de nuestra mano cuando estábamos en una multitud. La abrazaba a menudo, y una y otra vez le decía que la amaba y oraba por ella. Pero, nada de esto la ayudó el día cuando el ambiente seguro que habíamos creado para nuestra hija fue violado — ¡por otra niña de cinco años! Malia estaba bien físicamente, pero ese día enfrentó algo nuevo. Descubrió lo que significaba ser rechazada y tener el corazón herido.

Tenemos... comunión continua con Él. Un padre , sabiendo que su hijo lo ama, nunca lo envía dejando que éste piense que no se interesa en él. El padre desea que su hijo crea que está bajo el cuidado de su padre todo el día — que, si envía al niño a la escuela, o a donde sea necesario, lo hace sintiendo que debe sacrificar sus sentimientos paternales. Si esto hace un padre terrenal, ¿cómo cree que se siente Dios?

Andrew Murray, 1828-1917, pastor, misionero y escritor sudafricano

Nunca olvidaré cuando ella vino a mí y me dijo: "Papi, ¿por qué alguien me diría que no me quiere y que no jugará conmigo?" La tomé en mis brazos para consolarla y calmarla, ¡a la vez que luchaba con mis propias emociones! Por supuesto, me entristecía el corazón herido y confundido de mi hija, pero, sorprendentemente, deseaba asimismo encontrar a esa niña de cinco años para hacerle experimentar también algo de sufrimiento! Afortunadamente ese día me enfoqué en Malia; deseaba estar cerca de ella y disponible para mostrarle cuánto la quería.

Dios está presente para nosotros, mucho más de lo que yo desearía estar presente para mis seres queridos. Yo no estaba con mi hija cuando la hirieron – pero Dios estaba allí. Él siempre está con nosotros. Sabe de cada vez que nos rechazaron o abandonaron. Y, anhela revelarse como Padre para consolarnos y cuidarnos, lo cual Él puede hacer mucho mejor que un padre terrenal.

Invite la presencia de Dios, ahora mismo, a esos lugares de su vida que usted ha mantenido cerrados, para que Él toque las áreas de rechazo y sane esos lugares sensibles por el daño y las heridas que sufrió. Dios le ama y anhela tomar su corazón herido bajo Su cuidado.

Nuestro Padre celestial nos creó en forma singular y con un propósito – Salmos 139:13-18
- vv. 13-14 - David reconoce que es una obra formidable y maravillosa creada por Dios, y se admira por la complejidad de su ser, tanto interior como exterior. Al ver el diseño de su cuerpo, reconoce que hay Alguien superior que regula aun los sistemas físicos de su vida. Su corazón late por sí solo. David respira sin que él decida hacerlo. Sus órganos internos funcionan 24 horas al día, sin necesidad de pensar deliberadamente en ello. Dios nos ha dado una apariencia física, personalidad, capacidades y talentos. David está maravillado de la asombrosa creación divina. Cuando estábamos aún en el vientre de nuestra madre, Dios creó a cada uno de nosotros conforme a Su diseño, tal como Él deseaba.
- vv. 15-16 - Mi cuerpo... entretejido (el término hebreo significa "bordado")... embrión – todo habla de la mano divina formando nuestro ser. Dios ha creado a cada uno en forma singular para cumplir Sus propósitos en nuestra vida y por medio de ella. Por tanto, en nosotros debe haber contentamiento por ser como Dios nos ha hecho y nunca compararnos con otros.
- vv. 17-18 - pensamientos preciosos... más numerosos que los granos de arena – Dios constantemente está elaborando una serie ininterrumpida de pensamientos de amor por nosotros, como si nadie más existiera.

IDEAS Y NOTAS

El corazón generoso de nuestro Padre

- Dios es generoso y nos da regalos (Mt. 7:11).
- Cuando nos disciplina, lo hace por amor, no por ira, para hacernos volver al camino correcto (He. 12:7-13).
- No nos compara con otros, es imparcial (1 P. 1:17).
- Nos da las peticiones de nuestro corazón (Sal. 37:3-5).
- Nos ha hecho Sus herederos (Gá. 4:4-7).
- Nos está formando para Sus propósitos especiales (Is. 64:8).
- Nos guiará (Sal. 139:24).
- Ha preparado un lugar especial para nosotros en el cielo (Jn. 14:23).

Imágenes de Dios como Padre

Cuando mis hijos estaban pequeños, cada vez que yo volvía a casa después de un viaje les traía algo especial, sólo para que supieran lo mucho que había pensado en ellos y cuánto los había extrañado. Llegó a ser casi una tradición que mi familia me esperara en el aeropuerto. Cheryl llevaba a Ryan y Malia hasta la puerta y, cuando me veían, corrían a saludarme, saltaban a mis brazos y me colmaban de abrazos y besos. Cuando los bajaba, me miraban mientras preguntaban: "Papi, ¿qué nos trajiste?" En ese momento sacaba algo de mi maletín — a veces era chocolate; otras, quizá un juguete. Una vez les llevé un cactus del desierto.

Llegó el tiempo cuando Ryan y Malia comenzaron a decir que deseaban una adición a la familia: un perro. Hablamos al respecto durante varias semanas y miramos libros sobre perros, tratando de decidir cuál raza podríamos conseguir. Un domingo por la tarde, en el periódico local Cheryl vio el anuncio de una familia que estaba regalando cachorros. Después de llamar por teléfono y enterarse de que la familia vivía a unas cuadras de nosotros, Cheryl fue a verlos. Cuando volvió, me dijo que había escogido una encantadora perrita de tres semanas, mezcla de labrador negro y pastor alemán. Fui para verla personalmente y vi que Cheryl tenía razón — sería perfecta para nosotros. Sólo había un detalle. La cachorrita estaba muy pequeña para darla; recién estaría lista el fin de semana cuando yo volviera de mi siguiente viaje. En vez de decirles a los niños, Cheryl y yo decidimos sorprenderlos y traer a la perrita a casa como mi regalo especial cuando regresara del viaje.

Las tres semanas pasaron lentamente mientras nuestros hijos nos decían cada día cuánto deseaban tener un perro. Nosotros en verdad deseábamos revelarles el secreto, pero sabíamos que eso arruinaría la maravillosa sorpresa. Al fin llegó el día. Cheryl pidió a alguien que se quedara con los niños; así podríamos recoger a la perrita al regresar del aeropuerto y sorprenderlos al entrar en la casa. Nuestra expectativa era enorme — cuánto deseábamos ver la expresión de sus rostros.

Estoy tallado en las palmas de Sus manos. Él nunca deja de pensar en mí. Todo lo que sé de Él depende de Su continua iniciativa en conocerme a mí. Lo conozco, porque Él me conoció primero a mí, y continúa conociéndome. Me conoce como amigo, Uno que me ama; y no hay momento en que aleje Sus ojos de mí, o que Su atención no esté puesta en mí, y, por tanto, no hay momento en que deje de cuidarme.

J. J. Packer, teólogo y escritor

Cuando entramos en la casa, los niños me recibieron con los tradicionales abrazos y besos, mientras yo mantenía una mano oculta tras mi espalda, sosteniendo a la nueva adición a la familia. Finalmente, Ryan y Malia lanzaron la pregunta: "Papi, ¿qué nos trajiste?" ¡Ese era el momento que Cheryl y yo habíamos planeado, preparado y esperado! Les mostré la mano que había tenido escondida, y allí estaba la perrita negra ante sus ojos muy abiertos y sus gritos de alegría. Por un instante se preguntaron si la perrita era real o sólo un juguete, pero cuando ésta ensució el piso, ¡vieron que era verdadera! Está de más decir que esa noche en casa hubo mucha alegría y risas cuando "Lady" vino a ser parte de la familia.

Así como Cheryl y yo ansiábamos darles a nuestros hijos algo especial, nuestro Padre celestial ha preparado para nosotros muchas cosas especiales. En el momento apropiado, mostrará la mano que tuvo oculta tras la espalda y nos revelará Su regalo. Tal vez nos muestre algo respecto a nuestro llamamiento. Quizá sea la persona con quien nos casaremos. Podría ser un hijo, una sanidad o una provisión que jamás podríamos obtener solos. Son innumerables las peticiones y los anhelos de nuestro corazón que el Padre celestial desea hacer realidad para nosotros.

Puede estar seguro de esto — Dios ha preparado de antemano cosas maravillosas para usted y para mí. Él sabe cuál es el mejor momento para darnos lo que deseamos o necesitamos. Dios desea bendecirle mucho más de lo que usted pudiera imaginar. Puede confiar en Él completamente.

El poder capacitador de Dios

La gracia hace mucho más que salvarnos. Permea nuestro ser y nos sostiene. Cuando andamos en la gracia de Dios como poder, Él vive a través de nosotros. Esto nos capacita para andar en obediencia, siendo más semejantes a Él, cumpliendo Sus propósitos y glorificándolo. Veamos algunas de las áreas de nuestra vida en las que debemos permitir que la gracia actúe en nosotros y a través de nosotros.

Poder para transformar corazones

Dios quiere que estemos en una relación correcta con Él; por tanto, pone Su plomada de la verdad al lado de nuestro corazón, para exponer las cosas ocultas que nos impedirían entrar en Su presencia (Am. 7:7-9). La plomada es una medida que se usa para asegurar que algo esté correctamente alineado. La plomada de Dios, por decirlo así, es Su corazón manifestado por medio de los principios absolutos, los valores y la verdad revelados en la Biblia. Mediante éstos, Su gracia alinea nuestro corazón y transforma nuestra vida.

Todos hemos medido nuestras percepciones con plomadas falsas, puestas inconscientemente en nuestra vida por nuestros padres, por figuras de autoridad, los compañeros y la cultura en que crecimos. Esas medidas erradas nos engañaron, haciéndonos creer verdades incompletas o distorsionadas, afectando nuestra percepción de Dios, de nosotros mismos y de otros, y la forma en que nos relacionamos con Dios y los demás. Todo nuestro sistema de creencias necesita estar alineado correctamente de acuerdo con la plomada de Dios — Sus principios absolutos, valores y verdad.

IDEAS Y NOTAS

Nuestro corazón desempeña un papel importante en nuestras decisiones, acciones y relaciones.
- Es la fuente de vida (Pr. 4:23).
- Tal como pensamos en nuestro corazón, así somos (Pr. 23:7).
- Como el agua refleja el rostro de un hombre, así el corazón refleja al hombre (Pr. 27:19).
- Dios mira el corazón más que la apariencia externa (1 S. 16:7).
- El corazón es engañoso y muy perverso, ¿quién puede conocerlo? (Jer. 17:9-10).

Lo que hay en su corazón, eso es usted realmente. Dios usará situaciones y circunstancias difíciles —las tormentas de la vida— para exponer nuestras reacciones y revelar lo que hay en nuestro corazón. Nuestras reacciones son las ventanas a nuestro corazón. Cuando vemos que algo no está alineado con la verdad de Dios, podemos invitarlo a Él para que venga y nos purifique, nos sane y nos perdone, y para alinearnos correctamente conforme a los principios absolutos, valores y verdades que revela en Su Palabra. La clave es rendirse a Su Espíritu — Él lo hará por Su gracia. Dios promete darnos un corazón nuevo y un espíritu nuevo (Ez. 36:26-27; He. 8:10).

Poder para vivir en santidad
- La gracia de Dios, como poder, nos capacita para vencer el pecado y vivir en santidad (Tit. 2:11-14).
  - La gracia nos enseña a renunciar a la impiedad y a los deseos mundanos.
  - Nos enseña a vivir en forma sobria, justa y piadosa.
  - Es Su poder capacitador para vencer el pecado (Ro. 6:14).
  - Los que reconocen sus debilidades y en momentos de necesidad claman a Jesús para que los rescate, recibirán gracia para vencer el pecado (He. 4:14-16).
  - Dios da gracia a los humildes y resiste activamente toda dependencia en la capacidad humana para vencer el pecado (Stg. 4:6).
  - Para experimentar la gracia de Dios como poder para vencer el pecado, tenemos que comprender la verdad de lo que declaró Jesús: "Separados de mí nada podéis hacer" (Jn. 15:5).
- La gracia de Dios como poder nos capacita para ministrar gracia a otros por medio de nuestras palabras (Ef. 4:29).
- La gracia de Dios como poder nos capacita para poner en acción nuestros dones espirituales (Ro. 12:6; 1 P. 4:10).
- La gracia de Dios como poder nos capacita para crecer a través de pruebas y dificultades (1 P. 5:8).
- La gracia de Dios como poder puede protegernos de la amargura (He. 12:14-15).
- La gracia de Dios como poder nos capacita para tratar sabiamente con los inconversos (Col. 4:5-6).
- La gracia de Dios como poder nos capacita para ministrar con señales y prodigios mientras proclamamos el evangelio de gracia (Hch. 14:3).

La fe es una confianza viva y osada en la gracia de Dios, tan segura y cierta que un hombre puede jugarse la vida en ella mil veces.

Martín Lutero, 1483-1546, teólogo y reformador alemán

Candidatos para la gracia

Concluyamos este capítulo viendo quiénes son candidatos para recibir la maravillosa gracia de Dios.

El pecador – Ro. 3:23–24; 5:20–21
- Nunca descarte a los que aún no conocen a Jesús porque son los principales candidatos para la gracia de Dios.
- Cuando pecamos, siendo creyentes, somos candidatos para la gracia. Corra hacia Dios, confiésele su pecado y reciba Su limpieza.
- La gracia es la forma en que Dios responde a nuestros fracasos.

El que no puede salvarse – Ro. 5:6, 8 (*Nueva Versión Internacional*)
- Cuando nos sentimos indefensos, fuera de control, incapaces de cambiar o de ponernos de pie, Dios nos extiende Su gracia.

El débil – 2 Co. 12:9–10
- La gracia y el poder de Dios se perfeccionan en nuestra debilidad.
- Juan el Bautista sabía que debía menguar para que Jesús creciera (Jn. 3:30).
- Mientras más débiles llegamos a ser, la gracia es más abundante y Dios recibe más gloria.

El necesitado – He. 4:14–16
- El débil, frágil, desesperado y cansado.
- Cuando tenemos necesidad, podemos acudir confiadamente al trono de la gracia sabiendo que recibiremos misericordia y gracia para socorrernos en el momento oportuno.

El humilde – Stg. 4:6; 1 P. 5:5–6
- Reconocer que necesitamos a Dios nos prepara para recibir Su gracia.
- La humildad atrae la presencia de Dios.
- ¿Está usted dispuesto a humillarse?

IDEAS Y NOTAS

ECHEMOS LA RED

¿Cuál era su concepto sobre la gracia de Dios antes de estudiar este capítulo? ¿Cómo ha cambiado?

_____

_____

_____

_____

_____

_____

_____

_____

¿Cuál enseñanza le habló más al estudiar las secciones sobre _Las bendiciones espirituales de la gracia_ y _Jesús, el Dador de la gracia_?

_____

_____

_____

_____

_____

_____

_____

_____

_____

_____

_____

_____

_____

_____

La gracia es tan solo el inicio de la gloria, y la gloria es tan solo la gracia perfeccionada.

Jonathan Edwards, 1703-1758, predicador y teólogo estadounidense

¿Cuál es la imagen de Dios que ha llevado en usted hasta ahora? ¿Cómo ha cambiado su impresión al tener una nueva comprensión de Dios como su Padre celestial? ¿En cuáles áreas necesita que Él le revele más de Sí mismo como su Padre?

_____

_____

_____

_____

_____

_____

_____

_____

_____

_____

_____

_____

_____

_____

_____

_____

_____

_____

IDEAS Y NOTAS

_____

_____

_____

_____

¿En cuáles áreas necesita conocer la gracia divina como el poder capacitador de Dios en su vida? ¿Qué le ha revelado la plomada de Dios acerca de su corazón? ¿Tiene problema con algún pecado y necesita Su gracia para vencerlo?

_____
_____
_____
_____
_____
_____
_____
_____
_____
_____

¿En qué forma es usted candidato para la gracia de Dios hoy?

_____
_____
_____
_____
_____
_____
_____
_____
_____
_____

Usted pide la bendición de Dios antes de las comidas. Y está bien. Pero yo pido Su bendición antes del concierto y la ópera, antes del drama y la pantomima, antes de abrir un libro, y antes de dibujar, pintar, nadar, practicar esgrima, boxear, caminar, jugar, danzar y antes de introducir la pluma en el tintero.

Gilbert K. Chesterton, 1874-1936, escritor británico

LA PESCA DEL DÍA

▣ Resumen del capítulo

- Jesucristo vino lleno de gracia y de verdad. La gracia es resultado de la sobreabundancia de quien Dios es.
- La gracia de Dios impactó a los discípulos de Jesús, a Pablo y a los otros escritores del Nuevo Testamento. La gracia era el tema central en el mensaje del evangelio que predicaban.
- Hemos sido salvados por la gracia de Dios. Él actuó en nuestro favor. Nuestra salvación es un regalo; no es algo que merecemos o que podríamos haber ganado mediante obras.
- La gracia nos ha sido dada como el inmerecido amor y favor divinos. Tenemos un Padre en el cielo que nos ve con una mirada de favor. También podemos conocer y experimentar la gracia de Dios como poder que nos capacita para vivir en santidad y andar en obediencia a Él.
- No sólo somos salvos por la gracia de Dios, sino que ésta permea nuestra vida. Cuando pecamos, cuando nos sentimos incapaces, débiles y necesitados, y cuando nos humillamos, somos candidatos para recibir Su gracia. En ese punto Jesús vendrá a nosotros, nos llenará con Su gracia y será glorificado a través de nuestra vida.

¿Cuáles fueron las dos o tres áreas de las que el Espíritu Santo le habló más claramente en este capítulo, y cómo le responderá usted?

_____

_____

_____

_____

_____

_____

IDEAS Y NOTAS

_____

_____

_____

_____

CAPÍTULO 4
LA CRUZ, EL PECADO Y EL ARREPENTIMIENTO

 UNA MIRADA DESDE LA ORILLA

"Os rogamos en nombre de Cristo: Reconciliaos con Dios.
Al que no conoció pecado, por nosotros lo hizo pecado,
para que nosotros fuésemos hechos justicia de Dios en él".
2 Corintios 5:20-21

La cruz. Aunque ésta ha llegado a ser el símbolo que identifica a los cristianos en todo el mundo, en el tiempo de Jesús era algo con lo que la gente no deseaba identificarse. La cruz romana era objeto de vergüenza.

Las crucifixiones eran comunes en el primer siglo. La gente estaba acostumbrada a ver en los caminos los cuerpos crucificados de criminales, esclavos, asesinos y rebeldes de la sociedad. Los judíos no crucificaban a personas vivas, pero colgaban en los árboles los cuerpos de los ejecutados para aumentar su castigo. A los que eran colgados en árboles se les consideraba malditos por Dios. Aunque se aceptaba la crucifixión como parte de la cultura, tanto los judíos como los romanos la aborrecían (Jos. 10:26; Dt. 21:22-23; Gá. 3:13).

Entonces, ¿cómo llegó la cruz a ser tan importante para nuestra fe?

La Biblia nos enseña que Jesús vino a la tierra por varias razones. Vino a mostrarnos cómo es Dios realmente (Jn. 14:9). Él nos demostró cómo debemos andar con Dios y con los demás (Jn. 13:13-15). Vino para destruir las obras del diablo (1 Jn. 3:8). Y, sobre todo, el Único que fue sin pecado vino a expiar por el pecado — a morir en la cruz para que pudiéramos ser perdonados y reconciliados con Dios. Por medio de Su sangre derramada, se nos permite tener relación con el Dios santo. La cruz de Cristo anuló el poder y la autoridad de Satanás en nuestra vida (Col. 1:19-22; 2:13-15), y nos dio poder para vivir en una relación de paz con otros (Ef. 2:11-22). Nos sirve para recordar hasta qué extremo Dios estuvo dispuesto a ir para rescatar a los peores pecadores, a fin de que disfrutáramos Su amor, perdón, paz y gozo.

Por eso los cristianos honran el significado de la cruz. Es el centro de la fe cristiana porque representa la expresión del amor de Dios por nosotros. Es el medio por el cual experimentamos el perdón de los pecados. Y, es el preludio de todas las promesas de Dios para nosotros en Cristo, arraigadas en el centro mismo del mensaje del evangelio: Antes estábamos separados de Dios, pero ahora hemos sido reconciliados con Él por la muerte de Jesús en la cruz. ¡Qué admirable!

En este capítulo, estudiaremos más detenidamente el problema del pecado del hombre y la separación de Dios, y el papel de la cruz en nuestra reconciliación con Dios. También daremos una mirada práctica a la manera en que el arrepentimiento por el pecado y las expresiones de perdón pueden aplicarse a nuestra vida a la luz de la obra de la cruz.

zarpemos

En toda la Biblia se usan contrastes para diferenciar entre las cosas de Dios y la situación del ser humano. Tinieblas y luz, mortal e inmortal, carne y espíritu. Nuestra salvación representa el paso desde una esfera a la otra – de los reinos de este mundo al Reino de nuestro Señor y Cristo. Al considerar la cruz, el pecado y el arrepentimiento, vemos cuán esenciales son como fundamento de nuestra fe. Nos permite entender, no sólo quién es Dios y qué hizo Él en nuestro favor, sino quiénes somos y cuán desesperadamente necesitamos de un Salvador.

Creados a la imagen de Dios*

¿Se ha preguntado alguna vez qué hace que usted sea *usted*? Lamentablemente, al definir quiénes son, las personas tienden a compararse con lo que los demás parecen ser. Por lo general eso hace que se sientan confundidas, frustradas e inseguras. La Biblia provee la única norma por la cual el hombre puede juzgar. La buena noticia es que ella nos dice que usted y yo somos hechura de Dios (Ef. 2:10). Imagínese. Dios nos escogió y conoció antes de que colocara los fundamentos de la Tierra. Desde antes, esperó el tiempo preciso en la historia para introducirnos en Su mundo creado. Él ordenó que debíamos vivir en este tiempo.

El hombre – Creado a la imagen de Dios - Gn. 1:26–27
- El hombre fue formado del polvo de la tierra (Gn. 2:7; 3:19).
- Si nuestro cuerpo físico se redujera a polvo, los minerales valdrían menos de 100 dólares. Nuestro verdadero valor excede a los atributos físicos. Somos infinitamente valiosos porque Dios respiró vida y espíritu en nosotros (Gn. 1:26-27; 2:7).
- El hombre es singular en relación al resto de la creación porque fue hecho a la imagen de Dios, capaz de relacionarse con el Creador.

El hombre – Creado para reflejar la imagen de Dios
- Los hombres y las mujeres, juntos, reflejan el ser de Dios (Gn. 1:26-27).
- Los hombres y las mujeres fueron creados para reflejar el carácter de Dios al mundo que los rodea, revelando Su amor, gracia, verdad, misericordia, santidad, etc.
- Los hombres y las mujeres demuestran el dominio de Dios al administrar la creación (Gn. 1:26).

IDEAS Y NOTAS

* Agradezco al Dr. J. Rodman Williams, profesor de la Facultad de Religión de la Universidad Regent de Virginia Beach, VA, cuyos materiales y conferencias sobre "Dios, el mundo y la redención" ayudaron a formar mi comprensión sobre la naturaleza del hombre, el pecado y la expiación. Aprendí mucho de su material sobre estos temas y lo he usado aquí con su permiso.

El hombre — Creado para ser libre

El propósito original de Dios era que el hombre conociera sólo el bien para que anduviera en obediencia y bendición. Cuando el hombre escogió desobedecer a Dios en el huerto, conoció el pecado y la maldad. Debido a esa decisión, empezó a cosechar las consecuencias del pecado. En Cristo, somos libres para tener comunión con Dios (Gn. 1:31; 2:9, 16-17; 3:8-9; Ro. 8:2, 21).

* En Cristo, somos libres del pecado y la esclavitud
* En Cristo, somos libres para disfrutar de la creación.
* En Cristo, somos libres para vivir conforme al plan personal de Dios.
* En Cristo, somos libres para hacer la voluntad de Dios.
* En Cristo, somos libres para decidir y para obedecer a Dios. (La verdadera libertad involucra decisión. Si no hay opción, excepto hacer la voluntad de Dios, entonces la libertad es sólo una palabra).

Visión general sobre el pecado

La naturaleza humana es inherentemente pecaminosa. La Biblia dice: "No hay justo, ni aun uno... todos pecaron, y están destituidos de la gloria de Dios" (Ro. 3:10, 23). Pero, ¿qué es pecado?

Definición de pecado

* Pecado es rebeldía deliberada contra Dios, Su voluntad y Sus mandamientos (Is. 53:6; Ef. 4:18).
* Pecado es un acto personal contra Dios, alejándose de Él y de Sus propósitos (Sal. 51:4).
* Pecado es no vivir de acuerdo con los propósitos de Dios.
* Pecado es no hacer lo que uno sabe que es bueno (Stg. 4:17).

La naturaleza del pecado — Incredulidad

* En el huerto, la serpiente sembró las semillas de incredulidad preguntando: "¿Conque Dios os ha dicho...?" (Gn. 3:1).
* Pecado es a menudo una mezcla de verdad y error, con suficiente verdad como para que sea una mentira atractiva (Gn. 3:1-5).

Nuestra salvación representa el paso desde una esfera a la otra — de los reinos de este mundo al Reino de nuestro Señor y Cristo.

Un gran poder del pecado es que ciega a los hombres de modo que no reconozcan su verdadero carácter.

Andrew Murray, 1828-1917, pastor, misionero y escritor sudafricano

- No creer en quien Dios es y en lo que Él ha dicho es la raíz de todo pecado; es no tener fe en Dios (Ro. 14:23).
- El pecado entró en el mundo cuando la humanidad le dio la espalda a quien Dios es y lo que había dicho, dejándose atraer por lo que estaba prohibido (Gn. 2:15-17).
- Una nota respecto a la tentación: Cuando uno permite que algo prohibido se convierta en el objeto de su atención, pronto puede atraerle tanto que dejará todo lo demás, incluyendo a Dios, para obtenerlo.

La naturaleza del pecado — Orgullo
- En el huerto la serpiente dijo: "Seréis como Dios" (Gn. 3:5).
- El pecado de Lucifer fue el orgullo, la ambición y la exaltación de sí mismo — el deseo de ser como Dios (Is. 14:12-15).
- La tentación se enfoca en el yo (mis intereses), procurando realizar nuestro potencial (mis metas, talentos y sueños) y nuestros deseos (deseos de la carne, deseos de los ojos y la vanagloria de la vida — 1 Jn. 2:15-17).

La naturaleza del pecado — Desobediencia
- En el huerto la pareja comió el fruto en abierta desobediencia a Dios (Gn. 2:15-17; 3:6-7).
- El pecado no es oposición a una regla, sino oposición a una persona — Dios. La esencia de todo pecado es el alejamiento del amor de Dios.
- La desobediencia es la realización del pecado, que nace de la tierra fértil de la incredulidad y el orgullo.
- Progresión del pecado: la incredulidad en la mente lleva al orgullo en el corazón y produce el fruto de la desobediencia en la voluntad.

Las consecuencias del pecado

Romanos 1:18-32
El pecado lleva al hombre por una serie de desvíos, separándolo de la comunión franca con Dios. Cuando nos dejamos llevar por el pecado, éste nos domina más tiempo del que esperábamos. Todo pecado tiene consecuencias.

El pecado conduce a la futilidad
- La futilidad produce oscuridad y confusión en los pensamientos y acciones del hombre.
- El hombre sigue un camino de absoluto egoísmo, olvidando a Dios para ir en busca de todo lo demás.

IDEAS Y NOTAS

El pecado conduce a la idolatría
- Cuando eliminamos a Dios de nuestra vida, algo más ocupa Su lugar en nuestro corazón. Cuando escogemos el pecado, destronamos a Dios y coronamos a un dios falso como rey de nuestra vida.
- Esto siempre resulta en pensamientos y acciones inmorales (Ro. 1:24-27).

El pecado conduce a la culpabilidad
- Adán y Eva se escondieron en el huerto, lo que indica un profundo sentimiento de culpa y el rompimiento en su relación con Dios (Gn. 3:7-8).
- En lo profundo de su ser, el hombre sabe que es culpable — la conciencia es el tribunal de juicio interno que da el veredicto de culpable o inocente.
- La única forma de quedar libres de la culpa es el arrepentimiento y el perdón (1 Jn. 1:9).

El pecado conduce al castigo
- En el huerto cada uno culpó al otro para evitar el castigo (Gn. 3:9-13).
- Cada vez que se comete pecado, hay consecuencias (Nm. 32:23; Gá. 6:7).

El pecado conduce a la separación
- El pecado resulta en muerte espiritual que separa al hombre de Dios (Gn. 3:23-24).
- En el corazón del hombre hay un sentimiento persistente de que algo anda mal.

El pecado conduce al alejamiento
- La relación del hombre con Dios se ha roto.
- El hombre está alejado de los demás, con una actitud agresiva hacia las demás personas en su vida.

El pecado conduce a la esclavitud
- Los hombres y las mujeres ya no gozan de la libertad que Dios les dio.
- El pecado se ha convertido en el amo que esclaviza a su objeto (Ef. 2:1-3).
- El hombre está atrapado, absolutamente incapaz de reconciliarse con Dios por sí solo.

El pecado lleva al hombre por una serie de desvíos, separándolo de la comunión franca con Dios.

Apártense de los ídolos y vuelvan a Dios. Porque la espada de Su ira que estaba dirigida hacia ustedes fue clavada en el corazón de Su Hijo. Y las flechas de Su ira que apuntaban a vuestro pecho fueron lanzadas al Señor Cristo Jesús. Porque Él murió por ustedes, ustedes fueron perdonados.

Paris Reidhead, 1919-1992, misionero y maestro de Biblia

Las realidades bíblicas del pecado

Nuestras decisiones pecaminosas alteran las circunstancias de nuestra vida, y a veces complican las circunstancias de la vida de aquellos a quienes nuestro pecado impacta. No importa cómo nos desvíe el pecado, la Biblia nos asegura que todos los pecados producen simultáneamente el mismo efecto — separación de Dios.

- El hombre posee una naturaleza pecaminosa y, por tanto, la inclinación a pecar (Ro. 7:14-25).
- Todos han pecado y están destituidos de la gloria de Dios (Ro. 3:23-24).
- Cada persona es responsable por su propio pecado (Ez. 18:4, 20).
- Los resultados del pecado son muerte espiritual y física, y separación eterna de Dios (Ro. 6:23; Ap. 20:11-15).
- El hombre es absolutamente incapaz de restaurar su relación con Dios y necesita desesperadamente un Salvador (Tit. 3:3-8).

EN AGUAS MÁS PROFUNDAS

El pecado es una realidad en nuestra vida terrenal. Cada uno de nosotros caerá en la tentación de pecar, y otros pecarán contra nosotros. Pero, por medio de Jesús se nos invita al arrepentimiento y perdón. Al poner nuestra mirada en la cruz de Cristo, podemos recibir expiación por nuestros pecados, y experimentar integridad de corazón y unión con nuestro Padre celestial.

La expiación

La expiación es la esencia del mensaje del evangelio. Es por medio de la expiación que somos hechos puros y sin culpa, y podemos ir ante el Padre.

Definición de expiación

- La expiación es el acto por el cual se logra reconciliación. Es superar una seria ruptura en la relación entre dos partes.
- La expiación indica una acción realizada que puede reparar satisfactoriamente una ofensa o herida y cancelar los efectos malignos, de modo que dos partes lleguen a ser uno otra vez. La expiación es el proceso de reconciliación.
- La expiación entre Dios y el hombre se refiere a la acción de Dios que repara la separación causada por el pecado del hombre. El hombre no puede hacer expiación ni resolver su separación de Dios mediante sus propios recursos y fuerza.

IDEAS Y NOTAS

- Dios mismo, a un costo supremo, asumió la responsabilidad de proveer una manera mediante Su Hijo, Jesucristo, para restaurar la relación entre Dios y el hombre — para hacer posible la reconciliación.

La preparación del escenario para la expiación de Dios
Quién es Dios
- Es un Dios de amor y misericordia que cruza la línea divisoria para alcanzar a los pecadores (Gn. 3:21; Os. 11:8-9; Jn. 3:16; Ro. 5:8).
- Es un Dios de santidad y justicia, cuya ira caerá sobre los desobedientes (Gn. 3:24; Hab. 1:13; Ro. 1:18; 3:10; Ef. 2:3; 5:6).
- Es un Dios de verdad y fidelidad, que actúa con integridad para mantener todas las promesas de Su Palabra (Sal. 51:6; Is. 45:19; Sal. 57:10; 119:75).

Lo que el hombre ha llegado a ser
- El hombre es pecador delante de Dios, viviendo en incredulidad, orgullo y desobediencia (Ro. 3:23).
- El hombre se ha vuelto idólatra, profundamente comprometido con las cosas de este mundo (Ro. 1:21-25; Col. 3:5-6).
- El hombre es un pecador culpable que merece castigo y sabe que enfrentará el juicio de Dios (Ro. 6:23).
- El hombre está esclavizado al pecado, incapaz de librarse a sí mismo (Ef. 2:1-3).

El conflicto que surge
Dos condiciones opuestas preparan el escenario para el acto de la expiación de Dios.
- Dios, que ama y es misericordioso, no desea que ninguno en Su creación sufra el castigo y la muerte. No obstante, por Su santidad y justicia, Él no puede tolerar el pecado.
- El hombre, por otro lado, no tiene poder para cambiar su condición pecaminosa. Solo no puede librarse de la culpa y la esclavitud. El hombre no puede cumplir los mandamientos de Dios. No puede entrar en la presencia de Dios. Puesto que es incapaz de ayudarse a sí mismo, su destino es la muerte.
- El plan de Dios, que es reconciliar al mundo a Sí mismo, muestra Su sabiduría infinita, en la que el amor, misericordia, santidad, justicia, verdad y fidelidad se unen en el sacrificio supremo de la expiación.

Dios mismo, a un costo supremo, asumió la responsabilidad de proveer una manera mediante Su Hijo, Jesucristo, para restaurar la relación entre Dios y el hombre.

La evidencia de nuestra dureza es que estamos más preocupados por nuestros sufrimientos que por nuestros pecados.

Matthew Henry, 1662-1714, predicador y erudito inglés

El método de expiación – La muerte de Jesús en la cruz
Quién es Jesús
- Jesús, el Hijo de Dios, se hizo carne y vivió como ser humano entre los hombres (Jn. 1:14; Gá. 4:4-5; Fil. 2:7-8).
- Fue sin pecado (2 Co. 5:21; He. 4:15).
- Vivió en total obediencia a la voluntad de Su Padre, de modo que Su muerte fue la de Alguien que era libre de culpa, santo y justo (Mt. 26:36-42; Jn. 17:4).
- La muerte de Jesús fue por nuestros pecados (1 Co. 15:3; 2 Co. 5:17-21).

Lo que Jesús llegó a ser
- Su muerte en la cruz, un sacrificio por el pecado del hombre, fue prefigurada por el día de la expiación en el Antiguo Testamento (Lv. 16).
- También refleja al cordero de la Pascua (Éx. 12:21-30; 1 Co. 5:7).
- Jesús es llamado el Cordero de Dios (Jn. 1:29; Ap. 5:12).
- Su muerte sacrificial venció la muerte una vez para siempre (Ro. 6:10; He. 9:12, 26).
- Fue el sacrificio de Sí mismo (como sacerdote y víctima / sacrificador y sacrificio) (He. 7:27).
- Ofreció un sacrificio sin mancha (Éx. 12:5; 1 P. 1:18-19).
- Nuestra salvación es por medio de la sangre del Cordero (Col. 1:19-20; Ap. 7:14).
- La redención fue realizada por Dios mediante la sangre de Jesús, el Cordero de Dios.

Los resultados de la expiación
Jesús se identificó con la humanidad
- En la cruz, Jesús se identificó con la gente con la que se había identificado en Su ministerio: los enfermos, los desamparados, los pecadores (Is. 53:4).
- Él llevó sobre Sí todos los pecados de la raza humana, tomando nuestro lugar como el "Único Gran Pecador".
- Dios, en Su infinito amor y misericordia, y encarnado como hombre, fue hecho pecado y maldición, para que nosotros experimentemos Su salvación y bendición para siempre (Is. 53:4-12).

Jesús recibió nuestro castigo – Is. 53:5, 10
- Como el "Único Gran Pecador", Él recibió la medida total de la ira divina en directa proporción al pecado del mundo, pasado, presente y futuro. Este es un castigo vicario en nuestro favor que es imposible comprender.
- Al ser hecho pecado, el Padre ya no pudo mirarlo; como resultado, Jesús experimentó el terrible abandono de Dios, que es la consecuencia máxima del pecado. Esto llevó a Jesús a exclamar: "Dios mío, Dios mío, ¿por qué me has desamparado?" (Sal. 22; Mt. 27:46).

IDEAS Y NOTAS

- Jesús experimentó nuestra perdición, condenación y castigo cuando estaba en la cruz.
- En el Antiguo Testamento, un animal era sacrificado como el sustituto, recibiendo así el castigo de muerte que merecían los israelitas (Lv. 16). Tal sacrificio era insuficiente para lidiar con la profundidad del pecado humano. Sólo la muerte de Jesús, representando tanto a Dios como al hombre, pudo pagar por la pena del pecado, la anulación total de la culpa y la limpieza necesaria para restaurar la relación entre Dios y el hombre.
- Fue Dios, en Cristo Jesús, quien reconcilió al mundo consigo mismo (2 Co. 5:17-21).

Jesús quitó nuestro pecado
- Jesús no sólo recibió el castigo justo que merecíamos por nuestros pecados, sino que nos libró de la esclavitud del pecado por medio de Su muerte (Is. 53:6-12; Ro. 8:1-4).
- Somos completamente perdonados por medio de la muerte de Jesús en la cruz (Ef. 1:7).
- Fuimos rescatados, comprados por precio, para que podamos ser libres del pecado (Mt. 20:28; Mr. 10:45; 1 Co. 6:19-20; 1 Ti. 2:5-6; Ap. 5:9).
- Fuimos redimidos, o librados del pecado, para seguir la justicia (Lc. 4:18; Col. 1:13).
- Somos libres del dominio de Satanás y del temor a la muerte (Col. 2:15; He. 2:14-15; 1 Jn. 3:8).

Jesús reconcilió al hombre con Dios
- La muerte de Jesús en la cruz es la solución para la relación rota del hombre con Dios (2 Co. 5:17-21; Ef. 2:1-10; Col. 1:21-22).
- Jesús es digno de recibir las recompensas por Sus sufrimientos (Ap. 5:9-14).

El recorrido de Jesús a la cruz

El recorrido de Jesús a la cruz nos permite comprender mejor el precio que pagó por nuestro pecado. Siga los pasajes bíblicos tomados de los evangelios, y dedique tiempo para meditar en lo que Jesús experimentó física, mental, emocional y espiritualmente, así como en sus relaciones. Pida a Dios que le dé una revelación fresca de Su pasión por usted en la cruz.

Jesús en la cena de la Pascua (Última Cena)
- Jesús anhelaba disfrutar de esa comida con Sus discípulos (Lc. 22:14-16).
- Satanás entró en Judas, uno de los doce, quien luego traicionó a Jesús (Mt. 26:20-25; Lc. 22:3-6).
- Jesús dio gracias y sirvió a Sus discípulos el pan y el vino (Lc. 22:19-20).

Ni en el cielo ni en la tierra existe un misterio tan grande como este — una Deidad sufriente, un Salvador todopoderoso clavado a una cruz.

Samuel Zwemer, 1867-1952, misionero y profesor del Seminario Teológico Princeton

- Cuando Jesús dijo que todos se escandalizarían de Él, Pedro negó vehementemente que él haría algo así. Jesús le dijo que antes que el gallo cantara, él lo negaría tres veces (Lc. 22:31-34; Mt. 26:31-35).

Jesús en el huerto de Getsemaní

- Después de comer la Pascua, Jesús y Sus discípulos fueron al huerto de Getsemaní (Lc. 22:39; Mt. 26:36).
- Al alejarse Jesús para orar, les pidió a Sus amigos que velaran y oraran con Él. Pero, ellos se durmieron (Mt. 26:37-44).
- Cuando Jesús oraba, le pidió al Padre que pasara de Él esa copa de sufrimiento. Su oración fue tan intensa que un ángel vino a ministrarlo (Lc. 22:43).
- La agonía de Jesús era tal que comenzó a sudar gotas de sangre. Aunque este extraño fenómeno no es común, el sudor de sangre, o hematidrosis, es producido por un intenso estrés emocional que causa el rompimiento de los diminutos vasos capilares de las glándulas sudoríparas. Esta experiencia de seguro lo debilitó y produjo un estado físico de choque (Lc. 22:44).
- Judas llegó con una multitud y traicionó a Jesús con un beso (Lc. 22:47-48; Mt. 26:47-50).
- Pedro sacó su espada y le cortó la oreja al siervo del sumo sacerdote. Jesús tocó al siervo y lo sanó (Lc. 22:49-51; Jn. 18:10).
- Los discípulos abandonaron a Jesús y huyeron (Mt. 26:56).

Jesús fue llevado ante Anás, Caifás y el sanedrín

- Cuando Jesús le respondió a Anás, un alguacil que estaba cerca abofeteó a Jesús (Jn. 18:20-22).
- Los guardias que cuidaban a Jesús se burlaban de Él, lo golpeaban e insultaban (Lc. 22:63-65).
- Al amanecer, el sanedrín declaró a Jesús culpable de blasfemia, un crimen que se castigaba con la muerte (Lc. 22:66-71).
- Fue durante ese tiempo cuando Pedro negó a Jesús tres veces (Lc. 22:56-62).

El recorrido de Jesús a la cruz nos permite comprender mejor el precio que pagó por nuestro pecado.

IDEAS Y NOTAS

Jesús ante Poncio Pilato

- Puesto que los gobernantes romanos tenían que dar permiso para una ejecución, muy temprano los oficiales del templo llevaron a Jesús hasta el pretorio de la fortaleza Antonia, desde donde gobernaba Pilato, procurador de Judea (Lc. 23:1).
- Para entonces Jesús probablemente estaba exhausto, habiendo sido azotado y golpeado, y sin que se le permitiera dormir.
- Los líderes judíos presentaron a Jesús ante Pilato, no como blasfemo, sino como alguien que se había nombrado rey y se sublevaría contra las autoridades romanas (Lc. 23:2).
- Después de interrogar a Jesús, Pilato no halló ningún delito en Él y se lo envió a Herodes, tetrarca de Judea (Lc. 23:4-7).

Jesús ante Herodes

- Herodes le hizo muchas preguntas a Jesús, pero Él permaneció callado (Lc. 23:8-9).
- Herodes y sus soldados menospreciaron a Jesús y se burlaron de Él, vistiéndolo con ropa elegante, y luego lo enviaron otra vez a Pilato (Lc. 23:10-11).

Jesús ante Poncio Pilato por segunda vez

- Una vez más, Pilato no halló base para acusar legalmente a Jesús (Lc. 23:13-16).
- Mientras esto sucedía, la esposa de Pilato tuvo un sueño acerca de Jesús (Mt. 27:19).
- Era costumbre del gobernador soltar a un prisionero escogido por la gente, y los principales sacerdotes y ancianos persuadieron a la multitud para que pidiera a Barrabás e hicieran ejecutar a Jesús (Lc. 23:18-25; Mt. 27:15-23).
- Pilato apeló a la multitud, tratando de librar a Jesús, pero insistieron en que soltara a Barrabás y crucificara a Jesús. Pilato, concediéndoles lo que demandaban, ordenó que azotaran a Jesús y lo entregó para que lo crucificaran (Lc. 23:13-25; Mt. 27:15-26).
- Los soldados romanos azotaron a Jesús (Mt. 27:27-31) con un *flagrum* o azote corto, formado por varias tiras de cuero en las que se aseguraban agudos pedazos de hueso de oveja o pequeñas bolas de hierro.
- Los soldados desnudaron a Jesús y ataron a un poste Sus manos, por encima de Su cabeza. Luego, flagelaron repetidas veces Su espalda, nalgas y piernas. Aunque la ley judía permitía sólo un máximo de 40 azotes, los romanos continuaban flagelando hasta que la víctima colapsaba o moría.
- Al principio, los azotes cortaron la piel de Jesús. Luego, al continuar la flagelación, las laceraciones destruyeron los músculos, dejando trozos sangrientos de carne.
- Cuando Jesús estaba a punto de desmayar, lo desataron y dejaron que cayera al suelo cubierto con Su sangre.

Ciertas cosas pueden aprenderse con la cabeza, pero...
al Cristo crucificado sólo se le puede conocer con el corazón

Charles Spurgeon, 1834-1892, predicador y autor inglés

- Los soldados romanos, considerando gracioso que aquel montón de carne hubiera declarado ser rey, empezaron a burlarse de Jesús. Le cubrieron la espalda con un manto, le pusieron una corona de espinas sobre la cabeza y una caña en la mano.
- Los soldados escupían a Jesús y con la caña le golpeaban la cabeza, hundiendo más la corona de espinas en Su cuero cabelludo.
- Finalmente, cuando cesaron las burlas, arrancaron el manto que Jesús tenía sobre la espalda, abriendo Sus heridas otra vez y causándole intenso dolor.
- Jesús fue llevado entonces para ser crucificado.

La crucifixión de Jesús - Mt. 27:32-56; Lc. 23:26-49; Jn. 19:16-37

- Sobre los músculos heridos del cuello de Jesús colocaron un pesado madero de aproximadamente 75-125 libras [34-57 kilogramos], y lo ataron a Sus hombros cuando empezó el recorrido de 650 yardas [594 metros] hasta el lugar de Su ejecución.
- A pesar del esfuerzo de Jesús para cargar el madero, Su cuerpo colapsó por el agotamiento. Al tambalear y caer, la tosca madera desgarró los músculos de Sus hombros.
- Un centurión, deseando que la crucifixión se realizara, escogió a un hombre del norte de África llamado Simón, de Cirene, para que cargara la cruz de Jesús.
- Al llegar al lugar de ejecución, una colina llamada Gólgota (que significa lugar de la Calavera), el madero fue puesto en el suelo y Jesús fue arrojado de espaldas, con Sus hombros sobre el madero.
- Luego, un soldado romano hundió un pesado clavo de hierro forjado, de cabeza cuadrada, a través de las muñecas de Jesús y luego en el madero. Después, colocando la parte posterior de un pie sobre el otro, atravesaron un clavo por el arco de cada uno, dejando Sus rodillas un poco flexionadas.
- Un dolor agudo recorría el cuerpo de Jesús al contraerse en espasmos incesantes.
- Jesús luchaba para elevarse a fin de aspirar algo de aire. Esto era muy difícil. Aunque lograba introducir aire en Sus pulmones, no podía exhalar. Lentamente se estaba sofocando, lo cual es el propósito de la crucifixión.
- Cada movimiento hacia arriba y abajo para respirar destrozaba aún más la espalda de Jesús.
- Los insectos se alimentaban en Sus heridas abiertas y con la sangre que corría sobre Sus ojos y oídos.
- Jesús habló siete veces cuando estaba colgado en la cruz.
    - Al Padre, respecto a aquellos que lo habían crucificado:
    "Padre, perdónalos porque no saben lo que hacen" (Lc. 23:34).
    - Al malhechor arrepentido:
    "De cierto te digo que hoy estarás conmigo en el paraíso" (Lc. 23:39-43).

IDEAS Y NOTAS

- A Su discípulo Juan y a Su madre, María:
  "Mujer, he ahí tu hijo... He ahí tu madre" (Jn. 19:25-27).
- Al Padre:
  "Dios mío, Dios mío, ¿por qué me has desamparado?" (Mt. 27:46).
  "Tengo sed" (Jn. 19:28).
  "Consumado es" (Jn. 19:30).
  "Padre, en tus manos encomiendo mi espíritu" (Lc. 23:46).

- En la hora sexta del día, las tinieblas cubrieron toda la Tierra. Esa oscuridad permaneció sobre ella hasta la hora novena (desde el mediodía hasta las 3:00 p.m.) (Lc. 23:44-45).
- Cuando murió Jesús, hubo un gran terremoto y el velo del templo se rasgó de arriba abajo. Las tumbas se abrieron y los cuerpos de personas santas que habían muerto resucitaron, y aparecieron a mucha gente (Mt. 27:50-53).
- El centurión romano que supervisaba la ejecución, al ver lo que había ocurrido, exclamó: "Verdaderamente éste era Hijo de Dios" (Mt. 27:54; Lc. 23:47).
- Finalmente, con una lanza le abrieron el costado y salió sangre y agua. Esto puede revelar que Jesús no murió por sofocación, que era el resultado normal de la crucifixión, sino por un corazón roto. Nuestro Salvador, el Señor Jesús, murió por un corazón quebrantado por el pecado del mundo.

La resurrección de Jesús
- Jesús resucitó de los muertos al amanecer del primer día de la semana y apareció a Sus discípulos (Mt. 28:1-15; Mr. 16; Lc. 24:1-49; Jn. 20—21; 1 Co. 15).
- Después ascendió al cielo (Mr. 16:19; Lc. 24:50-53; Hch. 1:1-11).
- Los discípulos salieron y predicaron en todo lugar, y el Señor ministraba con ellos confirmando Su mensaje con señales y prodigios (Mt. 28:18-20; Mr. 16:15-20; Hechos).

Jesús no murió por sofocación, que era el resultado normal de la crucifixión, sino por un corazón roto. Nuestro Salvador, el Señor Jesús, murió por un corazón quebrantado por el pecado del mundo.

Señor Jesús, tú eres mi justicia, yo soy tu pecado.
Tú tomaste lo que es mío y me diste lo que es tuyo.
Llegaste a ser lo que no eras para que yo pueda ser lo que no era.

Martín Lutero, 1483-1546, teólogo y reformador alemán

Nuestra respuesta a la cruz: Arrepentimiento

La obra de nuestra salvación es completa en Cristo. Sólo necesitamos arrepentirnos y recibir lo que se hizo en la cruz como expiación por nuestros pecados.

Una breve introducción - Mt. 4:17; 12:41; Mr. 6:12; Hch. 2:38; 17:30; 2 Co. 7:10
- Por lo que hizo la expiación mediante la muerte de Jesús en la cruz, podemos experimentar el perdón al arrepentirnos y confesar nuestros pecados a Dios (1 Jn. 1:9).
- El pecado obstaculiza nuestro andar con Dios. Además, a Dios le costó la vida de Su Hijo, el Señor Jesús. Es apropiado que lleguemos a aborrecer el pecado tal como Dios lo aborrece (Sal. 66:18; Pr. 8:13).
- El arrepentimiento es distinto de sentir tristeza. El arrepentimiento trae cambio de corazón y de vida, mientras que la tristeza es sólo sentirse mal por haber sido atrapado (2 Co. 7:9-11).
- El arrepentimiento no es sólo algo que uno hace como parte del convertirse en cristiano, sino que llega a ser una forma de vida en respuesta a nuestro pecado y egoísmo.
- No podemos arrepentirnos por hacer algo de lo cual no estamos conscientes. Tampoco podemos arrepentirnos de algo que no creemos que es malo. Necesitamos la luz de Dios en nuestra vida para ver las cosas como Él las ve.
- El arrepentimiento es asumir la responsabilidad por nuestras acciones en relación con Dios y las personas.
- El arrepentimiento es un regalo que Dios nos da para producir un cambio en nuestro corazón (Hch. 11:18).
- Como creyentes, es importante que cultivemos la disposición a ser corregidos, deseando caminar en la luz y la verdad de Dios.

El significado del arrepentimiento
- Cambio de dirección
    - Significa *voltear*, o *retornar a Dios*.
    - No es tanto un mandato sino una invitación a dirigir nuestro corazón hacia Dios.
- Cambio
    - Conlleva el significado de convertirse o cambiar.
    - Cambiar el uso corriente de los caminos del mundo por los de Dios.
- Restauración
    - Puesto que el pecado ha desfigurado nuestra vida, Dios no sólo nos ayuda a alejarnos del pecado sino que, por medio del arrepentimiento, nos restaura al plan y condición que Dios deseaba.
- Voltear hacia
    - El arrepentimiento es dejar el pecado y voltear para ir hacia Dios.

IDEAS Y NOTAS

Algunas definiciones prácticas de arrepentimiento

- Es un cambio radical de corazón en nuestra actitud hacia Dios, el pecado y los demás.
- Es un cambio total de dirección de nuestra vida hacia Dios y Sus caminos.
- Es ver el pecado como Dios lo ve, aborrecerlo y alejarnos de él para ir hacia Jesús en amor, confianza y obediencia.

Cinco pasos para un cambio de corazón mediante el arrepentimiento

- Cuando el Espíritu Santo le haga ver su pecado, pídale que le muestre los mandamientos de Dios que ha violado al cometer ese pecado.
- Pida al Espíritu Santo que le revele a todas las personas a las que ha herido por sus decisiones pecaminosas.
- Invite al Espíritu Santo para que le revele los motivos de su corazón que le llevaron a pecar.
- Pida al Espíritu Santo que le muestre de qué manera usted ha obstaculizado la obra de Dios y ha ayudado a la causa de Satanás por medio de su pecado.
- Invite al Espíritu Santo para que le revele las influencias en su vida que le dirigieron al pecado.

Restitución

- El verdadero arrepentimiento se expresa también arreglando nuestra relación con aquellos contra quienes hemos pecado (Lc. 3:8; Hch. 26:20).
- Hacer restitución es ir a aquellos contra quienes ha pecado, con el fin de restaurar la relación confesándoles su pecado y haciendo todo lo que pueda para corregir el mal que hizo.
- Esta es una manera práctica de tomar revancha del pecado.
- Cuando confiesa su pecado a Dios, usted es perdonado. La restitución es necesaria para andar en rectitud e integridad con aquellos que le rodean.
- Algunos ejemplos bíblicos de restitución:
    - El hijo pródigo (Lc. 15:11-32)
    - Zaqueo (Lc. 19:1-10)
    - La conciencia sin ofensa de Pablo ante Dios y los hombres (Hch. 24:16)

Pasos prácticos al hacer restitución:

- Confiese su pecado.
- Sin mencionar los detalles, mencione el(los) pecado(s) que cometió.
- Hágalo en forma breve, deliberada, y lo más pronto posible.
- No involucre a otras personas en su confesión. Asuma la responsabilidad por sus acciones.
- Piense con anticipación lo que debe decir.

Él llegó a ser lo que éramos para hacernos lo que Él es.

San Atanasio, 296-373, obispo de Alejandría

El arrepentimiento es abandonar el pecado que antes amábamos,
y nunca más hacerlo para demostrar que en verdad lo lamentamos.

Charles Spurgeon, 1834-1892, predicador y autor inglés

- Encuentre el momento apropiado para hacerlo.
- No intente testificar de Jesús al hacer restitución. Pedir perdón es el testimonio de lo que Jesús está haciendo en su vida.
- Acérquese a las personas con humildad y con una actitud correcta en su corazón.
- Si otros le han hecho daño y le confiesan su pecado, responda sinceramente diciendo: "Los perdono".

Una vez que haya hecho restitución a alguien, reciba la limpieza del Señor. La(s) persona(s) ofendida(s) quizá le perdone(n) o tal vez no lo haga(n). Cualquiera que sea la respuesta, usted habrá hecho lo que Dios le pide. Ore por aquellos que deciden no perdonar porque esa actitud los destruirá.

La segunda respuesta: Perdón

La falta de perdón está unida al dolor y a los efectos del pecado. Dios nos da la capacidad para perdonar a otras personas, no sólo para devolverles la libertad, sino en especial para devolvernos a nosotros la libertad y la salud integral. A menos que perdonemos a quienes han pecado contra nosotros, nunca recuperaremos la paz en nuestra vida.

Una breve introducción
- Todos hemos sufrido alguna vez porque alguien pecó contra nosotros y hemos experimentado dolor en nuestra vida.
- El dolor nos tienta a vengarnos de quienes nos hicieron daño.
- La falta de perdón es como una enfermedad que nos consume desde lo profundo de nuestro ser hasta matarnos.
- La falta de perdón también obstaculiza nuestro andar con Dios y con otros (Mt. 6:14-15).
- La falta de perdón abre la puerta a la amargura, enojo e ira en nuestra vida (Ef. 4:31-32).
- Jesús murió no sólo para que podamos ser perdonados, sino también para que podamos perdonar a otros.
- El perdón elimina la actitud del corazón que dice: "Te debo".

La falta de perdón está unida al dolor y a los efectos del pecado. Dios nos da la capacidad para perdonar a otras personas, no sólo para devolverles la libertad, sino en especial para devolvernos a nosotros la libertad y la salud integral.

IDEAS Y NOTAS

Lecciones sobre el perdón - Mt. 18:21-35

- Jesús nos concede gracia para perdonar a otros — para perdonar más allá de lo que nos creemos capaces de perdonar (Mt. 18:21-22).
- El perdón debe fluir libremente de nuestro corazón hacia los demás (Mt. 18:21-22).
- Esto no significa que una vez que perdonamos, siempre se restaurará la confianza de inmediato. A veces restaurar y desarrollar la confianza toma tiempo, incluso años, dependiendo de cuán profunda sea la herida.
- Debemos dar lugar a Dios para que trabaje en nuestro corazón, y extender gracia a aquellos con quienes tratamos de restaurar la relación. Dios ama a cada uno de nosotros y puede dar sanidad a Su manera y en Su tiempo.
- Lo que el corazón de Dios desea es "hacer cuentas" — Él desea que tengamos una relación correcta con Él y con la gente que forma parte de nuestra vida. Dios nos ha provisto una forma de lograrlo mediante el perdón (Mt. 18:23).
- Cuando en nuestro corazón no hay perdón, debemos recordar cuánto nos ha perdonado Dios. En esta parábola hay un contraste entre los millones de dólares que debía el esclavo que fue perdonado, y el otro siervo que literalmente debía sólo unos dólares (vv. 28-33).
- La falta de perdón mantiene a la persona en una prisión en su corazón, sintiéndose restringida y torturada (v. 34).
- Debemos perdonar de todo corazón a las personas (v. 35).

Cómo aplicar el perdón - Ef. 4:30-32

- No debemos contristar al Espíritu Santo con nuestra falta de perdón (Ef. 4:30).
- No debemos permitir que en nuestro corazón crezcan la amargura, enojo e ira (Ef. 4:31).
- Debemos perdonarnos unos a otros así como Jesús nos ha perdonado (Ef. 4:32). A quienes pecan contra nosotros, debemos perdonarlos aun antes que lo pidan, tal como lo hizo Jesús en la cruz (Lc. 23:34).
- Debemos cultivar actitudes de bondad y misericordia el uno hacia el otro (Ef. 4:32).

Es imposible que un hombre sea librado del hábito de pecar si antes no lo aborrece, así como es imposible que reciba perdón sin antes confesar sus pecados...

Ignacio, 50-117, obispo de Antioquía

ECHEMOS LA RED

¿Cuáles son los mayores problemas que usted enfrenta ahora en cuanto al pecado?

_____

_____

_____

_____

_____

_____

_____

_____

¿Puede identificar las fuentes de incredulidad, orgullo y desobediencia en su vida?

_____

_____

_____

_____

_____

_____

_____

_____

IDEAS Y NOTAS

_____

_____

_____

_____

¿Qué enseñanzas descubrió al aprender las verdades acerca de la expiación y el recorrido de Jesús hacia la cruz?

_____

_____

_____

_____

_____

_____

_____

¿En cuáles áreas necesita arrepentirse? ¿Hay personas a las que debe hacer restitución? Haga una lista aquí ahora.

_____

_____

_____

_____

_____

_____

_____

_____

¿Se niega usted a perdonar? ¿Hay alguien a quien no quiere "dejar libre"? Vaya ante Dios ahora mismo y pídale que le ayude a ver a esa persona a través de los lentes de Su amor y con una nueva comprensión personal de la parábola de Mateo 18:21-35.

_____

_____

_____

_____

El bautismo de santidad, la demostración de una vida piadosa
es lo que necesitamos hoy.

Duncan Campbell, 1898-1972, pastor y evangelista escocés

LA PESCA DEL DÍA

⬚ Resumen del capítulo

- Debido al pecado del hombre, estamos separados de Dios y somos incapaces de restaurar la relación con Él sin Su iniciativa.
- Jesús murió en la cruz para que el hombre pudiera reconciliarse con Dios y con los demás.
- El arrepentimiento es un regalo que Dios nos da para producir un cambio en nuestro corazón
- La restitución es arreglar la relación con aquellos contra quienes hemos pecado.
- Dios nos pide que perdonemos a otros así como Él nos ha perdonado.

¿Cuáles fueron las dos o tres áreas de las que el Espíritu Santo le habló más claramente en este capítulo, y cómo le responderá usted?

_____

_____

_____

_____

_____

_____

_____

_____

_____

_____

_____

IDEAS Y NOTAS

_____

_____

_____

_____

CAPÍTULO 5
ESCUCHEMOS LA VOZ DE DIOS

 ## UNA MIRADA DESDE LA ORILLA

"Las ovejas oyen su voz; y a sus ovejas llama por nombre, y las saca. Y cuando ha sacado fuera todas las propias, va delante de ellas; y las ovejas le siguen, porque conocen su voz".

Juan 10:3-4

En el libro de Hechos vemos varias maneras en que Dios habló y guió al apóstol Pablo. Cuando iba por el camino a Damasco, Pablo escuchó la voz audible de Jesús (Hch. 9:1-9). Luego, oyó cuando Dios le declaró Su voluntad por medio de un hombre llamado Ananías (Hch. 9:10-19). Después, al oír a Dios durante un tiempo de adoración y ayuno con otros líderes, Pablo fue enviado al primero de sus tres viajes misioneros (Hch. 13:1-3). Durante uno de esos viajes percibió que el Espíritu Santo lo guiaba para que no fuera a predicar en Asia (Hch. 16:6-7). Una vez tuvo una visión que lo condujo a Macedonia (Hch. 16:9-10). En Hechos se nos dice también que el Espíritu Santo dirigió a Pablo para que fuera a Jerusalén, y relata mensajes proféticos que recibió de otras personas en el camino (Hch. 20:22-24; 21:1-16). Cerca del final de Hechos se relata que, en medio de una tormenta, un ángel apareció a Pablo en el barco y le dijo que toda la tripulación llegaría a salvo (Hch. 27:21-26).

Así como un padre desea expresar a sus hijos lo que siente, Dios anhela hablarnos y decirnos lo que siente en Su corazón. En la Biblia vemos que Él escoge diversas formas para comunicarse (o hablar) con Su pueblo.

¿Cuándo fue la última vez que usted oyó a Dios hablándole? ¿Fue hoy, ayer, hace varias semanas? Tal vez haya pasado algún tiempo, incluso años. ¿O se pregunta, quizá, si alguna vez ha escuchado a Dios hablándole? Si cree que Dios habla a otros pero nunca le habla a usted, le aseguro que Dios sí le ha hablado; pero quizá nunca haya aprendido a reconocer Su voz.

¿Ha intentado alguna vez sintonizar una emisora radial, pero lo único que se capta es interferencia y un sonido débil a la distancia? ¿Qué hace usted en ese caso? ¿Mueve un poco el dial, esperando así lograr claridad para entender lo que están transmitiendo? Si no resulta, quizá mueva la antena buscando un ángulo que le permita oír. Si todo intento falla, tal vez haga como yo — ¿mueve el radio para ver si encuentra una posición que reciba mejor la señal? Yo sé que la señal está allí. Sin embargo, a veces tenemos que alinear mejor la antena o el radio para recibirla.

Dios desea que escuchemos Su voz. A veces no sabemos cómo eliminar el "ruido" o alinear nuestro corazón y nuestra vida para oírlo. En este capítulo estudiaremos acerca de algunas personas de la Biblia que escucharon a Dios. Veremos varios principios bíblicos para escuchar Su voz y aprenderemos algunas de las maneras en que Él habla. Además, recibirá herramientas discernibles que le ayudarán a reconocer cuando Dios le esté hablando.

zarpemos

Desde el principio, comenzando con Adán y Eva en el huerto del Edén, vemos a un Dios que constantemente desea comunicarse con Su pueblo (Gn. 1–3). Él nos creó para que disfrutemos de una relación con Él, y nos busca hasta que lo conocemos y le permitimos permear las áreas más íntimas de nuestra vida. Como en toda relación íntima, la comunicación es absolutamente esencial. Por eso Dios le habla al ser humano. Y, por eso, Él desea hablarnos a usted y a mí.

Los propósitos al escuchar la voz de Dios

La relación entre dos personas es buena sólo en la medida en que ambas estén dispuestas a hablar y escuchar. Sin una comunicación saludable y creciente, es difícil que una persona pueda conocer a la otra. ¿Cómo puede alguien comprender el corazón y la naturaleza de un amigo a menos que ambos compartan entre sí sus pensamientos, sentimientos e ideas, sus inspiraciones y metas, sus triunfos y sus luchas?

Dios también es Persona. Aunque no es de carne y hueso como usted y yo, es un Ser capaz de conocer y de ser conocido. Dios habla. Habló en los tiempos bíblicos y habla hoy. Dios siempre mantendrá en íntima confianza a los que invoquen Su nombre. Él se comunica con nosotros:

- Para que crezcamos en nuestra relación con Él (Éx. 33:7-11).
- Para que conozcamos Sus deseos y Su dirección para nuestra vida (Is. 30:21).
- Para que seamos usados por Él para ministrar a otros (Hch. 8:26-40).

Dios promete guiarnos

Dios nunca ha dejado que Su pueblo se pregunte cuál camino debe seguir. Él habla y guía a los que buscan Su consejo.

- Él guía a los humildes de corazón (Sal. 25:9).
- Él nos guiará en Su camino (Is. 30:21).
- Él nos guiará como el pastor guía a sus ovejas (Jn. 10:1-5, 27).

IDEAS Y NOTAS

Dios habla a la gente en la Biblia ⌾

Lea los siguientes pasajes bíblicos y note cómo hablaba Dios a Su pueblo.

- Adán y Eva (Gn. 1–3)
- Abraham (Gn. 12:1-3)
- Moisés (Éx. 3:1-6)
- Josué (Jos. 1:1-9)
- Gedeón (Jue. 6:11-24, 36-40)
- Samuel (1 S. 3:1-21; 16:1-13)
- David (1 S. 23:1-5)
- Elías (1 R. 19:9-18)
- Jeremías (Jer. 1:4-12)
- María (Lc. 1:26-38)
- Jesús (Jn. 8:26-28)
- Pablo (Hch. 9:1-9; 13:1-3)

Cultivemos un corazón que escucha ⌾

La parábola del sembrador - Mr. 4:1-20
Como discípulos de Jesús, es esencial que aprendamos a escuchar la voz de Dios. Muchas otras "voces" compiten para atraer nuestra atención, incluyendo nuestros pensamientos, las opiniones de otros, el mundo que nos rodea, y aun el enemigo de nuestra alma — el diablo. Puesto que todos esos sonidos compiten para captar nuestro corazón y mente, ¿qué debemos hacer a fin de estar preparados para escuchar a Dios? Cuidar nuestro corazón puede llevarnos a ser más sensibles a la voz de Dios.

El corazón endurecido: la palabra sembrada "junto al camino" - 4:14-15
- El corazón endurecido produce incredulidad, impidiéndonos escuchar a Dios (He. 3:12-19).
- Cuando nuestro corazón no es sensible a la voz de Dios, el diablo tratará de robarnos la oportunidad de escuchar lo que Él quiere decir.
- Cultive un corazón abierto, sensible y limpio por medio de la confesión de pecados y perdonando a los que hayan pecado contra usted (Sal. 66:18; 1 Jn. 1:9).

En el mundo no existe una clase de vida más dulce y agradable
que la de una conversación continua con Dios.

Hermano Lawrence, 1605-1691, laico carmelita francés

El corazón superficial: la palabra sembrada en "pedregales" – 4:16-17

- El corazón superficial no permite que lo que Dios dice eche raíz en nuestra vida.
- Cuando no conocemos quién es Dios ni Sus caminos, tal como lo revela la Biblia, quizá pasemos por alto lo que Él nos dice. Al enfrentar problemas, tendemos a confiar en nuestra experiencia y sabiduría, en vez de confiar en Dios y Sus caminos revelados en Su Palabra.
- Cultive un corazón que escucha permitiendo que sus raíces se profundicen en la Biblia, donde conocerá el carácter y los caminos de Dios.

El corazón saturado: la palabra sembrada "entre espinos" – 4:18-19

- El corazón saturado es el que está inmerso en muchos otros asuntos, incluyendo las preocupaciones y el afán por otras cosas, ahogando lo que Dios puede estar diciéndonos.
- Cuando permitimos que otras voces (influencias) consuman nuestra vida, no percibimos lo que Dios nos dice por medio de Su Palabra, Su Espíritu y otros creyentes.
- Cultive un corazón que escucha aprendiendo a esperar en silencio delante de Dios, sin permitir que la vida agitada sacrifique sus momentos a solas con Él (Lc. 10:38-42).

El corazón fructífero: la palabra sembrada en "buena tierra" – 4:20

- El corazón fructífero es el que simplemente escucha a Dios y le obedece, que nace de la relación con Él y de andar en Sus caminos.
- Cultive un corazón que escucha manteniendo su corazón limpio delante de Dios, echando raíces en las verdades de Dios en la Biblia, y escuchando al Espíritu Santo en el transcurso del día. Esto producirá fruto abundante para el reino de Dios.
- Cultive un corazón que escucha obedeciendo lo que Dios le hable.

Dios constantemente desea comunicarse con Su pueblo. Él nos creó para que disfrutemos de una relación con Él, y nos busca hasta que lo conocemos y le permitimos permear las áreas más íntimas de nuestra vida.

IDEAS Y NOTAS

EN AGUAS MÁS PROFUNDAS

Al estudiar la Biblia vemos que Dios hablaba a las personas en diversas formas, conforme a Su voluntad. Moisés escuchó a Dios a través de una zarza ardiente (Éx. 3); Ezequiel tuvo una visión de huesos secos (Ez. 37); Ester oyó a Dios mientras ayunaba (Est. 4:12-17); María recibió un mensaje de Dios por medio de la visita de un ángel (Lc. 1:26-38). Otros escucharon a Dios por medio de profetas, líderes y maestros. En el Nuevo Testamento, el libro de Hechos muestra numerosas maneras en que Dios habló y guió a Su pueblo.

Algunas maneras en que Dios Habla ⊙

Dios, el Creador de todo, puede usar los medios que Él desee para comunicarse con usted y conmigo. A veces utiliza las palabras de un amigo o el mensaje de un predicador. Otras veces recibimos un conocimiento interno cuando estamos en nuestro lugar de oración. Quizá Dios nos dé una paz que sobrepasa a todo conocimiento. Incluso puede hablarnos mientras dormimos. Él desea hablar con nosotros. Podemos abrir nuestros oídos a Su voz de las siguientes maneras:

Leyendo la Biblia
- La Palabra de Dios es lámpara a nuestros pies y lumbrera en nuestro camino (Sal. 119:105).
- Somos guiados al caminar cada día en obediencia a la verdad revelada en la Biblia (2 Ti. 3:16-17).
- Meditar en la Palabra de Dios y estudiarla invita al Espíritu Santo a que nos hable (Sal. 1:1-3; Jos. 1:8).

Escuchando al Espíritu Santo
- Permaneciendo en silencio para oír la guía del Espíritu Santo en nuestro interior (Is. 30:21).
- Percibiendo la confirmación del Espíritu Santo o Su testimonio sobre lo que sentimos en nuestro corazón (Hch. 16:6-10).

Buscando paz (Col. 3:15)
- La palabra "gobierne" en Colosenses 3:15 se refiere a un "árbitro", mostrándonos la figura de un evento deportivo donde el árbitro decide si algo es correcto o no. Podemos dejar que la paz de Cristo sea el "árbitro" en nuestro corazón — a medida que buscamos a Dios y obtenemos Su paz, podemos discernir Su voluntad. La falta de paz puede revelarnos también lo que Dios siente en Su corazón.

Dios es nuestro verdadero Amigo, que siempre nos
da el consejo y consuelo que necesitamos.
El peligro para nosotros es oponernos a Él; por tanto, es esencial adquirir
el hábito de oír Su voz, o guardar silencio en nuestro interior
para no perder nada de lo que Él nos diga.
Sabemos muy bien cómo guardar silencio externamente y callar nuestras palabras,
pero muy poco sabemos sobre el silencio interior. Consiste en acallar nuestra
imaginación vana, inquieta y errante; en silenciar las incitaciones
de nuestra mente mundana; y en reprimir la multitud
de pensamientos improductivos que agitan y perturban el alma.

Francois Fénelon, 1651-1715, arzobispo y teólogo francés

Esperando en Dios

- Esperando en Dios en el lugar de adoración (Hch. 13:1-3).
- Esperando en Dios en el lugar de oración (Lc. 6:12-16).
- Esperando en Dios en el lugar de oración y ayuno (Dn. 9—10).
- Esperando en Dios para recibir Su consejo (Sal. 106:13).
- Esperando en Dios para que actúe en nuestro favor ("Fuera de ti, desde tiempos antiguos nadie ha escuchado ni percibido, ni ojo alguno ha visto, a un Dios que, como tú, actúe en favor de quienes en él confían" - Is. 64:4, *Nueva Versión Internacional*).

Por medio de las circunstancias

- Observando las "puertas" que Dios puede estar abriendo o cerrando (Hch. 16:6-10).
- Dándonos cuenta de lo que Dios está haciendo activamente y alineando nuestra vida con ello.
- Prestando atención a circunstancias, situaciones y oportunidades que se repiten.

Por medio de las personas

- Por medio de familiares (Éx. 18).
- Por medio de líderes espirituales (Jos. 1:10-18).
- Por medio de otros creyentes cuando ministran con sus dones espirituales (Hch. 11:27-30).

Por medios sobrenaturales

- Por medio de visiones y sueños (Hch. 10:9-48; Mt. 1:18-25).
- Por medio de la visita de ángeles (Hch. 12:6-19).
- Por medio de la voz audible de Dios (Hch. 9:1-9).
- Por cualquier otro medio que Dios escoja (Nm. 22:21-35; Dn. 5).

Algunas maneras de probar la guía que está recibiendo

Nosotros podemos y debemos esperar que Dios nos hable, porque la Biblia nos recuerda que las ovejas oyen la voz del Pastor (Jn. 10:4). Pero, ¿cómo podemos saber que es realmente Dios, y no nuestros propios pensamientos e imaginaciones? Debemos probar los espíritus, tal como nos advierte la Biblia (Ro. 12:2; 1 Ts. 5:21; 1 Jn. 4:1-3). Veamos cómo hacerlo. Pregúntese:

¿Es esto bíblico?

El Espíritu Santo nunca pedirá que hagamos algo que es contrario a la Biblia. Jamás violará la valía de las personas, ni nos guiará a hacer algo sin la actitud bíblica de andar bajo autoridad.

IDEAS Y NOTAS

¿Está esto de acuerdo con el carácter y los caminos de Dios?
Dios no contradecirá lo que Él es. No nos dirá que hagamos algo opuesto a Su naturaleza.

¿Glorifica esto a Jesús y atrae a la gente a acercarse más a Él?
Dios no ordenará que actuemos sin amor, o que hagamos algo que comunique a otros una imagen distorsionada de Él.

¿Le da esto un testimonio positivo a su espíritu? ¿Le da un testimonio positivo a otros creyentes con los que usted tiene una relación cercana? ¿Hay en usted un sentido de esperanza y ánimo que acompaña a la guía de Dios?
¿Siente la paz de Dios respecto a lo que usted cree que Él le ha dicho? ¿Confirman otros que usted ha escuchado a Dios? ¿Qué perciben sus líderes sobre lo que Dios le está diciendo?

Aplique la Confirmación Triple para asegurarse de que la guía es verdadera:
- ¿Está de acuerdo con la Palabra de Dios — la Biblia?
- ¿Le da testimonio el Espíritu Santo a su espíritu?
- ¿Qué le está diciendo Dios por medio de otros creyentes y de sus líderes espirituales?

Ayudas prácticas ○

Para ayudarle a discernir la voz de Dios, recuerde siempre que, al escucharlo, el objetivo fundamental es fortalecer su relación con Él, y guiarle para que viva de acuerdo a Sus caminos y obedeciendo Su voluntad. Considere los siguientes consejos prácticos:
- No lo haga complicado. Recuerde, Dios desea hablarle.
- Permita siempre que Dios le hable en la forma que Él elija.
- Si se pierde un poco en relación a su guía, haga lo último que Dios le dijo claramente.
- No se apresure a hablar de la guía que recibió:
    - Tal vez aún no la haya comprendido totalmente.
    - Quizá se equivoque en cuanto al tiempo de Dios, que es tan importante como Su guía.
    - Podría confundir a otras personas que todavía están buscando a Dios.
- Tenga cuidado de no actuar con orgullo al compartir con otros lo que "escuchó de Dios".

Al recibir palabras proféticas
- Escuche con cuidado lo que le dicen. Si es posible, escríbalo o grábelo.
- Dé gracias a la persona que le dio la palabra de profecía.
- Examine esa palabra para ver si todo o parte de ella es de Dios. Vea qué podría aplicar a su vida ahora. Deje el resto para que Dios se lo recuerde después; de lo contrario, olvídelo por completo (1 Ts. 5:19-21).
- Recuerde, la mayoría de las palabras proféticas confirmarán algo que Dios ya le ha dicho.

Si en mi corazón no había honestidad y rectitud delante de Dios, o si no esperaba pacientemente en Dios Su instrucción, o si prefería el consejo de mis compañeros en vez de las declaraciones de la Palabra de Dios, cometía grandes errores.

George Mueller, 1805-1898, evangelista y filántropo inglés

ECHEMOS LA RED

¿Cómo le ha hablado el Señor en el pasado? ¿Generalmente cómo escucha usted Su voz?

_____

_____

_____

_____

Al estudiar en este capítulo la sección "Cultivemos un corazón que escucha", ¿le mostró el Espíritu Santo algo que podría impedirle escuchar a Dios?

_____

_____

_____

_____

¿Cuándo fue la última vez que sintió que el Señor le estaba hablando? ¿Qué le dijo? ¿Cómo respondió usted a lo que Él le dijo?

_____

_____

_____

_____

_____

_____

IDEAS Y NOTAS

_____

_____

_____

_____

Piense en una ocasión, en el pasado o recientemente, cuando pensó que quizá el Señor le estaba hablando pero después comprendió que no había sido Dios. En este momento analice lo que sucedió, pidiendo al Espíritu Santo que le muestre cómo podría haber lidiado con ello de una manera diferente.

_____

_____

_____

_____

_____

_____

_____

_____

_____

Dedique unos minutos hoy, ahora mismo o más tarde, para permitir que Dios le hable. Quizá le ayude encontrar un lugar tranquilo o salir a caminar. Si hace mucho tiempo no ha dedicado un momento para escuchar la voz de Dios, pídale que le perdone, reciba Su amor e invítelo a expresarle lo que siente en Su corazón. Escriba lo que Él le diga.

_____

_____

_____

_____

_____

_____

_____

_____

_____

[Un hombre realmente humilde] es sensible a la distancia natural entre él y Dios;
a su dependencia de Él; a la insuficiencia de su propio poder y sabiduría;
y sabe que el poder de Dios es el que le brinda apoyo y provisión,
y que necesita la sabiduría divina para que le guíe y dirija, y Su poder
para capacitarle a fin de cumplir lo que debe hacer para Él.

Jonathan Edwards, 1703-1758, predicador y teólogo estadounidense

LA PESCA DEL DÍA

⬛ Resumen del capítulo

- Dios desea hablarle a Su pueblo.
- Podemos cultivar un corazón que escucha, el cual nos permite oír a Dios más eficazmente.
- Dios puede hablarnos de muchas maneras, incluyendo las siguientes:
  - Por medio de la Biblia
  - Escuchando al Espíritu Santo
  - Buscando paz
  - Esperando en Dios
  - Por medio de las circunstancias
  - Por medio de las personas
  - Por medios sobrenaturales
- Es sabio examinar la guía que recibamos de Dios, usando —entre otras cosas— la Confirmación Triple.
- Como resultado de escuchar a Dios, edificaremos nuestra relación con Él y caminaremos en obediencia a lo que Él nos dice.

¿Cuáles fueron las dos o tres áreas de las que el Espíritu Santo le habló más claramente en este capítulo, y cómo le responderá usted?

_____

_____

_____

_____

_____

_____

IDEAS Y NOTAS ▬▬▬▬▬▬▬

_____

_____

_____

_____

CAPÍTULO 6
LAS DISCIPLINAS DEL DISCÍPULO

 UNA MIRADA DESDE LA ORILLA

> "Tú, pues, sufre penalidades como buen soldado de Jesucristo.
> Ninguno que milita se enreda en los negocios de la vida,
> a fin de agradar a aquel que lo tomó por soldado. Y también el que lucha
> como atleta, no es coronado si no lucha legítimamente. El labrador, para
> participar de los frutos, debe trabajar primero. Considera lo que digo,
> y el Señor te dé entendimiento en todo".
>
> *2 Timoteo 2:3-7*

Los atletas olímpicos compiten contra los mejores representantes del mundo para probar que son campeones. Ya sean corredores, levantadores de pesas, nadadores o patinadores que compiten individualmente o como parte de un equipo, su objetivo es ganar la medalla de oro.

Sin embargo, los atletas olímpicos no nacen sino que se desarrollan durante muchos años. Perfeccionan sus habilidades y talentos naturales con horas de arduo trabajo y el asesoramiento de personas capacitadas para entrenarlos. Convirtiéndose en maestros de la disciplina, renuncian a comodidades para levantar unos kilos más o mejorar su tiempo por milésimas de segundo. Su mirada está puesta en el premio final.

Tengo un amigo que fue atleta olímpico. Llegar a ser uno de los mejores atletas del mundo requirió compromiso, sacrificio, resistencia y enfoque. Implicó hacer lo que otros no estaban dispuestos a hacer. Finalmente mi amigo tuvo el honor de usar los colores de su país al representarlo en ese escenario mundial.

Vivir como discípulo de Jesús es un proyecto igualmente difícil. También requiere compromiso, sacrificio, resistencia y enfoque. Representamos a Dios y Su reino como embajadores en este mundo, luchando a la vez con nuestros deseos carnales y las tentaciones de Satanás. Para resistir el ataque de estas amenazas y desarrollar fortaleza en nuestro ser interior, debemos ejercer disciplina.

La disciplina no es legalismo (actos religiosos con el fin de obtener la aprobación de Dios). Recibimos el favor y la aprobación de Dios cuando aceptamos Su obra por nosotros en la cruz. Las disciplinas espirituales nos llevan ante Dios, donde Él puede transformarnos para ser más semejantes a Él. Nosotros escogemos darle acceso a nuestra vida e invertir en nuestra relación con Él por medio de un compromiso firme y sincero, con la mirada puesta en el premio final.

En este capítulo estudiaremos cinco disciplinas espirituales. Al desarrollar nuestra relación con Dios por medio de la Biblia, la adoración, la oración (incluyendo el ayuno), esperando en Él y dando, cosecharemos el maravilloso fruto de conocer a Dios en nuestra vida. Tal como lo promete la Palabra de Dios, la disciplina producirá "una cosecha de justicia y paz para quienes han sido entrenados por ella" (He. 12:1-11, *Nueva Versión Internacional*). Son muchas las bendiciones que podemos esperar.

zarpemos

Las disciplinas del discípulo son prácticas que nos llevan ante Dios, de manera que Él pueda transformarnos. Mediante actividades como el estudio de la Biblia, meditar en ella, orar, adorar, esperar en Dios y dar, invertimos en nuestra relación con Jesús. Estas disciplinas no son medios para que nos ame más — no podemos ganar Su amor. Tales prácticas sólo crean en nosotros una conciencia más profunda de cuán totalmente nos ama nuestro Padre celestial. Las disciplinas del discipulado nos permiten colaborar con el Espíritu Santo en la tarea de moldearnos para ser lo que Dios quiere que seamos. Al acercarnos a Dios, llegamos a ser más semejantes a Él, teniendo Su corazón y mente.

Investiguemos la Biblia

La primera disciplina espiritual que deseamos estudiar es la investigación de la Biblia. Puesto que la Biblia es un libro inspirado por Dios, usado por el Espíritu Santo para ayudarnos a escuchar a Dios —para conocer Su carácter y Sus caminos, y descansar en Sus promesas— estudiar la Biblia es esencial para obtener madurez y capacitación espirituales para Su llamamiento en nuestra vida (2 Ti. 3:16-17). Empecemos dando una mirada al carácter singular de la Biblia y el lugar que debe ocupar en nuestro caminar cristiano.

La Biblia es un libro singular
- La Biblia fue escrita en el transcurso de unos 1,500 años, por más de 40 autores de diversos trasfondos.
    - Moisés, el autor de los primeros cinco libros de la Biblia, fue un gobernante educado en Egipto.
    - Josué fue líder militar.
    - Nehemías fue copero.
    - Pedro y Juan fueron pescadores
    - Lucas, que escribió el evangelio que lleva su nombre y el libro de Hechos, fue médico.
    - Pablo fue un maestro y líder judío.

Estudiar la Biblia es esencial para obtener madurez y capacitación espirituales para Su llamamiento en nuestra vida.

IDEAS Y NOTAS

- Los distintos libros de la Biblia se escribieron en diferentes épocas y lugares — algunos en tiempos de paz, otros en tiempos de caos y agitación.
    - Es probable que los libros desde Génesis hasta Deuteronomio se hayan escrito en el desierto.
    - Jeremías escribió desde un calabozo.
    - Pablo escribió varias de sus cartas (libros) cuando estaba en prisión.
    - Lucas escribió Hechos mientras viajaba.
    - Juan escribió Apocalipsis cuando estaba en exilio en una isla.
    - Partes de la Biblia se escribieron en África, Asia y Europa.
    - El Antiguo Testamento fue escrito en hebreo y el Nuevo Testamento en griego.
- Aunque los escritores bíblicos trataron de cientos de temas en el transcurso de muchos siglos, existe armonía y continuidad en los 66 libros.
- Aquellos que reunieron los 27 libros del Nuevo Testamento usaron cierto estándar para incluir o excluir escritos del primer siglo. La selección del *canon* ("caña para medir") fue resultado de los siguientes seis criterios:
    - **Autoridad apostólica:** El libro fue escrito por uno de los discípulos de Jesús o alguien que estuvo bajo su influencia.
    - **Ortodoxia:** Era fiel a la regla de fe en la tradición oral y en la escrita.
    - **Universalidad:** La iglesia lo aceptó en forma universal.
    - **Antigüedad:** Fue escrito entre el tiempo del nacimiento de Jesús y la muerte del último de los doce discípulos.
    - **Inspiración:** El Espíritu Santo dio un testimonio interno a los que examinaban los escritos.
    - **Uso tradicional:** Era un material que la iglesia ya estaba usando en fe y práctica.
- La Biblia ha resistido más ataques de sus enemigos que cualquier otro libro en la historia. Desde los días del Imperio Romano hasta hoy, los escépticos han tratado de destruir su influencia. Voltaire, uno de los grandes pensadores de Francia, declaró una vez que, en 100 años, la Biblia quedaría en el olvido y que sólo en los museos se encontrarían copias de ella. La historia nos dice que 100 años después de la muerte de Voltaire, la Sociedad Bíblica de Ginebra usó la casa del filósofo como oficina central y, en la prensa que él tenía, se imprimieron Biblias en grandes cantidades por primera vez.
- Ningún libro histórico tiene en existencia un número tan grande de copias como la Biblia. Antes de inventarse la imprenta, durante cientos de años se copió a mano la Biblia, una y otra vez, en material que no era duradero, pero eso no disminuyó su existencia ni su exactitud. Los judíos tenían grupos especiales de hombres cuya única responsabilidad era preservar la Escritura, asegurándose de que cada párrafo, palabra y letra se transmitiera en forma totalmente perfecta.

*La Biblia es una de las mayores bendiciones que Dios ha dado
a los hijos de los hombres.
Dios es su Autor, su objetivo es la salvación, y su tema es la verdad
sin contaminación alguna. Es totalmente pura y sincera;
nada tiene en exceso; ¡nada le falta!*

John Locke, 1632-1704, filósofo inglés

- La ciencia y la Biblia siempre se apoyan entre sí, porque el Autor de ambas es Aquel que creó el universo. Galileo (que inventó el telescopio y descubrió que el sol era el centro del universo, no la tierra), Newton (que desarrolló las leyes de la física) y Pascal (matemático y filósofo) son algunas de las grandes mentes que investigaron la Biblia y tuvieron una relación personal con su Autor.
- La ciencia puede definir el *qué*, analizar el *cómo* y probar el *porqué*, pero no puede decir *de dónde* surgió el universo o las razones *por las que* existe el universo. No puede decirnos *quiénes* somos o *por qué* vivimos. Aunque la ciencia puede decirnos *qué* somos capaces de hacer, no puede enseñarnos *qué* debemos hacer. La revelación de Dios en la ciencia es superada por Su revelación en la Biblia. La ciencia revela el asombroso poder de Dios, mientras que la Biblia revela Sus propósitos y nuestro destino.
  - Antes que Cristóbal Colón navegara alrededor del mundo en 1492, la Biblia decía que la tierra era redonda (Is. 40:21-22).
  - Cuando la ciencia, en su período inicial, pensaba que el mundo estaba sostenido por *tres elefantes sobre el caparazón de una tortuga*, la Biblia afirmaba que la tierra estaba colgada sobre nada (Job 26:7).
  - Hace cientos de años se documentó que la vida física reside en nuestro sistema sanguíneo. La Biblia hizo tal declaración hace miles de años (Lv. 17:11).
- La verdadera naturaleza de un libro se revela en el efecto que tiene en la sociedad. La historia nos dice que dondequiera que la Biblia ha circulado en el idioma de un pueblo, elevó esa sociedad al eliminar la superstición, inspirar reverencia por la vida humana y respeto hacia todos los segmentos de la sociedad. En la pared de la Corte Suprema de los Estados Unidos están colgados los Diez Mandamientos. El testigo en un juicio debe jurar que dirá la verdad, para lo cual tiene que colocar su mano sobre la Biblia. Al instalar a oficiales electos, ponen la mano derecha sobre la Biblia para hacer el juramento correspondiente.
- La Biblia es también el libro de más venta de todos los tiempos.
- La mayor prueba del poder sobrenatural de la Biblia es el testimonio de los millones de vidas que han sido radicalmente transformadas al encontrar a Jesús por medio de ella. Sólo las verdades reveladas en la Biblia pueden hacer que personas malvadas lleguen a ser buenas interiormente, transformando a rebeldes en siervos humildes.

Las disciplinas del discipulado nos permiten colaborar con el Espíritu Santo en la tarea de moldearnos para ser lo que Dios quiere que seamos.

IDEAS Y NOTAS

_____

_____

_____

_____

_____

El lugar de la Biblia en la vida del discípulo

Al estudiar un tema, buscamos la verdad de ese tema — procuramos entenderlo tal como es. Cuando lo comprendemos, estamos capacitados para responder a él e identificarnos con él correctamente. Por ejemplo, para conocer el cuerpo humano estudiaríamos fisiología. Esta nos enseñaría cómo estar en buen estado físico y permanecer saludables y, por tanto, cómo disfrutar de un estilo de vida activa. Para entender quién es Dios y qué significa ser Su discípulo, debemos estudiar Su Palabra. Sólo al conocer de primera mano la verdad de Dios podemos estar seguros de conocerlo a Él — de que vemos y escuchamos a Dios, y que en verdad son Sus caminos los que estamos escogiendo seguir. La Biblia resulta esencial en la vida del discípulo porque llega a ser el fundamento en el que estamos arraigados y sobre el cual crece nuestra vida nueva. A diferencia de cualquier otra fuente que estudiemos, la Biblia es singularmente eficaz porque las palabras de Dios son puras, prometiendo bendición a los que buscan la verdad que declaran.

En Salmos 119 vislumbramos la pasión de un hombre por la Escritura. Él escribe: "¡Oh, cuánto amo yo tu ley! Todo el día es ella mi meditación. Me has hecho más sabio que mis enemigos con tus mandamientos, porque siempre están conmigo. Más que todos mis enseñadores he entendido, porque tus testimonios son mi meditación. Más que los viejos he entendido, porque he guardado tus mandamientos; de todo mal camino contuve mis pies, para guardar tu palabra. No me aparté de tus juicios, porque tú me enseñaste. ¡Cuán dulces son a mi paladar tus palabras! Más que la miel a mi boca. De tus mandamientos he adquirido inteligencia; por tanto, he aborrecido todo camino de mentira" (Salmos 119:97-104). Espero que la Palabra de Dios llegue a ser indispensable también en su vida .

Lo que la Biblia dice de sí misma
- La Biblia es inspirada por Dios (2 Ti. 3:16-17).
- Nunca desaparecerá (Is. 40:8).
- Es alimento para el alma (Sal. 119:103).
- Ilumina nuestro camino (Sal. 119:105).
- El pueblo de Dios la ama (Sal. 119:72, 97).
- Es viva y eficaz (He. 4:12).
- Su influencia es poderosa (Jer. 23:29).
- Es un arma espiritual (Ef. 6:17).
- Purifica nuestra vida (Sal. 119:9).
- Fue escrita con un propósito (Jn. 20:31).
- Es absolutamente confiable (Sal. 111:7).
- Siempre cumple lo que Dios desea (Is. 55:11).

No des primero tu concierto, para después afinar tus instrumentos.
Empieza el día con la Palabra de Dios y oración, y antes que nada,
asegúrate de estar en armonía con Él.

Hudson Taylor, 1832-1905, misionero inglés a la China

Algunos mandamientos que debe obedecer

- De Josué (Jos. 1:8):
  - Los discípulos de Jesús no deben permitir que la verdad se aparte de su boca.
  - Los discípulos de Jesús deben meditar en las verdades de Dios de día y de noche.
  - Los discípulos de Jesús deben asegurarse de obedecer la verdad de Dios.
- De Deuteronomio (Dt. 6:4-9):
  - Los discípulos de Jesús deben guardar las verdades de Dios en su corazón.
  - Los discípulos de Jesús deben inculcar la verdad de Dios en sus hijos con su ejemplo y enseñanza.

Algunas promesas que debe creer

- Prosperará y tendrá éxito (Jos. 1:8).
- No se debilitará espiritualmente y dará buen fruto (Sal. 1:1-3).
- Tendrá un cimiento firme (Mt. 7:24-27).
- Tendrá un gran galardón o recompensa (Sal. 19:7-11, *NVI*).
- Experimentará verdadera libertad al seguir las enseñanzas de Jesús (Jn. 8:31-32).

El rol de la Biblia en la vida del discípulo – 2 Ti. 3:16-17

- *Enseñar* - para que conozcamos el carácter y los caminos de Dios, Su verdad y voluntad.
- *Redargüir* - para que conozcamos la verdad de Dios acerca de nuestro pecado.
- *Corregir* - para que cambiemos nuestros motivos, actitudes y conducta, alineando nuestra vida con la verdad de Dios.
- *Instruir en justicia* - para que nuestra vida refleje a Jesús ante el mundo que nos rodea.
- *Prepararnos para obras buenas* - para que tengamos las herramientas que necesitamos para cumplir el llamamiento de Dios en nuestra vida.

Lo que debe considerar al leer la Biblia

- Separe tiempo en su horario para leer la Biblia con regularidad.
- Procure leer toda la Biblia en forma sistemática para que continuamente reciba todo el consejo de la Palabra de Dios.
- Al leer un pasaje bíblico, ponga atención a lo que dice sobre el carácter y los caminos de Dios. Note también los aspectos de obediencia que puede aplicar de inmediato a su vida.
- Siempre recuerde leer cada pasaje bíblico en el contexto en que se encuentra.

IDEAS Y NOTAS

Estudiemos la Biblia ⊙

Bases del estudio bíblico inductivo

Al estudiar la Biblia, el propósito primordial no es la información sino la transformación del corazón. A medida que la Escritura nos revela el corazón de Dios, llegamos a ser más semejantes a Él. Pero, ¿dónde empezamos?

Muchas veces la gente busca en la Biblia algunos pasajes que apoyen las conclusiones a las que ya han llegado. Este acercamiento, llamado Método Deductivo, puede llevar a errores en la aplicación porque la interpretación se basa en ideas preconcebidas, no en lo que dice Dios. El Método Inductivo, por el contrario, usa la Biblia misma para comprender la Biblia, permitiendo que la Palabra de Dios hable por sí misma. El Método Inductivo depende de tres pasos secuenciales: observación, interpretación y aplicación. Incluimos aquí algunos aspectos básicos del Estudio Bíblico Inductivo, los que le ayudarán a empezar su recorrido por el estudio de la Biblia que debe practicar toda la vida.

Observación: ¿Qué dice este pasaje?

- Empiece siempre invitando al Espíritu Santo para que ilumine su entendimiento y le enseñe.
- Estudie sólo la Biblia, sin consultar comentarios hasta que haya estudiado personalmente el pasaje bíblico.
- La observación tiene que ver con lo que el texto bíblico realmente dice (y no dice). ¡La clave es leer, leer, leer! Ponga mucha atención a lo que está escrito en el pasaje que está estudiando.
- Una buena manera de empezar es leer y volver a leer varias veces todo el libro o pasaje que está estudiando. Siga leyéndolo hasta que empiece a notar la estructura, los temas y el mensaje principal.
- Comience viendo el libro en conjunto; luego dirija el enfoque a los capítulos, párrafos, versículos y palabras.
- Hágase las siguientes preguntas acerca del libro que está estudiando. Responda las que pueda y deje el resto para después.
    - ¿Quién es el autor?
    - ¿Cuál es el propósito o la ocasión del escrito?
    - ¿Dónde se escribió?
    - ¿Cuándo se escribió?
    - ¿A quién se escribió?
    - ¿Cuál es la idea general del libro?
    - ¿Cuál es el versículo clave que resume la idea general?
    - ¿Cuáles palabras, frases, ideas y temas se repiten?

Ninguna persona que conoce la Biblia carece de educación,
y ninguna persona que ignora sus enseñanzas es sabio.

Samuel Chadwick, 1860-1932, pionero del avivamiento inglés

- Observe a las personas (biografía), la época (cronología), los lugares (geografía), los eventos (historia) y las ideas (ideología) haciéndose estas preguntas: quién, qué, cuándo, dónde, por qué y cómo.
- Haga un bosquejo del libro en base a sus observaciones.
- Con sus propias palabras asigne un título breve a cada párrafo.
- Para hacer un estudio más profundo, observe el estilo y los recursos literarios usados en el texto. ¿Qué le revelan acerca del texto de estudio las siguientes diez leyes de composición?
    - Comparación - los elementos que son similares.
    - Contraste - los elementos que son diferentes.
    - Continuidad - términos, frases, declaraciones o eventos similares (pero no idénticos).
    - Conclusión - la progresión de eventos o ideas hacia una conclusión o resolución.
    - Factor crucial - el paso a un punto crucial donde el tema cambia de dirección.
    - Causa y efecto - de la fuente o razón al resultado.
    - Efecto y causa - del resultado a la fuente o razón.
    - Instrumentalización - los medios con los que se alcanza un fin o resultado.
    - Explicación - un evento o idea seguidos de interpretación o ilustración.
    - Identificación - se establece el significado de algo comparándolo con otra cosa.
- Recuerde: es muy importante que observe el pasaje en su contexto —lo que se dice antes y después de cada versículo o pasaje— para interpretar con precisión lo que comunica.

Interpretación: ¿Qué significa este pasaje?
- Una buena interpretación se realiza sobre el fundamento de la observación sólida.
- La interpretación apropiada es determinar lo que el libro o pasaje significó para el escritor y los lectores u oyentes (audiencia) originales.
- El proceso de interpretación demanda algo de trabajo y quizá requiera recursos de ayuda para estudios bíblicos.
- He aquí tres áreas que debe considerar en el proceso de interpretación:
    - *La estructura literaria* - Nos ayuda a comprender cómo está organizado un libro y cómo se interpreta. ¿Está el libro organizado geográficamente (Hechos), cronológicamente (Lucas), biográficamente (Rut), lógicamente (Romanos), como carta (Efesios), como drama (Apocalipsis), etc.?
    - *El ambiente histórico* - ¿En qué época de la historia sucedió esto? ¿Qué otros eventos estabab ocurriendo en el mundo en ese tiempo? ¿Cuándo se escribió esto en el proceso de revelación de Dios con respecto a Israel y Jesús?

IDEAS Y NOTAS

- *El contexto cultural* - ¿Dónde vivían y trabajaban estas personas? ¿Cuál era el idioma original que usaban? ¿Cómo habrían comprendido estas palabras en base a la mentalidad de su tiempo y cultura?
- Al interpretar la Biblia, hágase las siguientes preguntas para determinar su significado:
  - ¿Qué significa esta palabra o frase en particular?
  - ¿Por qué ocurrió esa acción o evento, o por qué se hizo tal declaración?
  - ¿Por qué incluyó esto el autor? ¿Qué quería que supieran o entendieran los lectores?
  - ¿Cuáles son las ramificaciones de este pasaje?
  - ¿Qué principios podemos sacar de esto?

Principios para interpretar la Biblia

- Necesitamos la obra iluminadora del Espíritu Santo que nos capacita para entender la Biblia.
- La Biblia interpreta a la Biblia — vea la verdad mediante todo el consejo de la Escritura.
- Sea fiel al uso natural del idioma — use el sentido común en vez de verlo como un código secreto.
- El texto nunca puede significar lo que nunca quiso decir originalmente.
- La mala interpretación es no entender en absoluto el significado.
- La sub-interpretación es no comprender la totalidad del significado.
- La sobre-interpretación es darle más significado del que el autor deseaba darle.
- Siempre interprete dentro del marco de la estructura literaria, histórica y cultural del libro.
- El Nuevo Testamento guía la interpretación del Antiguo Testamento.
- Busque a Jesús en toda la Biblia — Jesús y el reino de Dios son el cumplimiento del mensaje de toda la Biblia.
- Distinga entre lo cultural (aplicaciones locales) y lo transcultural (aplicaciones universales). Es decir, qué se aplica sólo a la cultura de ese tiempo y qué se aplica a todas las razas y generaciones, incluyendo la presente.

Al estudiar la Biblia, el propósito primordial no es la información sino la transformación del corazón. A medida que la Escritura nos revela el corazón de Dios, llegamos a ser más semejantes a Él.

Lea con frecuencia la Santa Biblia. Esta es la fuente de donde se debe derivar todo conocimiento de la divinidad. Por tanto, no descuide este tesoro.

Jonathan Edwards, 1703-1758, predicador y teólogo estadounidense

Aplicación: ¿Cómo se aplica este pasaje a mi vida?
- La aplicación es la meta final cuando estudiamos la Biblia porque demanda que alineemos nuestra vida con Jesús y Su reino.
- La aplicación efectiva se realiza sobre la base de una sólida observación e interpretación.
- Estas son algunas preguntas que debemos considerar:
  - ¿Qué aprendí acerca del carácter y los caminos de Dios?
  - ¿Cuáles son las verdades básicas de este libro o pasaje?
  - ¿Qué me está diciendo Dios por medio de este libro o pasaje?
  - ¿Hay algún pecado que debo confesar? ¿Hay promesas a las que debo aferrarme? ¿Veo algún ejemplo que debo seguir? ¿Hay mandamientos que debo obedecer? ¿Hay algún conocimiento del que debo apropiarme?
  - ¿Cómo se aplica esto a mi forma de pensar, a mis actitudes y a mis acciones?
  - ¿Cómo se aplica esto a mi relación con otras personas?
  - ¿Qué cambios debo hacer en mi vida y cómo planeo llevarlos a cabo?
  - Cuando trate de aplicar un pasaje bíblico a su vida, oiga la voz de Dios a medida que Él le guíe en el proceso. Recuerde que Él ha prometido perfeccionar la obra que comenzó en usted (Fil. 1:6).

Meditemos en la Biblia

La meditación o reflexión –la práctica de escudriñar con regularidad la Biblia, aplicarla a diversas circunstancias, y orar pidiendo a Dios que ilumine nuestra perspectiva con la luz de Su verdad– abre nuestro corazón para recibir un depósito más profundo de Dios y Su verdad en nuestra vida. Así como caminar por las calles es distinto a manejar por ellas a velocidad, la meditación permanece un tiempo en el mismo lugar, mientras que el estudio bíblico avanza continuamente. La meditación nota diferencias sutiles, examina detalles y digiere las enseñanzas, permitiendo que los pasajes bíblicos se vuelvan personales y familiares. Tanto el estudio como la meditación sirven grandemente al discípulo, ayudándole a desarrollar su relación con Dios.

Lo que la Biblia dice acerca de la meditación
- El Señor instruyó a Josué que meditara en la ley de Dios de día y de noche para que prosperara y tuviera éxito (Jos. 1:8).
- El salmista declaró que el que medita en la Ley de Dios es bienaventurado [bendecido] y da fruto (Sal. 1:1-3).
- El salmista meditaba en Dios durante las vigilias de la noche (Sal. 63:6).
- El salmista meditaba en los mandatos de Dios (Sal. 119:148 – "En toda la noche no pego los ojos, para meditar en tu promesa", *NVI*).

IDEAS Y NOTAS

- Jesús formó el hábito de pasar tiempo a solas con Su Padre (Mt. 14:13, 23; Mr. 1:35; Lc. 5:16; 6:12).
- La fuente de meditación para el discípulo es la Biblia, que revela el carácter y los caminos de Dios, y las obras de Sus manos. Reflexionar en la creación de Dios también puede ayudarnos a conocer cómo es Él.
- La meditación nos permite personalizar las verdades reveladas en la Biblia e incorporarlas a nuestra vida— nos permite dirigir la verdad de la cabeza al corazón y a nuestra vida. Nos da la oportunidad para crear un santuario interior de reverencia, reflexión e intimidad que nos permite gozar de profunda comunión con Jesús y Su Palabra.

Consideraciones al meditar en la Biblia

- Encuentre un tiempo cuando es más probable que no le interrumpirán.
- Seleccione un lugar donde pueda estar a solas delante de Dios. A veces un lugar hermoso al aire libre puede hacer que su tiempo de meditación sea aún mejor.
- Escoja un pasaje bíblico que haya leído o que haya llamado su atención recientemente, sobre el cual desee reflexionar y que desee hacer parte de su vida.
- Invite al Espíritu Santo a guiarle a niveles más profundos de revelación y entendimiento.
- Confíe en que Él le dará nuevas enseñanzas. Espere en silencio delante del Señor mientras reflexiona una y otra vez en cada párrafo, versículo, frase y palabra.
- Al reflexionar en el pasaje, escuche atentamente la voz del Señor en su espíritu.
- Cuando reciba alguna enseñanza, pídale al Señor que grabe esa verdad en su alma.
- No se apresure — pase en la presencia de Dios todo el tiempo que pueda.
- Escriba lo que le muestre el Señor para que en el futuro pueda reflexionar en ello, aplicarlo a su vida y compartirlo con otros.

Leer, estudiar y meditar en la Palabra de Dios generalmente produce una respuesta interna de gratitud, alabanza y adoración al recibir ideas frescas de la riqueza de Su sabiduría. Entre más comunión tenemos con Dios en Su Palabra, más profundo es nuestro caminar con Él. No sólo encontramos gracia y libertad para nosotros mismos, sino que recibimos revelación que el Espíritu Santo confirma a medida que ministramos a quienes Él pone en nuestra vida.

La meditación nota diferencias sutiles, examina detalles y digiere las enseñanzas, permitiendo que los pasajes bíblicos se vuelvan personales y familiares.

Sin Dios y la Biblia es imposible gobernar correctamente el mundo.

George Washington, 1732-1799, presidente de los EUA

EN AGUAS MÁS PROFUNDAS

Consideremos otras cuatro disciplinas espirituales importantes que nos permiten tener un encuentro con Dios, de modo que podamos conocerlo mejor, aprender Sus caminos y ser transformados a Su semejanza. Estas son la adoración, la oración (incluyendo el ayuno), esperar en Dios y dar.

Adoración

La segunda disciplina espiritual que lleva al discípulo ante Dios es la adoración. La adoración es nuestra respuesta de amor a Él — es ministrar al corazón de Dios. Cuando estudiamos Su Palabra y meditamos en Su naturaleza, el Espíritu Santo nos revela más acerca de quién es Dios. La adoración llega a ser, entonces, una expresión íntima y gozosa, el compromiso de todo nuestro ser con la grandeza de nuestro Señor. En Apocalipsis (caps. 4–5) vemos una descripción de lo que está ocurriendo en el cielo ahora mismo. Vislumbramos aquello de lo cual participaremos algún día — una celebración de adoración a Jesús ante Su trono, con hombres y mujeres de toda raza y generación.

Tan importante es la adoración que Dios separó una tribu de la nación judía, los levitas, para que dedicaran su vida exclusivamente a la adoración. En el libro de Números leemos sobre el proceso que los apartó para este llamamiento santo (Nm. 8:5-26). Cuando Jesús habló con la mujer junto al pozo, le dijo que Dios buscaba adoradores que lo adoren en espíritu y en verdad (Jn. 4:23-24). Al expresar nuestra adoración a Dios, el Espíritu Santo imparte vida a todo lo que Él nos ha enseñado en Su Palabra. Al fijar los ojos en Aquel que es la Verdad misma, de nuestro interior surgen paz y gratitud, y los engaños de este mundo de tinieblas ya no pueden controlarnos.

Lo que la Biblia dice acerca de la adoración
- Adoramos a Dios porque Él es digno (Ap. 4:9-11; 5:9-14).
- Adoramos a Dios porque eso nos da la oportunidad de responder a Él ministrándolo (1 S. 3:1-10). La adoración nos permite tocar el corazón de Dios. Después de pasar tiempo en adoración, sea personal o con otros creyentes, nuestra primera respuesta debe estar enfocada en Dios, imaginando el placer que sintió por nuestra adoración — no si nos gustaron las canciones que escogieron o si recibimos algo de esa experiencia.

IDEAS Y NOTAS

- La adoración a Dios precede al servicio a Dios. El servicio a Dios fluye como resultado de la adoración a Él (Is. 6:1-8). Cuando nuestro servicio a Dios se convierte en sustituto de la adoración, entonces tal servicio es realmente idólatra.
- Cuando adoramos a Dios, Él habita en medio de las alabanzas de Su pueblo (Sal. 22:3).
- Al adorarle, el poder de Dios puede manifestarse en nuestras vidas y circunstancias (2 Cr. 20:1-30; Sal. 149:1-4).
- Al adorarle, Dios puede compartir con nosotros lo que siente en Su corazón (Hch. 13:1-2).

Definición de adoración

- La adoración es nuestra respuesta de amor a Dios por quien Él es y por lo que ha hecho por nosotros. Es nuestra respuesta a Sus iniciativas y expresiones de amor hacia nosotros.
- La palabra hebrea usada en el Antiguo Testamento para describir la adoración habla de inclinarse, caer o postrarse en reverencia ante Dios. En el Nuevo Testamento, un término griego da la figura del perro que expresa afecto a su amo lamiéndole la mano. También comunica la idea de "enviar besos hacia" Dios.
- La adoración, como se observa en la Biblia, puede considerarse como el reconocimiento directo ante Dios de Su naturaleza, Sus nombres, atributos y caminos, mediante expresiones del corazón en gratitud y alabanza, o mediante alguna acción o actitud.
- Un aspecto de la adoración es darle gracias a Dios. La acción de gracias es expresar gratitud a Dios por lo que Él ha hecho por usted. Veamos algunas palabras del Antiguo y del Nuevo Testamento que describen acción de gracias:
    - Hebreo: *towdah* - extender la mano, alabanza, coro de adoradores, acción de gracias (Sal. 50:14; 95:2; 100:4; 147:7).
    - Hebreo: *yadah* - usar las manos, lanzar, reverenciar o alabar (Sal. 18:49; 107:1).
    - Griego: *caris* - gratitud, la influencia divina en el corazón y su reflejo en la vida (Ro. 6:17; 1 Co. 15:57).
    - Griego: *eucaristeo/eucarista* - ser agradecido, dar gracias, palabras de gratitud a Dios como acto de adoración (Jn. 11:41; Ef. 5:4, 20; Ap. 4:9).
    - Griego: *anthomologeomai* - reconocer totalmente, celebrar plenamente en alabanza con acción de gracias (Lc. 2:38).

La adoración es nuestra respuesta de amor a Él — es ministrar al corazón de Dios.

El objetivo fundamental de la iglesia no son las misiones, sino la adoración. Las misiones existen porque no existe adoración.

John Piper, pastor estadounidense

- La alabanza es también una expresión de adoración en la que declaramos a Dios quién es Él, y para ello usamos Sus nombres, títulos y atributos, tal como aparecen en la Biblia. Veamos algunos términos del Antiguo y del Nuevo Testamento que describen la alabanza:
  - Hebreo: *tehillah* - alabanza, himno (Sal. 34:1; 35:28).
  - Hebreo: *halal* - brillar, hacer un espectáculo, alardear, gritar neciamente, mostrar entusiasmo, celebrar (2 Cr. 20:19; Sal. 63:5; 150:1-6).
  - Hebreo: *shabach* - dirigirse a, fuerte [sonido], elogiar, gloria, alabanza, triunfo (Sal. 63:3; 147:12).
  - Griego: *epaninos* - mención de honor, alabanza (Ef. 1:6; Fil. 4:8).
  - Griego: *aineo* - expresar alabanzas acerca de (Lc. 2:13; Hch. 3:8-9).
  - Griego: *humneo* - cantar para alabanza de (He. 2:12).

Aspecto físico de la adoración

Dios nos ha creado de tal manera que podemos adorarle con el corazón, alma, mente y fuerza, y expresarle nuestro amor usando la voz y el cuerpo. Veamos algunas formas de adorar a Dios que se mencionan en la Biblia.

- Cantando - Sal. 33:1 ("Canten al Señor con alegría", *NVI*)
- Aclamando - Sal. 95:1
- Aplaudiendo - Sal. 47:1
- Riendo - Sal. 126:1-3
- Saltando - Lc. 6:23; Hch. 3:8 ("Alégrense... y salten de gozo" - Lc. 6:23, *NVI*)
- Alzando las manos - Sal. 134:2
- Postrándonos - Sal. 95:6
- Arrodillándonos - Sal. 95:6
- Danzando - Sal. 149:3
- Con instrumentos musicales - Sal. 150
- Con cántico nuevo - Sal. 149:1
- Inclinándonos - Neh. 8:6
- Con gritos de júbilo - 1 Cr. 15:28
- Aclamando con alegría - Sal. 66:1-2
- Permaneciendo quietos - Sal. 46:10
- En lenguas - Hch. 2:1-10; 10:46
- Con todo nuestro ser - Sal. 103:1
- Con todo el corazón - Sal. 111:1

IDEAS Y NOTAS

¿Cuándo podemos adorar?

- Desde que empieza hasta que termina el día (Sal. 35:28; 113:3).
- Mientras tengamos vida (Sal. 146:2).
- En todo tiempo (Sal. 34:1).
- Por toda la eternidad (Sal. 52:9).
- Cuando no sentimos el deseo de adorar, en ese momento debemos recordar por qué adoramos: porque Jesús es digno de adoración y porque nuestro ministerio supremo es adorarle. A esto se le llama sacrificio de alabanza (He. 13:15). Vemos esta expresión de alabanza cuando Jonás estaba en el vientre del gran pez (Jon. 2:9) y cuando Pablo y Silas estaban prisioneros en Filipos (Hch. 16:25-34).

Expresiones prácticas de adoración en el Nuevo Testamento – Ef. 5:19; Col. 3:16

- Los primeros cristianos usaban los salmos del Antiguo Testamento para adorar a Dios.
- Los himnos son cantos compuestos que se dirigen a Dios y contienen verdades acerca de Él y Su reino.
- Los cánticos espirituales son cantos espontáneos con los que uno expresa su amor en adoración a Dios.

Pasos para cultivar el corazón de adorador

- Pida a Dios que le dé un corazón que lo adore a Él.
- Comprométase a seguir una vida apartada (santa) como adorador (Sal. 15; 24).
- Cultive un corazón que adora viendo en la Biblia el carácter de Dios, revelado en Sus nombres, títulos y atributos. Adore a Dios por *quien* Él es.
- Aprenda a dar gracias a Dios (por lo que Él hace) y alabarlo (por quien Él es) tan pronto como lo vea actuar en su favor en el transcurso del día.
- Practique ofrecer sacrificios de alabanza a Dios cuando no siente el deseo de adorarle.
- Tenga en mente la escena de adoración en Apocalipsis (caps. 4—5), reconociendo que su destino es estar ante el trono de Dios, adorándole con gente de todo linaje [o tribu], lengua, pueblo y nación (Ap. 5:9-10).
- Mientras más vea a Dios, más deseará adorarle. Y mientras más adore a Dios, más deseará verlo.

La adoración es una expresión íntima y gozosa, el compromiso de todo nuestro ser con la grandeza de nuestro Señor.

Adorar a Dios en espíritu y en verdad significa adorarlo como debemos adorarle. Dios es Espíritu, así que debemos adorarle en espíritu y en verdad, es decir, con una humilde y verdadera adoración de espíritu en la profundidad y el centro de nuestra alma. Sólo Dios puede ver esta adoración; podemos repetirla tan a menudo que al fin es como si fuera natural para nosotros, y como si Dios fuera uno con nuestra alma, y nuestra alma, uno con Él.

Hermano Lawrence, 1605-1691, laico carmelita francés

Oración

La historia les pertenece a los que oran. Dios ha querido permitir que trabajemos con Él, en nuestro lugar de oración, para influir en el presente y en el futuro. Ciertas cosas sucederán si oramos. Si no oramos, ciertas cosas que Dios ha deseado no ocurrirán (Gn. 18:16-33; Ez. 22:30-31). La oración es el poder de Dios, derramado a través de la gente, para traer avivamiento a la iglesia y llevar a los inconversos hacia Jesús. La oración resuelve innumerables problemas y toca vidas para la gloria de Dios.

Muchas veces vemos esta tercera disciplina como si fuera un monólogo. La oración es más que hablarle a Dios. Es una conversación. Incluye hablar y escuchar. Puesto que Dios está siempre presente, podemos orar "sin cesar" (1 Ts. 5:17; Fil. 4:6). Hacerle a Dios preguntas tales como: *"¿Cómo quisieras que actúe yo en esta situación?"* o *"¿Cómo debería responder a ese comentario?"*, transforma nuestra vida para mostrar Su corazón en los asuntos cotidianos.

Algunos ejemplos de personas de oración en la Biblia

Para conocer vidas de oración, lea los capítulos que preceden y siguen a los siguientes pasajes:

- Abraham (Gn. 18:16–19:29)
- Moisés (Éx. 32:1-14)
- Nehemías (Neh. 1:4-11)
- Ester (Est. 4:12-17)
- Daniel (Dn. 9; 10)
- Jesús (Jn. 17)
- Los discípulos en Hechos (Hch. 1:12-14; 2:42-47; 4:23-31; 6:1-7; 7:54–8:1; 10:9-48; 12:1-19; 13:1-3)

Principios de la oración efectiva

La oración no tiene que ser complicada para ser efectiva. No se trata de decir las "palabras correctas", sino de estar correctamente alineados con Dios.

- Fe en Jesús (Mr. 11:22-24; Stg. 1:5-7) — Una clave para orar con fe es conocer la voluntad de Dios. Esto requiere que busquemos y escuchemos a Dios (1 Jn. 5:14-15).
- Corazón puro (Sal. 66:18; Is. 59:1-2) — Debemos acercarnos a Dios en oración con el corazón puro; eso significa que primero debemos confesar nuestros pecados ante Él y perdonar a los que han pecado contra nosotros. Nuestras oraciones quizá enfrenten obstáculos porque tenemos deseos incorrectos (lascivia, luchas o codicia en vez de amistad con Dios) o motivos incorrectos (satisfacer nuestro deseo de placeres en vez de glorificar a Dios) (Stg. 4:1-3).

IDEAS Y NOTAS

- Poder del Espíritu Santo (Ro. 8:26-27) — La oración efectiva es iniciada, activada y potenciada por el Espíritu Santo.
- Perseverancia (Dn. 10; Lc. 18:1-8) — Tenemos que perseverar en oración hasta que veamos la respuesta, hasta que el Espíritu Santo nos ayude a discernir que la batalla está ganada, o hasta que Dios nos diga "no".

El Padrenuestro: Un modelo de oración - Mt. 6:9-13
El propósito de la oración no es impresionar a la gente o manipular a Dios. Cuando Jesús enseñó a sus discípulos a orar, les dijo que usaran un lenguaje sencillo y directo (Mt. 6:7-13; 7:7-11). Veamos las diferentes partes del Padrenuestro y las áreas por las que podríamos orar cada día.

- *Padre nuestro que estás en los cielos, santificado sea tu nombre*
    - Empiece cada día dando gracias, alabando y adorando a Dios, reconociendo quién es Él (Padre, santo, etc.).
    - Cultive la conciencia de la presencia de Dios en su vida y Su deseo de tener comunión con usted.
- *Venga tu reino. Hágase tu voluntad, como en el cielo, así también en la tierra*
    - La oración reconoce que Dios es Dios, y que nosotros no lo somos. Al orar, rendimos nuestros deseos a los deseos de Dios. Jesús oró: "No se haga mi voluntad, sino la tuya".
    - Guiado por el Espíritu Santo, establezca los propósitos de Dios cada día en oración — como en el cielo, así también en la tierra.
    - Al orar, pedimos a Dios que cambie la forma en que nos vemos a nosotros mismos, que revele lo que nos está oculto o lo que estamos ocultándole a Él. Al orar, invitamos a Dios para que venga y ocupe todos los cuartos de nuestro corazón. Establecemos Sus propósitos en nuestra vida, colocándonos bajo Su señorío, siendo llenos con el Espíritu, entregándole los planes de nuestro día y alineándolos a Sus propósitos.
    - Al orar, pedimos a Dios que cambie la forma en que vemos a los demás. Cuando Él nos da poder para mirar directamente a los ojos de la gente y ver Su reflejo, nuestro corazón es transformado. Podemos amar y servir a aquellos por quienes oramos como si estuviéramos amando y sirviendo a Jesús.
    - Los propósitos de Dios quedan establecidos en nuestro ámbito de relaciones cuando oramos por nuestra familia, nuestros amigos, líderes, compañeros de trabajo, etc.
    - Establecemos Sus propósitos en nuestro mundo al interceder por nuestra comunidad, ciudad, nación y los pueblos de la tierra.
    - También oramos por las diversas esferas de la sociedad —familia, iglesia, gobierno, educación, artes y entretenimiento, medios de comunicación y negocios— para que se establezcan los propósitos de Dios.

Los hombres que más han hecho por Dios en este mundo estaban de rodillas temprano. El que desperdicia en otros asuntos las primeras horas de la mañana, su oportunidad y frescor, en vez de buscar a Dios, de poco le aprovechará buscarlo el resto del día. Si Dios no está primero en nuestros pensamientos y esfuerzos en la mañana, estará en último lugar en lo que queda del día.

E. M. Bounds, 1835-1913, pastor y hombre de oración de EUA

- *El pan nuestro de cada día, dánoslo hoy*
  - Dios nos invita a ir a Él cada día a fin de recibir provisión para nuestras necesidades.
  - Dios cuida de todas nuestras necesidades: espirituales, emocionales, físicas, mentales, financieras, materiales, de dirección, etc.
- *Perdónanos nuestras deudas, como también nosotros perdonamos a nuestros deudores*
  - Debemos andar en la verdad y libertad cada día en nuestras relaciones.
  - Examine su corazón para asegurarse de que ha perdonado a los que pecaron contra usted, le ofendieron o hirieron. No permita que en su corazón crezca la resistencia a perdonar. Ore pidiendo que Dios bendiga a los que usted ha perdonado.
- *No nos metas en tentación, mas líbranos del mal*
  - Permanezca humilde cada día con el poder y la protección de Dios.
  - Póngase la armadura de Dios (Ef. 6:10-18).
  - Pida a Dios que le dé Su poder para vencer las tentaciones y derrotar las artimañas del diablo (1 Co. 10:13; Stg. 4:7).
- *Porque tuyo es el reino, y el poder, y la gloria, por todos los siglos*
  - Concluya su tiempo de oración con declaraciones acerca del carácter, los caminos, las palabras y las obras de Dios.
  - Comprométase a vivir cada día sólo para la gloria de Dios.

Principios para la intercesión en equipo

Al orar con otros creyentes en un grupo pequeño, los siguientes principios para la intercesión les ayudarán:

- Prepárense juntos
  - Reconozcan que no pueden orar sin la dirección y el poder del Espíritu Santo (Ro. 8:26-27).
  - Confiesen sus pecados y perdonen a los que han pecado contra ustedes (Sal. 66:18; Mt. 5:23-24).
  - Sustituyan sus pensamientos e imaginaciones con las verdades de Dios, y dejen de lado sus deseos y cargas personales (Is. 55:8; 2 Co. 10:5).
  - Juntos, resistan al enemigo que procurará perturbar el tiempo de oración que desean tener (Mt. 4:1-11; Stg. 4:7).
  - Pidan que el temor de Dios declare lo que Él ponga en sus corazones como motivos por los que deben orar.
- Esperen juntos
  - Dediquen unos minutos para permanecer en silencio y escuchar a Dios.
  - Tengan su Biblia a la mano para que Él pueda hablarles por medio de Su Palabra.

IDEAS Y NOTAS

- Compartan juntos
    - Permitan que cada persona del grupo comparta lo que le dijo el Señor. Quizá algunos reciban algo y otros nada.
    - Comparen lo que el Señor le diga a cada uno, pidiendo que el Espíritu Santo les ayude a discernir su guía.
- Oren juntos
    - Oren por los diversos motivos que el Espíritu Santo ponga en sus corazones.
    - Oren por un área hasta que el Espíritu Santo les dé libertad para pasar a la siguiente.
    - Al finalizar el tiempo de oración, den gracias y alaben a Dios por permitirles colaborar con Él en oración para el avance de Su reino.
- Obedezcan juntos
    - Asegúrense de obedecer todo lo que Dios les haya pedido durante su tiempo de oración.

Oración con ayuno

- La Biblia habla de la bendición de Dios respecto a la oración con ayuno. El ayuno es dejar de lado los alimentos (u otra necesidad vital o placer) para enfocarse en orar y buscar el rostro de Dios. En la Biblia hay muchos ejemplos de personas que ayunaron, algunos por un día y otros por varios días.
- La Biblia da a entender que la práctica del ayuno es parte de la vida del discípulo, porque dice "cuando ayunéis", no "si ayunáis" (Mt. 6:16-18).
- El ayuno puede ser iniciado por Dios, o por una persona o un grupo cuando determinan en su corazón buscar a Dios.

¿Por qué ayunamos?

- El discípulo ayuna para buscar a Dios respecto a necesidades personales. Ana ayunó porque deseaba tener un hijo (1 S. 1:1-20).
- El discípulo ayuna para buscar guía y dirección. Ester ayunó cuando su pueblo estaba en peligro de ser aniquilado (Est. 4:12-17); Daniel ayunó al buscar la ayuda de Dios para su nación (Dn. 9).
- El discípulo ayuna para buscar a Dios en medio de sufrimientos y guerra espiritual. Daniel ayunó cuando enfrentó obstáculos (Dn. 10); Jesús ayunó en el desierto cuando fue tentado por el diablo (Mt. 4:1-11).

No conozco mejor termómetro para medir su temperatura espiritual que la intensidad de su oración.

Charles Spurgeon, 1834-1892, predicador y autor inglés

La oración es tratar de alcanzar lo invisible; ayunar es abandonar todo lo visible y temporal. El ayuno ayuda a expresar, profundizar y confirmar la resolución de que estamos listos para sacrificar todo, aun a nosotros mismos, para obtener lo que deseamos para el reino de Dios.

Andrew Murray, 1828-1917, pastor, misionero y escritor sudafricano

- El discípulo ayuna para buscar a Dios cuando enfrenta una crisis nacional. Josafat decretó un ayuno nacional cuando otra nación los amenazó (2 Cr. 20:3); Esdras proclamó un ayuno cuando el pueblo de Dios regresaba a su tierra (Esd. 8:21); los ninivitas ayunaron cuando escucharon el mensaje de Jonás (Jon. 3).
- El discípulo ayuna por el avance del reino de Dios. La actividad misionera de la iglesia nació cuando los discípulos estaban ayunando (Hch. 13:1-3).

Clases de ayuno
- Ayuno común - El ayuno más común en la Biblia consiste en abstenerse de alimentos sólidos y beber líquidos (Dn. 10:2-3; Mt. 4:1-11).
- Ayuno total - Este consiste en no comer ni beber, y debe hacerse sólo por un período breve cuando Dios lo indique (Hch. 9:9).
- Ayuno parcial - Este tipo de ayuno consiste en abstenerse de cierta clase de alimentos por un tiempo para dedicarse a la oración y a los propósitos de Dios (Dn. 1:8-21).
- Ayuno sacrificial - Algunas personas, por sufrir de enfermedades o limitaciones físicas, no se abstienen de alimentos sino de algo que es valioso para ellas, a fin de enfocarse en la oración.

Duración del ayuno
- De ocaso a ocaso - Este ayuno de 24 horas es común en la Biblia (Jue. 20:26; 2 S. 1:12; 3:35).
- Ayuno de tres días - Es el que vemos en el libro de Ester (Est. 4:12-17).
- Ayuno prolongado - Dura varios días o semanas (Éx. 34:28; Dn. 10:2-3; Mt. 4:1-11).
- El ayuno puede ser por un tiempo breve o prolongado, como le guíe el Señor.

Consideraciones prácticas acerca del ayuno
- Si nunca ha ayunado, empiece absteniéndose de una comida; luego intente hacerlo por un día.
- Beba mucha agua; también puede beber algunos tipos de jugo.
- Es posible que experimente dolor de cabeza y otros efectos físicos por el ayuno, pero la mayoría de éstos desaparecerán después de los tres primeros días.
- Cuando intente ayunar por un tiempo prolongado, asegúrese de unirse a otra persona para que ore con usted y cuide de su bienestar. No trate de hacer un ayuno prolongado hasta que se haya preparado para ello.
- Si toma medicinas, consulte con su doctor antes de iniciar un ayuno.
- Para finalizar el ayuno, hágalo lentamente. Empiece con pequeñas cantidades de alimento en la primera comida o en las dos primeras comidas. Evite alimentos que sean muy ácidos. Coma alimentos suaves, tales como pequeñas cantidades de pan y vegetales. Continúe bebiendo agua.

IDEAS Y NOTAS

- Considere la posibilidad de ayunar una comida, o un día a la semana, y ocasionalmente tres días, para buscar el rostro de Dios. Añada un ayuno más prolongado cuando pueda alejarse de sus actividades y rutinas normales a fin de escuchar la voz de Dios para su vida.
- El ayuno con oración es una herramienta poderosa que Dios usará. Sin embargo, no es un medio para demostrar nuestra espiritualidad, obtener el favor de Dios (ya lo tenemos en Cristo), o simplemente para bajar de peso. Es un acto de humildad y obediencia que Dios honra cuando lo hacemos con la correcta actitud de corazón.

Esperar en Dios

La Biblia habla de esperar en Dios. Esto se refiere a separar tiempo para sentarnos ante Dios para disfrutar de comunión con Él y escuchar lo que quiere decirnos. Como discípulos de Jesús, ¡es nuestro privilegio esperar ante el Rey de reyes! La creación depende totalmente de Dios. Toda planta y flor necesita la tierra, el sol y la lluvia de su Creador, o no sobrevive. Los animales dependen de su Hacedor para que les provea alimento y protección. Toda la creación espera en Dios con ansiosa expectativa y Él provee a su debido tiempo. Dios es su fuente y su fortaleza. Al estar nosotros rodeados por la creación vestida de esplendor, nos recuerda que también nosotros hemos sido creados para esperar en Dios. Sólo Él es nuestra fuente y fortaleza (Sal. 104:27-28).

Esperar en Dios se refiere a un estado de quietud activa. Dios dice: "Estad quietos, y conoced que yo soy Dios" (Sal. 46:10). Al acallar nuestro corazón, lo preparamos para recibir. La soledad y el silencio, con una mente afinada para oír a nuestro Padre celestial, nos da poder para escuchar Su consejo y sabiduría, y ver la vida tal como Él la revela. El esperar nos da la oportunidad de examinar nuestras ideas y acciones, y evaluar nuestros motivos. Así estamos preparados para considerar las acciones de otros y permitir que Dios sazone nuestras respuestas con compasión y perdón, porque la quietud nos ayuda a estar conscientes de Su compasión y perdón para nosotros. Aunque nuestra inclinación natural es decidir en base a nuestro conocimiento y experiencia, el esperar en Dios se basa en conocer Su voluntad y no aceptar ningún criterio inferior.

Hay ocasiones cuando esperamos en Dios sólo por un instante. Otras veces esperamos semanas, meses, aun años, para recibir la dirección de Dios para nuestra vida. Es cuando esperamos que el hueco infinito de nuestra alma es llenado, no con las cosas finitas de este mundo, sino con Aquel que es infinito y eterno.

Es glorioso conocer a Dios en una nueva manera en el área interior.
Es aún más grande y más glorioso conocer a Dios como Aquel que es
totalmente suficiente y esperar que Su Espíritu abra nuestro corazón
y mente para recibir las grandescosas, las nuevas cosas que
Él anhela conceder a los que esperan en Él.

Andrew Murray, 1828-1917, pastor, misionero y escritor sudafricano

El fruto de esperar en Dios

- No seremos avergonzados ni decepcionados (Sal. 25:2-3; Is. 49:23).
- Recibiremos aliento (Sal. 27:14).
- Recibiremos esperanza y ayuda (Sal. 33:18-22).
- Recibiremos reposo en medio de las dificultades (Sal. 37:5-9).
- Heredaremos la tierra que Dios desea darnos (Sal. 37:34).
- Conoceremos Su liberación (Sal. 40:1-3).
- Recibiremos Su consejo (Sal. 106:13).
- Conoceremos Su salvación (Gn. 49:18; Is. 25:9).
- Conoceremos Su bendición (Is. 30:18).
- Recibiremos Su fortaleza (Is. 40:28-31).
- Lo veremos actuar en nuestro favor (Is. 64:4).
- Experimentaremos Su bondad (Lm. 3:25).
- Sabremos que Él nos oye (Mi. 7:7).
- Experimentaremos el nacimiento apropiado del ministerio, así como la iglesia nació en el lugar donde esperaron en Dios (Hch. 1:4).

¿Cómo y cuándo debemos esperar en Dios?

- En silencio (Sal. 37:7).
- Pacientemente (Sal. 37:7, *NVI*; 40:1).
- En silencio (Sal. 62:1).
- Todo el día (Sal. 25:5).
- Siempre (Os. 12:6).
- Con la expectativa del centinela que espera la mañana (Sal. 130:5-6).

Dar

Dios es generoso y dador; por tanto, desea que Su pueblo también lo sea. El poder del Espíritu Santo que opera en nosotros es el que produce corazones generosos y dadores. Reconociendo que recibimos todo como regalo de Dios, compartimos con otros una porción de lo que se nos ha dado. Podemos darle a Dios nuestro tiempo, nuestras posesiones y nuestros talentos para que Él los use para Su gloria y para el avance de Su reino.

IDEAS Y NOTAS

Dios es dador

Dios, por Su naturaleza misma, es dador. Es quien Él es. Veamos en la Biblia algunos ejemplos de Dios como dador:

- Dador de la creación - "Os he *dado* toda planta que da semilla... toda planta verde les será para comer" (Gn. 1:29-30).
- Dador de alimento - "Los ojos de todos esperan en ti, y tú les *das* su comida a su tiempo" (Sal. 145:15).
- Dador de sueño - "A su amado *dará* Dios el sueño" (Sal. 127:2).
- Dador de vida y aliento - "Pues él es quien *da* a todos vida y aliento y todas las cosas" (Hch. 17:25).
- Dador de los días de vida - "... los días de su vida que Dios le *concede* debajo del sol" (Ec. 8:15).
- Dador de sabiduría - "Porque Jehová *da* la sabiduría" (Pr. 2:6).
- Dador de "gloria en lugar de ceniza" (Is. 61:1-3).
- Dador de Su Hijo - "De tal manera amó Dios al mundo, que ha *dado* a su Hijo unigénito" (Jn. 3:16).
- Dado por nuestros pecados - "Gracia y paz sean a vosotros, de Dios el Padre y de nuestro Señor Jesucristo, el cual se *dio* a sí mismo por nuestros pecados para librarnos del presente siglo malo" (Gá. 1:3-5).
- Dador del Reino - "No temáis, manada pequeña, porque a vuestro Padre le ha placido *daros* el reino" (Lc. 12:32).
- Dador de Su vida (Jesús) - "El buen pastor su vida *da* por las ovejas" (Jn. 10:11).
- Dado como rescate - "Jesucristo hombre, el cual se *dio* a sí mismo en rescate por todos" (1 Ti. 2:5-6).
- Dador de gracia - "... para alabanza de su gloriosa gracia, que nos *concedió* en su Amado" (Ef. 1:4-6, *NVI*).
- Dador de dones - "Teniendo diferentes dones, según la gracia que nos es *dada*" (Ro. 12:6).
- Dador de reposo - "Venid a mí todos los que estáis trabajados y cargados, y yo os *haré* descansar" (Mt. 11:28).
- Dador de paz - "Mi paz os *doy*" (Jn. 14:27).
- Dador que satisface nuestras necesidades - "Buscad primeramente el reino de Dios... y todas estas cosas os serán *añadidas*" (Mt. 6:25-34).
- Dador de amor - "Mirad cuál amor nos ha *dado* el Padre..." (1 Jn. 3:1).
- Dador del Espíritu Santo - "En esto sabemos... por el Espíritu que nos ha *dado*" (1 Jn. 3:24; 4:13".
- Dador de vida eterna - "Dios nos ha *dado* vida eterna; y esta vida está en su Hijo" (1 Jn. 5:11).

Se necesitan tres conversiones:
la conversión del corazón, de la mente y la cartera.

Martín Lutero, 1483-1546, teólogo y reformador alemán

Porque es al dar que nosotros recibimos.

San Francisco de Asís, 1182-1226, fundador de la Orden Franciscana

Fundamentos del dar

- Todo le pertenece a Dios (Job 41:11).
- La verdadera esencia del cristianismo es dar porque así es Dios.
- La Biblia enseña: "De gracia recibisteis, dad de gracia" (Mt. 10:8).
- Debemos dar de gracia a otros lo que hemos recibido de Dios (Hch. 3:1-10).
- Dar no es asunto de dinero — es una actitud del Reino, que refleja a Dios.
- Cuando damos algo a otros, las gracias de Dios fluyen hacia ellos.
- Desde la perspectiva de Dios, de mayor bendición es dar que recibir (Hch. 20:35).
- Cuando damos a otros, hay una promesa de bendición para nuestra vida (Lc. 6:38).
- La forma en que damos impacta inevitablemente la manera en que vivimos y nos relacionamos con los demás.
- En la medida en que damos de nosotros mismos, en esa medida también crecemos.

Cómo llegamos a ser dadores

- Dando de nuestro tiempo - Ef. 5:15-17
  - El tiempo es un regalo. Todos tenemos la misma cantidad de tiempo cada día. ¿Qué hace usted con su tiempo?
  - Entregue su tiempo a Dios para que Él ordene su día para los propósitos del Reino. Preste atención a las áreas en que el enemigo está tratando de robar, matar y destruir su tiempo. Preste atención a las *interrupciones divinas*.
  - Usamos nuestro tiempo basándonos en nuestros valores. Nuestros valores determinan nuestras prioridades. Si nuestros valores están correctamente alineados, usaremos sabiamente nuestro tiempo para Dios.
  - Dios ha determinado que de cada siete días, uno debe ser el Día de Reposo. Hónrelo con fe y en obediencia, y verá cómo Dios lo honrará a usted (Éx. 20:8-11).
  - Pregúntese: *"¿Cuánto de mi tiempo estoy usando para el establecimiento y avance del reino de Dios?"* y *"¿Están algunas de mis actividades obstaculizando al diablo en alguna manera?"*
  - Comprenda la etapa que Dios le está permitiendo vivir para que la aproveche al máximo para Sus propósitos.

Dios es generoso y dador; por tanto, desea que Su pueblo también lo sea.

IDEAS Y NOTAS

_____

_____

_____

_____

_____

- Dando de nuestras posesiones - Mt. 6:25-34
  - En última instancia, Dios es quien nos provee todo lo que tenemos.
  - Como cristianos, le devolvemos a Dios al darle los diezmos, nuestras ofrendas y posesiones.
  - Debemos entregar al Señor el diezmo, o sea, el 10 por ciento de nuestros ingresos. El diezmo es parte del pacto del Antiguo Testamento, y mediante él los creyentes reconocen que todo le pertenece a Dios. Esto lo vemos también en el Nuevo Testamento, donde Jesús lo validó (Mt. 23:23). Dios pide que le entreguemos el diezmo, y promete bendecirnos cuando se lo demos (Lv. 27:30; Mal. 3:8-12).
  - Las ofrendas, las cuales damos por encima del diezmo, pueden ser entregadas a los pobres, para las necesidades de los que son de la familia de Dios, y para el avance y los propósitos del reino de Dios (Hch. 4:32-35; 11:27-30; Ro. 15:26; 2 Co. 8:1-4; Fil. 4:14-19).
  - Nuestras posesiones le pertenecen a Dios. Él nos las provee para que las usemos y nos sean de bendición. Por tanto, las ponemos a disposición de Sus propósitos porque son herramientas Suyas que pone en nuestras manos para que las administremos.
  - Al decidir dónde y a quién dará, escuche al Espíritu Santo y obedézcale. Preste especial atención a las relaciones con las que Dios le asocia, y a aquellos con quienes comparte una visión común para el avance del Reino. Recuerde también a aquellos que han invertido mucho de la verdad de Dios en la vida suya (1 Ti. 5:17-18).
- Dando de nuestros talentos
  - Dios ha creado a cada uno de nosotros en forma singular. A cada uno ha dado diversos talentos, capacidades y dones para Su gloria.
  - ¿Qué capacidades naturales le ha dado Dios? ¿Cuáles son las habilidades que ha adquirido? ¿Cuáles son sus dones espirituales? ¿Cómo los está usando para los propósitos de Dios de bendecir a otros y extender Su reino?
  - Somos administradores que un día rendiremos cuenta de cómo hemos usado lo que Dios nos ha dado (Mt. 25:15-30; 2 Co. 5:9-10).
- El corazón del dador
  - Da con alegría (2 Co. 9:6-8).
  - Da con sacrificio (Mr. 14:3-9; Lc. 21:1-4; Hch. 4:32-35).
  - Da con fe (Lc. 6:38).
  - Da en obediencia (Mal. 3:10-12).

La obra de Dios, hecha según la voluntad de Dios,
jamás carecerá de la provisión de Dios.

Hudson Taylor, 1832-1905, misionero inglés a la China

ECHEMOS LA RED

¿Cuándo dedicará tiempo a la Biblia — leyéndola, estudiándola y meditando en ella? ¿Qué hará para que sea una parte más central de su vida?

_____

_____

_____

_____

_____

¿Posee usted el corazón de adorador? ¿En qué formas puede crecer en esta área?

_____

_____

_____

_____

_____

¿Es usted alguien que hace historia en su vida de oración? Al estudiar este capítulo, ¿qué es lo que el Espíritu Santo le dijo más claramente acerca de la oración?

_____

_____

_____

_____

_____

IDEAS Y NOTAS

_____

_____

_____

_____

¿Cómo aplicará en su vida la verdad acerca de esperar en Dios? Recuerde: su Padre celestial anhela darle Su consejo en todas las áreas de su vida.

_____
_____
_____
_____
_____
_____
_____
_____

¿En cuál área da usted más: su tiempo, sus posesiones, sus talentos? ¿Cuál es el área más débil? Rinda esa área a Dios, pidiéndole que expanda su capacidad para dar de esa manera.

_____
_____
_____
_____
_____
_____
_____

La única preocupación del diablo es impedir que el cristiano ore. Él no teme los estudios sin oración, el trabajo sin oración y la religión sin oración. Él se ríe de nuestros esfuerzos, se burla de nuestra sabiduría, pero tiembla cuando oramos.

Samuel Chadwick, 1860-1932, evangelista inglés

LA PESCA DEL DÍA

◘ Resumen del capítulo

- Dios nos invita a interaccionar con Él por medio de estas disciplinas espirituales para que podamos conocerlo más y ser transformados a Su semejanza.
- Entre las muchas disciplinas en las que podemos participar como creyentes, hay cinco que sobresalen por ser esenciales para nuestro crecimiento espiritual: dedicar tiempo a la Biblia, adoración, oración (incluyendo el ayuno), esperar en Dios y dar.
- Recuerde que participar en estas disciplinas no es lo que nos ayuda a obtener el favor de Dios. Lo importante es lo que Dios hace en nosotros cuando pasamos tiempo con Él.

¿Cuáles fueron las dos o tres áreas de las que el Espíritu Santo le habló más claramente en este capítulo, y cómo le responderá usted?

_____

_____

_____

_____

_____

_____

_____

_____

_____

_____

IDEAS Y NOTAS

_____

_____

_____

_____

CAPÍTULO 7

RELACIONES

 ## UNA MIRADA DESDE LA ORILLA

"Un mandamiento nuevo os doy: Que os améis unos a otros; como yo os he amado, que también os améis unos a otros. En esto conocerán todos que sois mis discípulos, si tuviereis amor los unos con los otros".

Juan 13:34-35

Dios desea disfrutar de una relación con el ser humano. A Él le agradan las relaciones — Dios es el experto supremo en el área de las relaciones. Aun antes de crear al hombre, Dios se relacionaba en la Trinidad. El Padre amaba y servía al Hijo y al Espíritu; el Hijo amaba y servía al Padre y al Espíritu; y el Espíritu amaba y servía al Padre y al Hijo. Las relaciones son una expresión de la Deidad — son una parte esencial de quien Dios es y lo que Él más valora.

Para relacionarse más íntimamente con el ser humano, Dios nos envió a Su Hijo, Jesús. Mediante la revelación de Dios como hombre, Jesús nos mostró cómo es el Padre. Asimismo, nos enseñó cómo relacionarnos con quienes nos rodean. Jesús amó a la gente al punto de dar Su vida por ella (Jn. 15:13). Vivió manifestando gracia, humildad, misericordia y perdón. Trataba a los demás con honor y procuraba servirles. Alentaba a la gente, se interesaba en ella y ministraba a sus necesidades más profundas. Jesús llamó amigos a Sus discípulos, y a Él lo consideraban amigo de pecadores (Jn. 15:14-15; Mt. 11:19).

¿Sabía usted que cuando aceptó a Cristo como Salvador, también llegó a ser miembro de la familia de Dios (Ef. 2:19; 3:15)? Ahora tiene hermanos y hermanas en todas las naciones y a través de todos los tiempos. Usted pertenece a una familia multigeneracional, interracial, megatalentosa, internacional y eterna, formada por hombres,

mujeres, niños y niñas consagrados a Jesús. Aquellos que han vivido antes que usted, le alientan mientras corre la carrera que Dios le ha señalado (He. 12:1-2).

La manera en que nos relacionamos con otros es primordial. Aparte de nuestra relación con Dios, no hay nada más importante que establecer buenas relaciones con los demás. El amor mutuo tiene consecuencias eternas. Jesús dijo que el mundo reconocería que somos de Dios por el amor de los unos a los otros (Jn. 13:34-35). Afirmó que si andamos en amor y unidad, el mundo sabrá que el Padre envió a Jesús y que los ama a ellos tal como ama a Jesús (Jn. 17:23). Con razón el diablo hace todo lo posible para hurtar, matar y destruir las relaciones (Jn. 10:10).

Casi todos los problemas en el mundo tienen que ver con relaciones. Orgullo, pecado, egoísmo, independencia y rebeldía, junto con expectativas no satisfechas y heridas — todo obstaculiza nuestros intentos para establecer relaciones significativas y duraderas.

En este capítulo estudiaremos los diferentes círculos de amistad, viendo lo que dice la Biblia acerca de los pilares de las relaciones que agradan a Dios, cómo mantener la unidad del Espíritu, en qué consiste caminar bajo autoridad, la relación entre un hombre y una mujer, el matrimonio y la vida familiar.

zarpemos

Dios usa las relaciones en el proceso de nuestro discipulado. A través de los demás vislumbramos Su corazón respecto a nosotros y obtenemos una mejor comprensión de Dios, de Sus caminos y aun de nosotros mismos. Debido a nuestra formación y experiencias pasadas, cada uno enfrenta las relaciones con una perspectiva diferente. A veces surgen problemas, sobre todo en cuanto a las expectativas. Si el amor que antes recibimos fue imperfecto —para algunos quizá haya sido peor que para otros—, tendemos a esperar que los amigos restauren nuestra autoestima y llenen el vacío de nuestro ser interior. A veces enfrentamos nuestra incapacidad para aliviar las áreas de rechazo en otras personas. O, nos damos cuenta de que nadie puede satisfacer los anhelos de nuestro corazón. A través de la lucha para hallar equilibrio y gracia, conocemos la compasión y los límites de la naturaleza humana. Descubrimos que, no importa cuán llena de amor y cuán piadosa sea la gente, no posee la capacidad para satisfacer nuestras necesidades, esperanzas, temores y expectativas — únicamente Dios puede hacerlo. Sólo Él es nuestro Padre celestial, y Jesús es nuestro único y verdadero Salvador.

Introducción a las relaciones

Todos experimentamos diversos grados de relaciones. Con algunas personas, nos relacionamos como miembros de un equipo que trabaja hacia una meta en particular. Con otras, la relación se debe a los servicios que les brindamos, o viceversa. Otros son sólo conocidos que vemos en la ciudad, gente que nos saluda con regularidad en el mercado o en la escuela. Con otros compartimos intereses comunes — son aquellos con quienes nos agrada reunirnos cuando tenemos la oportunidad. Y, luego están aquellos que Dios ha unido a nuestro corazón, con quienes compartimos un afecto genuino. En este vínculo de amistad compartimos nuestros corazones y vidas. Estas relaciones se caracterizan por el aliento, confianza, sinceridad, comprensión y compromiso, tanto en los buenos tiempos como en los malos.

Aunque sería maravilloso compartir el vínculo del corazón con todos en el cuerpo de Cristo, sencillamente es imposible. Dios sitúa a cada miembro del cuerpo de Cristo en el lugar exacto donde necesita estar. Él tiene perfecto control de todo, efectuando Sus planes para nuestra vida. Como Él promete, usa todas las cosas —y a la gente— para establecer Sus propósitos en nosotros, para *discipularnos* en Sus caminos.

IDEAS Y NOTAS

Los círculos de relaciones

Al ver la vida de Jesús, notamos que aun Él tenía diferentes *círculos* o esferas de relaciones. Las multitudes lo seguían para escuchar Sus enseñanzas y recibir sanidad. De esas multitudes, algunas personas se acercaban para hablar personalmente con Él. Nicodemo *conoció* a Jesús, como lo hizo la mujer junto al pozo y el joven rico. En los evangelios se nos relata acerca de una fiesta en la casa de Mateo, la boda en Caná y una comida en la casa de Zaqueo. Después de pasar una noche en oración, Jesús escogió a 12 hombres para que estuvieran cerca de Él. De esos 12 discípulos, tres llegaron a ocupar un lugar aún más cercano en Su corazón. Aunque Jesús amaba a todos, su experiencia con las personas eran diversas, tal como nos ocurre a usted y a mí. Círculos concéntricos de relaciones rodeaban Su vida — los más amplios representaban las relaciones más distantes, y el más pequeño, al número reducido de amigos más cercanos.

A medida que establecemos distintos círculos de relaciones en nuestra vida, cada uno presenta sus propias características, responsabilidades y áreas que debemos cuidar. Esta dinámica básica permite que la gente comprenda sus límites relacionales y desarrolle expectativas saludables. Las cuatro categorías que veremos no son indicadores para determinar el valor de las relaciones, sino marcas que nos ayudan a evaluar si nuestra respuesta a quienes comparten la vida con nosotros está alineada con la voluntad de Dios.

El círculo de la multitud (los conocidos)
- *Características*
    - Son contactos ocasionales.
    - La conversación gira en torno a información general en un diálogo amistoso.
- *Responsabilidades*
    - Reconozca su relación con ellos con amor y gracia.
    - Discierna las preguntas apropiadas que puede hacer en esta etapa de la amistad.
- *Áreas que debe cuidar*
    - Salúdelos y recíbalos de manera amistosa.
    - Aprenda sus nombres y recuérdelos.
    - Escúchelos con atención.

En el vínculo de la amistad, compartimos nuestros corazones y vidas.

¿Ha pensado alguna vez que cien pianos afinados con el mismo diapasón quedan automáticamente afinados unos con otros? Todos concuerdan al ser afinados, no el uno con el otro, sino con otro patrón al que cada uno debe sujetarse. De la misma manera, cien adoradores [reunidos] juntos, y cada uno mirando a Cristo, tienen sus corazones más cerca los unos a los otros que si, procurando la "unidad", desviaran su mirada de Dios para tratar de lograr una amistad más íntima.

A. W. Tozer, 1897-1963, predicador y escritor estadounidense

- Conózcalos mejor haciendo preguntas apropiadas.
- Considere cómo podría usarle Dios para ser de bendición en la vida de ellos.

El círculo casual (las amistades casuales)
- *Características*
    - Se basa en intereses, actividades y preocupaciones comunes; nuestros vecinos.
    - La conversación es personal, intercambiando información acerca de cada uno, sus opiniones y deseos.
- *Responsabilidades*
    - Reconozca lo que Dios ha hecho y está haciendo en la vida de ellos.
    - Afirme las cualidades positivas que poseen y anímelos.
    - Discierna las preguntas apropiadas que puede hacer en esta etapa de la amistad.
- *Áreas que debe cuidar*
    - Identifique las cualidades positivas que poseen.
    - Aprenda a escucharles para conocer sus esperanzas y deseos.
    - Si le revelan algún problema, apóyelos orando por ellos y alentándolos.
    - Interésese en ellos y muestre confiabilidad y lealtad en su amistad.
    - Considere cómo podría usarle Dios para ser de bendición en la vida de ellos.

El círculo comprometido (las amistades cercanas)
- *Características*
    - Se basa más en un agrado mutuo y el propósito para la vida.
    - Hay más intencionalidad en la amistad porque el vínculo del corazón es más profundo.
    - La conversación deliberada gira a menudo en torno al propósito en la vida, influyendo el uno en el otro en forma positiva.
- *Responsabilidades*
    - Esté disponible para acompañarles en el recorrido de la vida cuando le inviten.
    - Busque maneras de afirmar las características de su carácter, sus dones y llamamiento.
    - Ayúdense activamente el uno al otro para cumplir el propósito para sus vidas.
- *Áreas que debe cuidar*
    - Hablen de lo que Dios está haciendo para desarrollar el carácter en la vida de cada uno.
    - Use el nivel de responsabilidad que le concedan para ayudarles a crecer personalmente y cumplir el propósito para sus vidas.
    - Ore por ellos con regularidad.
    - Escuche al Espíritu Santo cuando le dé palabras para ellos.
    - Aliéntelos activamente y esté disponible para ayudarles en todas las formas que pueda.

IDEAS Y NOTAS

El círculo central (las amistades íntimas)
- *Características*
  - Se basa en el compromiso mutuo de caminar juntos en Dios en un nivel profundo.
  - Además de su cónyuge (si está casado o casada), sólo algunas personas formarán parte de su círculo central de relaciones.
  - La conversación es íntima — compartiendo con el corazón en forma totalmente sincera, vulnerable y transparente; sienten total libertad para brindarse el uno al otro una influencia positiva con sabiduría.
- *Responsabilidades*
  - Amor, compromiso de caminar juntos, integridad, aliento.
  - Dios usa este círculo para ayudar a cada uno a ser más semejante a Jesucristo.
  - Caminen uno al lado del otro para terminar bien en la vida y cumplir el llamamiento de Dios.
- *Áreas que debe cuidar*
  - Busque activamente formas de ayudarles a crecer y a cumplir los propósitos de Dios para sus vidas.
  - Aprenda a consolarlos y fortalecerlos cuando atraviesen pruebas.
  - Adopte un nivel personal de responsabilidad para defender la reputación de ellos — permanezca siempre a su lado.
  - Ore por ellos; obedezca lo que Dios le pida hacer en su favor; y busque maneras de bendecirles.
  - Continúen hablando sinceramente mientras ambos procuran vivir con integridad.

A nadie se le puede imponer una relación. Ésta tiene que desarrollarse natural e intencionalmente. Sólo se puede establecer el nivel de amistad que ambas partes deseen. La persona con menos compromiso determina el grado de amistad. La otra parte debe aceptar la amistad que se le brinda y confiar en que Dios puede desarrollarla si desea.

Recuerde siempre que sólo podemos influir positivamente en la vida de otros en la medida en que ellos lo permitan. Si tratamos de compartir más allá de la medida en que se han abierto, quizá dañemos esa amistad. Si alguien pide que opinemos sobre su trabajo, no debemos darle consejos para su matrimonio. Sólo debemos ir a donde se nos invite. Una vez que alguien nos da total libertad para influir en su vida, debemos andar en el temor de Dios y hablar únicamente según Él nos dirija. Esta clase de amistad es invalorable pero no se puede apresurar. Al darle tiempo y confianza, llega a ser un medio para que el Señor la use en nuestra vida.

El mundo nunca ha experimentado una necesidad mayor de amor que la presente.
La gente está hambrienta de amor. No hay tiempo para detenernos
y sonreír el uno al otro. ¡Todos tenemos tanta prisa!
Ore. Pida la gracia necesaria. Ore para que pueda entender lo mucho que
Jesús nos amó, de modo que usted pueda amar a otros.

Madre Teresa de Calcuta, 1910-1997, misionera a los pobres

Pilares de las relaciones que agradan a Dios

En las 13 epístolas de Pablo (Romanos - Filemón), el Señor nos enseña mucho acerca de las relaciones. En el capítulo 12 de Romanos encontramos varios principios fundamentales o pilares para disfrutar de relaciones interpersonales saludables. Veamos algunos de ellos.

Una mente renovada - Ro. 12:1-2

- Las relaciones en el Reino se basan en valores distintos de los que aprendimos en las experiencias con la familia, amistades y encuentros con figuras de autoridad. Dios quiere que veamos las relaciones a través de Sus lentes. Este pasaje bíblico pide que no nos conformemos a los modelos del mundo (presionados en ese molde), sino que nos transformemos (metamorfosis - el proceso en el que la oruga se convierte en mariposa) mediante la renovación (la conformación gradual a la perspectiva divina) de nuestra mente (el órgano de percepción, la manera en que vemos la vida).
- Primero debemos permitir que Dios renueve nuestra manera de pensar acerca de las otras personas, ayudándonos a valorarlas como Él las valora.
- Después de nuestra relación con Dios, la siguiente prioridad es la forma en que nos relacionamos con otros (Mt. 22:34-40).
- Todas nuestras relaciones deben basarse en la verdad (Ef. 4:15).

Gracia - Ro. 12:3

- Puesto que Dios nos concedió Su gracia, tenemos el privilegio de extenderla a otras personas por medio de nuestra vida.
- La gracia es recibir lo que no merecemos. Es dar a otros libremente, sin importar si consideramos que lo merecen o no.
- La gracia es la manera en que Dios responde a nuestras faltas. Así debemos actuar con los que nos fallan.
- Aquellos en cuyo corazón abunda la gracia, usan palabras que edifican a los demás conforme a sus necesidades (Ef. 4:29).
- Las personas hieren a otras porque fueron heridas. La gracia de Dios se abre camino a través de nuestra vida para ser fuente de sanidad y salud para el corazón de quienes lo necesitan (He. 4:14-16).

IDEAS Y NOTAS

_____

_____

_____

_____

_____

Humildad – Ro. 12:3, 16

- El orgullo destruye relaciones, mientras que la humildad produce relaciones saludables.
- El orgullo trasmite la sutil actitud de que, en última instancia, queremos que todos sean como nosotros. La humildad acepta a la gente tal como es. Pensar "de sí con cordura" significa considerar quién es uno realmente en el contexto de los demás. Esto significa que usted tiene que aceptar lo que es y lo que no es. Se aplica también a cómo vemos a los demás.
- Dios no creó los problemas de personalidad. Éstos tienen que ver, sobre todo, con la falta de humildad.
- La humildad admite abiertamente cuando uno está equivocado y los otros tienen la razón.
- Si caminamos en verdadera humildad, es imposible no tener paz y no llevarse bien con otros.
- La humildad es la base de la cual dependen las demás cualidades relacionales. Por ejemplo, sin humildad no podremos perdonar, confiar y comprender.
- El fruto de la humildad incluye sinceridad, disposición para aprender, flexibilidad en vez de obstinación, la capacidad para recibir corrección sin sentir la necesidad de defenderse o de tener la razón, y la disposición para seguir a los que están en posición de liderazgo.

Celebración de la diversidad – Ro. 12:4–8

- Dios hizo a cada uno diferente y singular — ¡eso le agrada! Ser más semejantes a Jesús significa que debemos ajustar nuestro corazón y mente a Su forma de pensar al respecto.
- Dios creó a las personas de diferente sexo, diferentes razas, generaciones e idiomas; con distintos cuerpos y personalidades; con diversos intereses, pasiones, dones y llamamientos.
- Debemos aprender a apreciar y celebrar nuestra diversidad, en vez de temer las diferencias y sentirnos amenazados por los cambios.
- El orgullo requiere que todos sean como uno mismo. Es la raíz de todos los prejuicios.
- Nuestras diferencias, combinadas con humildad, nos permiten vivir en dependencia mutua conforme a la voluntad de Dios, protegiéndonos de la actitud de independencia.
- Aunque somos diferentes, pertenecemos a un cuerpo, y cada miembro pertenece a todos los demás.

Las relaciones en el Reino se basan en valores distintos de los que aprendimos en las experiencias con la familia, amistades y encuentros con figuras de autoridad.

Tu amigo es aquel que te motiva a acercarte más a Dios.

Abraham Kuyper, 1837-1920, teólogo y estadista holandés

Amor – Ro. 12:9-10

- El amor es una decisión; es escoger el bien supremo para otra persona.
- Debemos amar a Dios sobre todas las personas y todas las cosas, y a nuestro prójimo como a nosotros mismos (Mr. 12:28-34).
- Puesto que Dios nos dio el mandato de amar (Jn. 15:12-17), significa que nos dará la capacidad para hacerlo.
- Nuestro amor debe ser sincero, es decir, sin hipocresía. En el Nuevo Testamento, el término *hipócrita* se refería al actor que desempeñaba un rol. No se nos ha llamado a actuar con amor – somos llamados a amar, a amarnos sinceramente unos a otros.
- Debemos estar comprometidos el uno al otro con amor fraternal o un amor como de familia.
- El amor bíblico es generoso y sacrificado. Expresa bondad, cuidado y servicio.
- Estudie los atributos del amor mencionados en 1 Corintios 13.

Honra – Ro. 12:10

- Debemos esforzarnos para dar a los demás más honra de la que recibimos.
- Lo que la Biblia describe es toda una sociedad, el Reino, edificado sobre el principio de honrarse mutuamente unos a otros.
- Honrar a alguien consiste en reconocer su valor o valía y expresárselo.
- La honra no sólo alienta el corazón, sino que alimenta y refresca el espíritu.
- Un sistema bíblico de valores tiene tres formas de medir la honra:
    - La honra debido al desempeño, la cual no es dada sino que se gana; reconoce lo que la persona ha hecho o logrado (Ro. 13:7; 1 Ti. 5:17).
    - La honra debido al carácter, la cual no es dada sino que se gana; reconoce lo que la persona es en cuanto a su carácter o lo que ha llegado a ser (1 Ti. 3:1-13).
    - La honra debido a la valía y el valor intrínsecos de la persona, la cual no se gana sino que es dada; reconoce el valor eterno de la persona a los ojos de Dios. Puesto que los hombres y las mujeres fueron creados a la imagen de Dios, y la preciosa sangre de Jesucristo fue derramada por ellos, son dignos de honra (Gn. 1:26; He. 2:6-7).
- Expresiones de honra:
    - *Aceptación:* permite que la otra persona sienta que es una adición valiosa a nuestra vida.
    - *Afirmación:* dirige la atención a los dones, cualidades y logros de otra persona.
    - *Agradecimiento:* expresa a otros gratitud sincera por su contribución a nuestra vida.
    - *Aprobación:* elogia la conducta de otra persona y lo que ésta hace.
    - *Admiración:* alaba a otra persona por el estándar que establece y por despertar en nosotros el deseo de imitar su ejemplo.
    - *Reconocimiento:* expresa públicamente aprecio por el carácter o los logros de alguien.

IDEAS Y NOTAS

Gozo y paciencia - Ro. 12:12

- Debemos estar gozosos en la esperanza. A la gente le agrada estar cerca de personas que viven con gozo y esperanza.
- Los que aportan gozo y esperanza a las relaciones alientan enormemente a los demás.
- También debemos ser pacientes o sufridos en las aflicciones. Así como hay tiempos de alegría, también hay tiempos de dificultades en nuestra vida y nuestras relaciones. En esos períodos difíciles, la paciencia expresa nuestra confianza en Dios y nuestro amor los unos a los otros.

Oración - Ro. 12:12

- Pablo nos exhorta aquí a ser fieles o constantes en la oración.
- Orar por aquellos con quienes hemos establecido relaciones crea un lazo espiritual o un vínculo del corazón con ellos.
- La oración también permite llevar las cargas los unos de los otros, dando la oportunidad de escuchar lo que Dios desea decirle a cada uno.

Compartir - Ro. 12:13

- Consiste en colaborar con otros cuidando que sus necesidades sean satisfechas (Hch. 4:32-35).
- Dios pone a disposición de cada uno diferentes recursos para compartir y ayudar a otros.
- Colaborar con alguien en este nivel implica conocerle lo suficiente como para saber cuáles son sus necesidades.
- Debemos compartir lo que tenemos para satisfacer las necesidades de los pobres. Necesitamos tener el corazón de Jesús hacia los pobres. La lectura de los evangelios nos lo revelará.
- Practicar la hospitalidad implica abrir nuestro hogar a quienes necesiten que les ayudemos o ministremos.

Bendición - Ro. 12:14

- Pablo repite las palabras de Jesús: "Amad a vuestros enemigos, bendecid a los que os maldicen... orad por los que os calumnian" (Mt. 5:44; Lc. 6:27-28).
- Debemos hablar amablemente y ser siempre de bendición a los que nos persiguen, para que puedan ver quién es Dios realmente y sean ganados para Él.
- Cuando alguien nos maltrata, debemos ministrar con el espíritu opuesto; en este caso, ante una maldición, respondemos con bendición.

De cierto, hay una manera de cumplir lo que no es tan solo difícil,
sino totalmente contrario a la naturaleza humana: amar a los que
nos aborrecen, responder a sus malas obras con beneficios, y a sus reproches,
con bendiciones. Al recordar que no debemos considerar
la mala intención de los hombres sino ver la imagen de Dios en ellos,
eso cancela y borra sus transgresiones, y con su belleza
y dignidad nos atrae para amarlos y aceptarlos.

Juan Calvino, 1509-1564, teólogo protestante francés de la Reforma

Comprensión y confianza - Ro. 12:15

- Tenemos que identificarnos sinceramente con la gente en la situación en que está.
- Esto implica una actitud sin egoísmo que nos permite relacionarnos con ella y comprenderla.
- Una de las necesidades más básicas de las personas es que las comprendan.
- Cuando la gente se siente comprendida, ya no necesita justificar sus hechos e intenciones.
- La gente no se sentirá comprendida a menos que pueda abrirse a usted, y no hará eso sino hasta que confíe en usted. Se necesita la confianza para que una relación tenga éxito.
  - Confiar es decidir que uno dependerá de la otra persona.
  - Existe confianza cuando uno no hace planes de emergencia para protegerse, en caso de que le falle la persona en quien confía.
  - La confianza es frágil y debe desarrollarse un paso a la vez por medio de la sinceridad, verdad, fidelidad y responsabilidad.
- La comprensión tiene que ver con la comunicación entre las personas. Para contribuir a la comprensión, aprenda a comunicarse con claridad y escuche atentamente, de modo que la persona que habla sienta que la escuchan y comprenden.

Armonía - Ro. 12:16–21

- El mayor obstáculo para la armonía es el orgullo.
- No importa cuál posición tengan otros en la vida, debemos andar juntos en armonía.
- El orgullo, la arrogancia y la presunción no tienen lugar en la comunidad de creyentes del Reino.
- La armonía quizá implique aceptar "deberes humildes" a fin de servir a otros.
- Nunca debemos pagar mal por mal; nuestra responsabilidad no es vengarnos. Más bien, debemos vencer el mal con el bien.
- En cuanto dependa de usted, viva en paz con todos.

Somos un cuerpo, un Espíritu, llamados a una esperanza, un Señor, una fe, un bautismo y un Dios y Padre de todos. Nuestra responsabilidad como creyentes es mantener la unión y la paz —la unidad— que Dios ha provisto.

IDEAS Y NOTAS

—— Cómo mantener la paz y la unidad en las relaciones ◖

Por medio de Su muerte en la cruz, Jesús ha hecho que los creyentes sean uno (Ef. 2:11-22). Somos un cuerpo, un Espíritu, llamados a una esperanza, un Señor, una fe, un bautismo y un Dios y Padre de todos (Ef. 4:4-6). Dios ya nos hizo uno —nuestra responsabilidad como creyentes es mantener la unión y la paz —la unidad— que Dios ha provisto. La Biblia nos exhorta: "Esfuércense por mantener la unidad del Espíritu mediante el vínculo de la paz" (Ef. 4:3, *NVI*). Pero, ¿cómo mantenemos la unidad del Espíritu y el vínculo de la paz?

Caminemos como es digno

- Jesús murió por nosotros. Nos llamó para que fuéramos a Él y nos creó nuevamente para Su gloria. Por tanto, debemos vivir en una manera digna de quien Él es y de aquello para lo que nos ha llamado.
- No importa quiénes seamos o qué hagamos, si vivimos para glorificar a Dios, disfrutaremos de paz y unidad entre nosotros. Al enfocarnos en la gloria de Dios, los ojos de todos permanecerán fijos en Jesús.

Caminemos en humildad

- Jesús caminó en humildad (Mt. 11:29).
- El orgullo causa contiendas, pero la humildad produce paz. La desunión se origina en el orgullo (Pr. 13:10; Fil. 2:8-11; 1 P. 5:5).
- La humildad puede definirse como estar *"dispuestos a que nos conozcan tal como somos".*
- La humildad nos permite admitir honestamente nuestro egoísmo, debilidades y faltas.
- La humildad hace posible que seamos sinceros sobre lo que hacemos bien y los dones que Dios nos ha dado.
- La humildad reconoce que fuimos creados por Dios y que lo necesitamos a Él desesperadamente.
- La humildad se somete al derecho de Dios de hacer lo que desee con quien Él quiera. La humildad no necesita jugar a Dios controlando la vida de otras personas.
- La humildad nos permite aclamar a quienes poseen talentos similares a los nuestros y más desarrollados.
- La humildad también reconoce que necesita de otras personas en su vida.
- La humildad sabe decir: "Me equivoqué; tú tenías la razón".
- La unidad, en su forma más simple, no es otra cosa sino humildad comunitaria.
- A Dios le atrae la humildad y establece Su presencia entre los humildes.
- Debemos humillarnos bajo la poderosa mano de Dios. Puesto que Él valora tanto la humildad, nos humillará si nosotros no lo hacemos (1 P. 5:6).

Caminemos en mansedumbre

- Jesús era manso (Mt. 11:29).
- La mansedumbre es la figura de un animal al que se entrena hasta dominarlo completamente. Su espíritu no es destruido sino que se somete a la voluntad del entrenador.
- La mansedumbre es parte del fruto del Espíritu (Gá. 5:22-23).
- La mansedumbre se refiere a un "corazón tierno", en vez de ser duro o violento.
- La mansedumbre puede definirse como "sensibilidad del corazón hacia otros, el deseo de no hacer da o porque se valora a la otra persona".
- Se requiere de una enorme fortaleza de carácter para caminar en mansedumbre.
- La mansedumbre se niega a irritar a otros y no se irrita fácilmente.
- La mansedumbre no ataca a los que están a su alrededor.
- La mansedumbre produce un corazón que no se ofende fácilmente ni ofende a otros.
- La mansedumbre no declara su propia importancia.
- La mansedumbre acepta el trato de Dios sin pelear ni resistirse.
- La gente que es mansa edifica a otros y les provee un lugar seguro donde pueden compartir lo que sienten en su corazón.

Caminemos en paciencia

- Dios es paciente (2 P. 3:9).
- Considere la paciencia de Dios al soportar la ingratitud e insensatez total del ser humano; Dios es lento para la ira (Neh. 9:17; Sal. 103:8).
- La paciencia tiene que ver con resignación y una resistencia inquebrantable.
- La paciencia tarda en enojarse y soporta insultos y heridas sin quejarse.
- La paciencia podría definirse simplemente como "soportar con un temperamento imperturbable".
- La paciencia pospone lo que alguien pudiera merecer; tiene el poder para vengarse pero no lo hace.
- A menudo la raíz de la impaciencia es que actuamos motivados por nuestra agenda.
- La paciencia valora a otras personas, dándoles la posibilidad y el tiempo para fallar, aprender y madurar.

Soportémonos unos a otros en amor

- Soportarnos unos a otros en amor significa literalmente "tolerarnos" — soportar mutuamente nuestras actitudes, actividades y decisiones.
- Entre las personas surgen problemas, incluso en el reino de Dios. Es importante que nos soportemos unos a otros en medio de los errores, las tristezas y las pruebas en la vida.

IDEAS Y NOTAS

- Soportarnos unos a otros en amor podría definirse como "tolerar las debilidades y diferencias de otros, sin dejar de amarlos por esos aspectos que quizá nos irriten o desagraden".
- Soportarnos unos a otros en amor significa no rechazar a las personas ni dar lugar a la amargura o la venganza.
- Todos en algún momento somos una carga para alguien, pero si nos soportamos unos a otros en amor podemos mantener la unidad y la paz en nuestras relaciones.
- Debemos soportarnos unos a otros en amor, deseando el bien supremo de los demás al relacionarnos con ellos.

EN AGUAS MÁS PROFUNDAS

Cuatro clases de relaciones requieren que demos la vida el uno por el otro, valorando así a los demás como Dios los valora. Estas incluyen el caminar bajo los que están en autoridad, las relaciones entre hombres y mujeres, esposos y esposas, y padres e hijos. Veamos de cerca estos importantes círculos relacionales.

Caminar bajo autoridad

La autoridad proviene de Dios - Ro. 13:1-2
- Fundamentalmente, todos estamos bajo la autoridad de Dios.
- La autoridad es delegada por Dios y Él ha establecido varias esferas de autoridad sobre nuestras vidas:
    - La familia (Ef. 6:1)
    - El gobierno (Ro. 13)
    - La iglesia (He. 13:17)
    - Los patrones (Ef. 6:5-8)
    - Los maestros, entrenadores, etc.
- Decidir rebelarnos contra la autoridad es decidir rebelarnos contra Dios (Ro. 13:2).
- Si Dios da la autoridad, ¿por qué nos rebelamos contra ésta?
    - Porque nuestra naturaleza pecaminosa desea que hagamos nuestra propia voluntad.
    - Porque en el pasado figuras de autoridad nos hirieron, da aron y decepcionaron.
    - Porque no vemos a Dios como Él realmente es, así que no confiamos en Él.

*Oh, divino Maestro, concédeme que no busque
ser consolado sino consolar; que no busque ser comprendido
sino comprender; que no busque ser amado sino amar;
porque dando, recibimos; perdonando, somos perdonados...*

San Francisco de Asís, 1182-1226, fundador de la Orden Franciscana

- Caminar bajo autoridad tiene como objetivo bendecir nuestra vida (Ro. 13:3-4).
    - Se estableció para proteger, para mantenernos a salvo.
    - Se estableció para proveer, como recurso para la vida.
    - Se estableció para dirigir, como guía, sabiduría y consejo.
    - Se estableció para desarrollar cualidades de carácter en nuestra vida: honestidad, obediencia, confiabilidad, orden, diligencia, fidelidad, reverencia, lealtad, paciencia, perdón, responsabilidad, etc.
    - Se estableció para ayudarnos a ser personas fructíferas en el Reino, para que encontremos nuestro lugar y propósito en Dios.
- Las bendiciones de caminar bajo autoridad:
    - Nos va bien (Ef. 6:1-3).
    - Al Señor le agrada (Col. 3:20).
    - Evitamos el temor, la condenación y el castigo (Ro. 13:5).
    - Mantenemos una buena conciencia (Ro. 13:5).
    - El informe acerca de nosotros es bueno (He. 13:17).
    - No blasfemamos contra Dios y Su Palabra (1 Ti. 6:1).
    - Caminamos bajo protección y guía (Pr. 6:20-22).
    - Obtenemos discernimiento (Pr. 15:5).
    - Seremos alabados (1 P. 2:13-14).
    - Honraremos a nuestros superiores (1 Ts. 5:12-13).

Comprendamos qué es la sumisión – 1 P. 2:13-25

- *La sumisión es la actitud de ponerse voluntariamente bajo la autoridad dada por Dios como un acto de fe en la soberanía de Dios.* En última instancia, cuando nos sometemos a alguien que está en autoridad, nos sometemos a Dios.
- Es importante notar que la sumisión a la autoridad es mandato de Dios; sin embargo, quien se somete lo hace voluntariamente, y los que están en autoridad no deben "dominar como déspotas" ni forzar. *La sumisión demandada por una autoridad es abuso de autoridad.*
- Dios mismo da el ejemplo al ordenar que todos los hombres caminen bajo Su autoridad, pero dándoles a la vez la voluntad. Los líderes, en especial, deben estar conscientes de la tensión dinámica de esta verdad del Reino.
- Una vez que alguien acepta ser parte de algo, sea iglesia o compañía, tiene que caminar bajo las directrices establecidas por los que están como líderes. Si deciden rebelarse, los líderes tienen la responsabilidad de tratar la situación usando su autoridad.

IDEAS Y NOTAS

- Debemos someternos "por causa del Señor" (1 P. 2:13).
- Debemos someternos "a toda autoridad humana" (1 P. 2:13, *NVI*).
- Debemos someternos "con todo respeto" (1 P. 2:18-20).
- Debemos someternos como lo hizo Jesús (1 P. 2:21-25).
    - Él caminó en radical sumisión a Dios hasta llegar a la cruz (Fil. 2:6-8).
    - Él se rindió, sin demandar Su propia voluntad (Mt. 26:36-46).
    - Él se sometió y aprendió la obediencia (He. 5:7-10).
    - Él se mantenía calmado y se encomendaba a Dios porque conocía el carácter del Padre (1 P. 2:23).
- Los discípulos de Jesús siguieron el modelo de su Salvador, como vemos en el libro de Hechos.
- La obsesión de demandar que todo se haga siempre como queremos es una de las mayores esclavitudes en la sociedad y la iglesia hoy. La sumisión es la capacidad de abandonar esta compulsión.
    - La sumisión nos da la libertad para dar nuestra vida por otros.
    - La sumisión expone qué creemos realmente en nuestro corazón respecto a Dios: si confiaremos o no en Él.
    - La sumisión revela lo que hay en nuestro corazón cuando no obtenemos lo que queremos, proveyéndonos una plataforma para desarrollar nuestro carácter.
- Muchas veces, cuando tenemos problemas con una autoridad, se debe a una diferencia de opinión entre el líder y nosotros, no por asuntos contrarios a la ley, la moral, la ética o la Biblia. Esto revela, una vez más, nuestra desesperación para que se haga siempre nuestra voluntad.
- ¿Cuándo debemos poner fin a la sumisión?
    - Cuando nos pidan que desobedezcamos a Dios y la Biblia (Hch. 5:29).
    - Cuando nos pidan hacer algo ilegal, inmoral, contrario a la ética o a la Biblia.
    - Cuando sea destructivo porque le niega amor a una persona o niega su valía; por ejemplo, cuando un padre maltrata a su hijo en nombre de la disciplina.
    - Cuando un líder manipula y controla, sin permitir a los que están bajo su autoridad la libertad de decidir respecto a su vida personal, quizá éstos necesiten considerar si Dios los está liberando de esa situación.

La sumisión es la actitud de ponerse voluntariamente bajo la autoridad dada por Dios como un acto de fe en la soberanía de Dios.

Cómo apelar a la autoridad en forma apropiada

¿Qué hacemos cuando el líder actúa mal o está equivocado?

- Hay dos tendencias cuando no nos agrada lo que hace la autoridad: nos enojamos y nos vamos, o sucumbimos pasivamente al liderazgo erróneo. Ninguna de esas reacciones agrada a Dios.
- Considere primero si le están pidiendo que haga algo que es ilegal, inmoral, contrario a la ética o a la Biblia. ¿O es tan solo una opinión diferente que usted debe aceptar?
  - Apele sabiamente a la autoridad porque, si lo hace muchas veces, puede debilitar su lugar de influencia.
- Antes de apelar, pase tiempo en oración pidiendo a Dios que le dé sabiduría.
- Si debe apelar al que está en autoridad, use estos principios de la vida de Daniel (Dn. 1:8-20):
  - *Mantenga su corazón limpio delante de Dios respecto a esa persona.* Daniel no se contaminó. No permitió que el problema corrompiera su vida, causando que una mala actitud se reflejara en sus palabras y acciones (Dn. 1:8).
  - *Reúnase con la figura de autoridad con la correcta actitud de humildad en su corazón.* Daniel pidió audiencia con el jefe de los eunucos. Fue hacia él y se situó bajo su autoridad, mostrando una actitud de humildad y apertura (Dn. 1:8).
  - *Escuche las razones de la(s) decisión(es) de la figura de autoridad.* Daniel se enteró de los propósitos del que estaba en autoridad. Supo por qué estaba haciendo eso (Dn. 1:10).
  - *Esté listo para presentar una opción creativa, y las razones por las que cree que resultará mejor para ellos.* Daniel estaba preparado para dar una opción creativa (Dn. 1:11-13).
  - *Ore para recibir gracia del que está en autoridad.* Daniel recibió gracia y el permiso del jefe de los eunucos (Dn. 1:9, 14).
  - *Pida a Dios que le use a usted y su opción creativa para bendecir a todos.* Daniel y sus amigos fueron bendecidos por Dios (Dn. 1:15-20).
- ¿Qué debe hacer si, después de seguir estos pasos para apelar a la autoridad, la respuesta es negativa?
  - Identifique la causa: ¿Es usted? ¿Fue el modo en que apeló? ¿Es la figura de autoridad? ¿O pudiera ser la forma en que Dios desea motivarlo a madurar?
  - Confíe en Dios y déle tiempo para cambiar la forma de pensar de esa persona.
  - Considere con cuidado si necesita apelar a los supervisores de quien tiene autoridad sobre usted. Si lo hace, siga el mismo proceso con ellos.
  - Reconozca si Dios le guía a permanecer firme o si le dice que es hora de partir.

IDEAS Y NOTAS

La relación entre un hombre y una mujer

Principios para la relación entre un hombre y una mujer

- Dios creó a los hombres y las mujeres, y Su propósito es que disfruten entre sí de una relación conforme a Su voluntad.
- En todas las relaciones, incluyendo ésta, debemos caminar juntos basados en los pilares relacionales de Romanos 12 que describimos antes en este capítulo.

Atracción y amor

- Sólo porque usted se siente atraído(a) a una persona del sexo opuesto, no significa que debe convertirse en una relación romántica.
  - La relación entre un hombre y una mujer no puede basarse solamente en atracción y sentimientos. Los sentimientos vienen y se van, pero el amor y el compromiso perduran toda la vida.
  - Puede haber atracción por la apariencia, la personalidad o los talentos de alguien. Pero la atracción no sirve como indicador, validando que la relación terminará en romance.
  - Como cristianos, una buena amistad se convierte en relación romántica sólo cuando ambos deciden que se amarán y se comprometerán mutuamente, escuchando a Dios y recibiendo consejos sabios de otras personas en sus vidas.
  - El amor es una decisión, basada en el compromiso con la otra persona, que crece naturalmente de una amistad saludable. La lascivia, por el contrario, es un deseo anormalmente fuerte para usar a alguien en forma egoísta, para gratificación y propósitos personales. El amor da, mientras que la lascivia toma lo que pueda conseguir.

El cuidado de una amistad creciente

- Para establecer una relación más seria con alguien del sexo opuesto, una que podría llegar al matrimonio, es esencial que ambos sean cristianos (2 Co. 6:14-18).
  - Es importante que ambos estén comprometidos con Jesús, no sólo en obediencia a lo que dice la Biblia, sino también para vivir basados en valores comunes fundamentados en las verdades bíblicas.
  - Comprometerse en una relación romántica con alguien que no es cristiano(a) es desobedecer al Señor, y prepara el terreno para que uno mismo y la otra persona sufran una tremenda decepción.

- Cuando la relación entre un hombre y una mujer se convierte en una amistad más profunda, la sabiduría dicta que se rodeen de consejeros sabios (Pr. 11:14; 15:22; 24:6).
  - Pueden empezar con sus padres (Ef. 6:2-3).
  - Pueden incluir a otros líderes y mentores espirituales (He. 13:7).
- Mientras se desarrolla la amistad, deben disfrutarla y darle mucho tiempo. Rara vez es necesario apresurar la relación (Ec. 3:11; Pr. 20:25).
  - En esta clase de relación es importante proseguir lentamente. Deben darse mucho tiempo para establecer un fundamento sólido de amor y amistad genuinos. Entre más profunda sea la amistad antes del matrimonio, más sólido será el fundamento en el matrimonio.
  - El tiempo les da la oportunidad de ver realmente las cualidades positivas y las debilidades de la otra persona.
  - El tiempo le provee a la pareja las clases de experiencias que necesitan para explorar su compatibilidad, que es esencial cuando se piensa a largo plazo.
  - El tiempo permite que ambos conozcan a la familia de la otra persona. Es verdad lo que se dice: cuando uno se casa con alguien, se casa con toda la familia.
  - El tiempo permite que la pareja evalúe el costo del matrimonio — planteando cada uno en su corazón la siguiente pregunta: *"¿Es esta la persona por quien creo que debo renunciar a todas las demás y a quien entregaré el resto de mi vida?"*
- Al profundizarse la amistad, deben considerar seriamente los talentos y llamamientos que cada uno ha recibido.
  - ¿Qué le dijo Dios a cada uno acerca de su llamamiento antes que la otra persona llegara a su vida?
  - ¿Qué tan similares y qué tan diferentes son sus llamamientos? ¿Y sus talentos?
  - ¿Dónde y cómo podrían trabajar como equipo para los propósitos del Reino?

El amor es una decisión, basada en el compromiso con la otra persona, que crece naturalmente de una amistad saludable.

IDEAS Y NOTAS

- Un amor profundo por la otra persona, la decisión de comprometerse con ésta para toda la vida —además de escuchar a Dios— son elementos necesarios para que la relación pase de la amistad al compromiso y al matrimonio.
  - La decisión relacional más importante de su vida es con quién se casará. Por tanto, es apropiado que pase un período buscando a Dios en oración y ayuno antes de comprometerse en matrimonio.
  - Si es sabio(a), buscará el consejo de personas consagradas a Dios que realmente le conocen y le aman, pidiéndoles su opinión. Pídales que sean totalmente sinceros con usted y escuche atentamente lo que le digan.
- Fundamentalmente, el propósito del matrimonio es ofrecerse amor y gozo mutuos, darse el uno al otro, seguros por un compromiso profundo y perdurable, y caminar en unidad de corazón para cumplir juntos los propósitos de Dios.

Lo que la Biblia dice acerca del sexo en las relaciones

- El sexo es idea de Dios; por tanto, es santo y es una bendición (Gn. 2:24-25).
- Dios dio el sexo para que sea una fuente de profundo placer espiritual, físico y emocional entre el esposo y la esposa, y con el propósito de la creación de la raza humana mediante la reproducción (Gn. 1:27-28; Pr. 5:18-19).
- La Biblia no titubea en declarar los placeres del amor sexual en el matrimonio (Cantares).
- El sexo debe reservarse para el esposo y la esposa en el matrimonio (He. 13:4).
- Los casados deben satisfacer las necesidades sexuales de su pareja (1 Co. 7:1-5).
- La Biblia advierte severamente acerca del mal uso del sexo:
  - *Lascivia* - un deseo anormalmente fuerte para usar a alguien en forma egoísta, para gratificación propia (Mt. 5:27-28).
  - *Sensualidad* - apelación deliberada a los sentidos físicos para incitar deseos pecaminosos con propósitos egoístas (incluye la pornografía) (Mt. 5:28; Gá. 5:19; 1 Ts. 4:3-8; 1 P. 2:11).
  - *Inmoralidad sexual o fornicación* - relaciones sexuales entre personas que no están casadas (1 Co. 6:13-20).
  - *Adulterio* - relaciones sexuales con el o la cónyuge de otra persona (Éx. 20:14; Ro. 13:9-10).
  - *Homosexualidad o lesbianismo* - relaciones entre personas del mismo sexo (Lv. 18:22; Ro. 1:18-32; 1 Co. 6:9-11).
  - *Incesto* - relaciones sexuales con otros miembros de la familia aparte del cónyuge (Lv. 18:8-18).
  - *Violación sexual* - relaciones sexuales forzando a la otra persona contra su voluntad (Dt. 22:25-29).
  - *Prostitución* - relaciones sexuales con alguien que se prostituye (Pr. 7:1-27; 1 Co. 6:13-20).
  - *Bestialismo* - relaciones sexuales con un animal (Lv. 18:23).

El primer servicio que uno debe a otros en el compañerismo es escucharles. Así como el amor a Dios empieza al oír Su Palabra, también el amor a los hermanos empieza aprendiendo a escucharles. El amor de Dios por nosotros no sólo nos da Su Palabra sino que nos escucha. Así que hacemos Su obra por nuestro hermano cuando aprendemos a oírle.

Dietrich Bonhoeffer, 1906-1945, teólogo y escritor alemán

- Las relaciones sexuales pecaminosas tienen serias consecuencias (Jue. 16:1-31; 1 R. 11:1-13).
- El sexo fuera del matrimonio puede resultar o resultará en:
    - Pecado y culpa por desobedecer a Dios y Su Palabra.
    - Ataduras espirituales creadas por lazos no saludables con otra persona (1 Co. 6:16-20).
    - Sufrimiento emocional causado por el profundo sentido de derrota o de haber sido usado, destruyendo la confianza en futuras relaciones.
    - Da o a miembros de la familia por las decisiones de uno.
    - Destrucción de la reputación.
    - Matrimonio o paternidad antes de tiempo, forzando decisiones importantes que todos debemos hacer en la vida.

Cómo caminar en pureza sexual
- Pureza espiritual
    - Camine en la luz y la verdad de las Escrituras (Sal. 119:9-11).
    - Renueve su mente en los caminos de Dios (Ro. 12:1-2).
    - Sea honesto y reconozca su inclinación interna al pecado y egoísmo (Ro. 7:14—8:4).
    - Viva por el Espíritu, camine al mismo paso con el Espíritu (Gá. 5:16-26).
    - Decida caminar en relaciones honestas con otros, rindiendo cuentas los unos a los otros (Ec. 4:12).
    - Recuerde: Dios no permitirá que sea tentado más de lo que puede resistir y le proveerá la salida (1 Co. 10:12-13).
    - Jesús le ayudará en el momento cuando lo necesite (He. 4:12-16).
- Pureza emocional y física
    - Es importante que proteja su corazón, permitiendo que Dios le muestre cuánto de él debe abrir y darle a otra persona.
    - Entregue todo su ser, incluyendo su cuerpo, como un regalo al Señor (Ro. 12:1-2; 1 Co. 6:18-20).
    - Los hombres pueden excitarse sexualmente por lo que ven, por tanto deben proteger sus ojos (Job 31:1; Mt. 5:27-28).
    - Las mujeres pueden excitarse sexualmente por el trato gentil y el toque de un hombre, por tanto deben cuidar el grado en que se relacionan emocionalmente con un hombre y evitar que éste la toque en forma inapropiada.

IDEAS Y NOTAS

- Cuando enfrente una tentación sexual, huya de la fuente de tentación. Siga el ejemplo de José (Gn. 39:1-21).
    - José no prestó atención a la tentación (39:6-9).
    - José comprendió que, en última instancia, pecaría contra Dios si cedía a la tentación (39:9).
    - José no se ponía en el camino de la tentación (39:10).
    - José huyó cuando surgió la tentación (39:11-12).
- ¿Qué es ir demasiado lejos físicamente antes del matrimonio? Todo lo que empiece a excitarles sexualmente, despertando el deseo de más, tiene que convertirse en la línea que no cruzarán. La única manera de vencer en esta área es ser sinceros el uno con el otro, y hacer el compromiso mutuo de permanecer puros delante de Dios y los demás.

Algunos pasos hacia la libertad sexual
- Si ha pecado en esta área, confiese su(s) pecado(s) a Dios y pida Su perdón (1 Jn. 1:9).
- Busque a Dios pidiendo que lo llene nuevamente de Su Espíritu (Sal. 51:10-12).
- Comprométase a caminar en pureza delante de Dios en esta área de su vida dedicando nuevamente a Él todo su ser, incluyendo su cuerpo (Sal. 119:9-11; Ro. 12:1-2).
- Pida a Dios que le guíe para restaurar su relación con aquellos contra quienes ha pecado, y perdone a los que hayan pecado contra usted.
- Busque a alguien con más madurez espiritual con quien pueda hablar y orar. Pídale que eleve una oración de purificación por usted.
- Determine en su corazón que ya no pecará y que glorificará a Dios en esta área de su vida (Jn. 8:1-11; 1 Co. 10:31).

Dios dio el sexo para que sea una fuente de profundo placer espiritual, físico y emocional entre el esposo y la esposa.

Bases de la vida familiar

Los propósitos de Dios para la familia

- La familia debe ser un lugar especial de amor y risas, donde comparten la vida unos con otros.
- La familia es un lugar donde el amor de Dios puede demostrarse:
    - A los padres, al vislumbrar el corazón de Dios hacia ellos por ser Sus hijos.
    - A los hijos, al vislumbrar a través de sus padres cómo es Dios realmente.
- La familia es un lugar de consuelo y seguridad en los tiempos difíciles.
- La familia es un lugar de alimentación, disciplina y capacitación tanto espiritual como práctica.
- La familia es un lugar donde somos moldeados y recibimos guía y consejo.
- En la familia nos animamos y ayudamos a cumplir los propósitos de Dios para nuestra vida.
- La familia puede ser una pequeña muestra de cómo es el reino de Dios ante el mundo que nos observa.

Lo que Satanás usa para destruir la vida familiar – Jn. 10:10

- *Nuestro propio corazón* - Satanás trata de usar nuestro orgullo, pecado y egoísmo para causar estragos en la vida de la familia.
- *La falta de Señorío* - Cuando Jesús no es el Señor de nuestra vida familiar, abrimos la puerta para que el diablo tenga aún más influencia en ella.
- *Un compromiso débil* - Para tener éxito en la vida familiar, cada miembro debe estar incondicionalmente comprometido con los demás y disponible para ellos.
- *La negativa a amar* - El amor es primordialmente una decisión en la que escogemos el bien supremo para otra persona.
- *Prioridades erróneas* - El principal círculo relacional de una persona es su familia; por eso el diablo trata de destruirlo dando más importancia a otras relaciones, actividades, planes o posesiones.
- *Falta de capacitación* - Puesto que todos somos novatos al entrar al matrimonio y a la vida familiar, necesitamos recibir capacitación y consejos de los que ya tienen experiencia.
- *Descuido de roles* - Dios ha establecido en Su Palabra una estructura para la vida familiar. Si no la seguimos, surgen problemas, abriendo puertas por donde el diablo introduce confusión y frustración.
- *Independencia* - Cuando los miembros de la familia se alejan unos de otros, la relación no se restaurará por sí sola. Cada uno debe aprender a considerar a los demás en todo.
- *Problemas de comunicación* - Para disfrutar de una buena vida familiar es esencial que aprendamos a escuchar y entender, y a comunicarnos en forma profunda y clara.
- *Problemas* - Los tiempos difíciles pueden unir más a una familia o separarla aún más.

IDEAS Y NOTAS

Matrimonio: La relación entre esposo y esposa

Dios es quien unió al primer hombre y la primera mujer en el huerto del Edén. El matrimonio fue Su idea (Gn. 2:22-25). Todos deben honrarlo (He. 13:4) y nadie debe separarlo (Mt. 19:6).

- Dos serán uno - Gn. 2:24-25; Ef. 5:31; Mr. 10:6-9
    - *Dejarán* - La pareja tiene la responsabilidad de independizarse de los padres para crear una entidad propia. Los padres deben recibir honra, ser siempre sus amigos y ofrecer consejos sabios cuando se los pidan, pero ya no son el recurso primordial para las necesidades físicas, emocionales o financieras de la pareja.
    - *Se unirán* - La pareja tiene la responsabilidad de establecer que su principal compromiso relacional en la vida es del uno con el otro. La idea de unirse implica buscarse activamente, estar juntos, adheridos o soldados entre sí. Es recibirse el uno al otro como regalo de Dios, aceptando sus diferencias naturales, y viendo los propósitos de Dios para desarrollar unidad mediante las debilidades de cada uno.
    - *Serán una carne* - La pareja tiene la responsabilidad de cultivar intimidad el uno con el otro. Además de la relación sexual, implica profundizar su amor, confianza, dependencia y propósito. Es aprender a actuar como si fueran uno, completándose y complementándose mutuamente, reflejando así a Dios frente al mundo por medio de la relación matrimonial.
- Compañerismo - Gn. 2:18
    - *El compañerismo se disfruta al compartir mutuamente el amor y la vida juntos.* A los cónyuges Dios les provee su mejor amigo o amiga, a quien puede amar profundamente y con quien puede compartir las alegrías y desafíos. El compañerismo crece con las experiencias de la vida, pasando tiempo juntos, compartiendo sinceramente lo que sienten en su corazón, participando en las áreas de interés de la pareja y cumpliendo juntos los propósitos de Dios.
    - *El compañerismo se desarrolla con buena comunicación y comprensión mutua.* La comunicación se logra cuando la persona que escucha comprende lo que realmente desea decir quien habla. Para facilitar una mejor comunicación, use la palabra "siento" para expresar emociones; "pienso" cuando esté meditando o reflexionando sobre algo y desee la opinión de la otra persona; y "creo" para expresar una creencia, conclusión o decisión que ha hecho. Lograr la comprensión requiere tiempo, pero ésta desarrolla la confianza, que abre la puerta a la transparencia y a compartir los pensamientos, sentimientos y opiniones en forma profunda.

No existe relación, comunión o compañerismo donde haya más amor, amistad y encanto que un buen matrimonio.

Martín Lutero, 1483-1546, teólogo y reformador alemán

Dos personas que saben perdonar forman un gran matrimonio.

Anónimo

- *Obstaculizamos el compañerismo cuando nos herimos el uno al otro.* El espíritu de una persona se cierra a la otra cuando ésta la ofende o hiere. Las reacciones de una persona herida evidencian su dolor. Para tratar de abrir otra vez su espíritu se requiere sensibilidad y disposición para escuchar con humildad, hasta lograr comprensión y pedir perdón sinceramente por lo que hizo para causar la herida. Entre más espere para sanar la herida, más difícil será, porque se acumulará una herida tras otra. Ore pidiendo a Dios que le ayude a abrirse, y hágalo lo más pronto posible. No deje que el sol se ponga sobre el enojo y el dolor (Ef. 4:26-27).
- *El compaerismo crece al resolver los conflictos correctamente.* Cuando hay conflictos, los hombres tienden a dominar y las mujeres tienden a manipular - ninguna de esas actitudes agrada a Dios. Las decisiones que la pareja hace en medio de un conflicto los apartará o los acercará más. Al ser heridas, muchas personas reprimen su dolor y se alejan del cónyuge, o estallan en ira. Ambas reacciones revelan que la persona se sintió herida, incomprendida, o que sus expectativas no fueron satisfechas. Si no se resuelve el problema, llevará hacia la amargura y el resentimiento, los que pueden debilitar la relación.

- Algunas claves para resolver correctamente los conflictos:

  - Empiecen con oración, pidiendo que Dios les guíe al hablar del conflicto.
  - Pida perdón a Dios si usted pecó y contribuyó al problema.
  - Enfrente la situación con humildad, asegurándose de que la actitud de su corazón sea de amor y reconciliación.
  - Reafirme con gentileza su amor y compromiso hacia su cónyuge.
  - Pida a su cónyuge que le perdone por haberle herido u ofendido.
  - Si se necesita la confrontación en alguna área, expresen la verdad con amor y trabajen juntos para resolver el problema. Recuerden que Dios los ha hecho uno; por tanto, al lidiar con conflictos y problemas, su mayor fuerza como pareja es enfrentarlos juntos.
  - Escúchense atentamente el uno al otro para descubrir la raíz del problema.
  - Permitan que la humildad y el perdón fluyan libremente en la conversación. Esto permite que se restablezca la confianza.
  - Dialoguen sobre el problema que enfrentaron. Dediquen tiempo para hablar juntos a Dios acerca del tema y pidan Su sabiduría. Determinen juntos qué cambios deben hacer para evitar que se repita la situación.
  - Determinen el proceso que seguirán en el futuro para buscar reconciliación y resolver los conflictos que pudieran surgir.

IDEAS Y NOTAS

Un complemento - Gn. 2:20-23

- Dios creó a Eva de una de las costillas de Adán y la llevó ante él para que fuera su complemento.
- Dios creó diferentes a los hombres y mujeres, física y emocionalmente, pero en el matrimonio esas diferencias deben servir para que se complementen mutuamente.
- Respetando cada uno los sueños y deseos de su cónyuge, la pareja aprende a funcionar como equipo para los propósitos de Dios.
- Un matrimonio saludable cultiva la interdependencia del uno en el otro, la que los lleva a abandonar el egocentrismo y a practicar una actitud de mutua generosidad.
- Dios también usará activamente a cada cónyuge como Su fuente principal de discipulado para la pareja.
- Además de escuchar a Dios por sí mismo(a), cada cónyuge es la persona principal mediante la cual Él hablará a su pareja. Por tanto, es importante oír la voz de Dios a través del cónyuge.

Para complementar a su esposa, el hombre debe comprender sus mayores necesidades:

- Sentirse segura — a salvo y libre de temores, protegida en áreas en que es vulnerable.

- Sentirse cuidada — que él la escuche, la comprenda, invierta tiempo y atención en ella; que valide y trate de satisfacer sus necesidades.

- Sentirse amada — que la elogie; que la aprecie y valore por encima de todo lo demás.

Para complementar a su esposo, la mujer debe comprender sus mayores necesidades:

- Sentir que confían en él — que ella crea en él, que le dé su confianza y lealtad.

- Sentirse apoyado — que ella lo ayude, consuele y aliente a realizar los sueños que Dios le ha dado.

- Sentirse admirado — que ella lo defienda ante los demás expresando honra y aprobación.

Dios creó diferentes a los hombres y mujeres... pero en el matrimonio esas diferencias deben servir para que se complementen mutuamente.

Compromiso – Gn. 2:24

- El matrimonio es un pacto que se hace ante Dios. Por tanto, el compromiso relacional más importante en la vida de la persona casada es hacia su cónyuge. Ninguna otra relación debe interponerse en el compromiso de este pacto (Mr. 10:6-9).
- Deben comprometerse a contribuir al cumplimiento de los propósitos de Dios en y a través de la vida del otro.
- Deben comprometerse a amarse, escogiendo cada uno el bien supremo para el otro.
- Deben comprometerse a caminar en unidad, no permitiendo que nada ni nadie se interponga entre ellos como pareja.
- Deben comprometerse a que se protegerán de los "problemas del corazón" – de usar otros medios para satisfacer necesidades que sólo el cónyuge debe satisfacer.
- Deben comprometerse a mantener la salud relacional cuidando activamente su matrimonio:
  - El área espiritual - cada uno debe conocer la condición del otro en su caminar con Jesús, para promover la intimidad con Dios y la obediencia a Su Palabra y Espíritu.
  - El área emocional - cada uno debe conocer la condición del corazón y los sentimientos del otro, para fortalecerse y consolarse mutuamente.
  - El área mental - cada uno debe conocer lo que domina la mente del otro, para ayudarse a llevar las cargas y ser usados por Dios para impartir paz.
  - El área física - cada uno debe conocer la condición física del otro, para contribuir a que experimente descanso, vitalidad y salud.
  - Las relaciones - cada uno debe conocer la situación respecto a las amistades del otro, para proveer oportunidades de recreación y compañerismo significativo, y para consolar en momentos de problemas y decepción.
  - El llamamiento - cada uno debe conocer la condición del llamamiento del otro, para procurar el crecimiento y desarrollo de sus dones, y descubrir las posibilidades dadas por Dios para expresarlos en forma única.

El papel de la esposa

Apoyar – Gn. 2:18, 20-23

- Apoya a su esposo amándolo incondicionalmente (Tit. 2:4).
- Apoya a su esposo permaneciendo a su lado para ayudarlo (Gn. 2:18, 20-23).
- Apoya a su esposo siendo la clase de mujer en quien él puede alegrarse (Pr. 5:18).
- Apoya a su esposo desarrollando un carácter cristiano y belleza interna (Pr. 12:4; 31:10-11; Tit. 2:5; 1 P. 3:3-6).
- Apoya a su esposo cuidando del hogar (Pr. 31:15, 21, 27; Tit. 2:4-5).
- Apoya a su esposo usando sus talentos y dones en el hogar y fuera de él (Pr. 31:12-29).

IDEAS Y NOTAS

- Apoya a su esposo con sus palabras, dándole consejos sabios (Pr. 31:26).
- Apoya a su esposo caminando en el temor de Dios (Pr. 31:30; 1 P. 3:1-2).
- Apoya a su esposo respetándolo y honrándolo (Ef. 5:33; Pr. 12:4).
- Apoya a su esposo orando por él (1 Ti. 2:1-2).
- Apoya a su esposo viviendo en paz con él (Pr. 19:13; 21:9).
- El esposo y la familia honrarán a la esposa por su apoyo (Pr. 31:23, 28-29, 31).

Someterse - Ef. 5:21-24; Col. 3:18; Tit. 2:4-5; 1 P. 3:1

- El contexto del pasaje de Efesios presenta ejemplos de la vida en el Espíritu, y sigue a la exhortación de Pablo: "Someteos unos a otros en el temor de Dios" (Ef. 5:21). Quiere decir que todos los cristianos debemos someternos mutuamente — no sólo algunos cristianos a otros, sino todos los cristianos unos a otros.
- Estos pasajes no se incluyeron aquí para que los maridos obliguen a sus esposas a sujetarse. A través de los siglos muchos maridos han citado estos versículos egoístamente para usar y abusar de sus esposas, tratándolas como siervas forzadas a cumplir los deseos de ellos.
- Cuando Pablo escribió su Epístola a los Efesios, la situación era la siguiente:
    - En ese tiempo los maridos no trataban bien a sus esposas. En el mundo judío, el proceso de divorcio era terriblemente fácil. Un hombre podía divorciarse de su esposa por algo tan insignificante como haberle puesto mucha sal a la comida.
    - Entre los griegos, la prostitución era parte integral de su cultura; las esposas estaban sólo para tener hijos legítimos y supervisar los asuntos del hogar. Era casi imposible que existiera compañerismo en el matrimonio.
    - Entre los romanos, la vida familiar estaba en ruinas. Decían que con las mujeres "se casaban para divorciarse de ellas, y las divorciaban para casarse con ellas", y que los mejores días en la vida de una mujer eran el día en que se casaba y el día en que la enterraban.
    - En la época cuando se escribió Efesios, las mujeres ya se sometían a sus maridos. Cuando Pablo escribió este pasaje, estaba llamando a hombres y mujeres a un compromiso mutuo de pureza y compañerismo en el matrimonio que aún no se había visto en la cultura de esos tiempos.
    - El verdadero desafío de Pablo en este pasaje es que los hombres amen de tal manera a sus esposas que den su vida por ellas, tal como Jesús lo hizo por la iglesia.

Lo más extraordinario en el mundo es un hombre común y una mujer común y sus hijos comunes.

G. K. Chesterton, 1874-1936, escritor británico

¿Qué significa sumisión?

- La sumisión era importante para los escritores del Nuevo Testamento porque describía el amor sin egoísmo, la humildad y la disposición para dar nuestra vida por Cristo.
- Jesús se sometió al punto de morir en obediencia a Su Padre (Fil. 2:6-8).
- En este pasaje de Efesios, sumisión significa "ponerse bajo". Como parte de su sumisión al Señor, la esposa voluntariamente debe ponerse bajo la autoridad de su esposo.
- No quiere decir que el esposo sólo dé órdenes a la esposa, ni que la esposa viva independiente del esposo. La sumisión consiste en que se amen y se sirvan mutuamente.
- Pablo pide a las esposas que se pongan bajo la autoridad de sus maridos, sujetándose "como al Señor" como discípulas de Jesús, tomando seriamente el compañerismo con sus esposos y haciendo todo lo que puedan para beneficiar la vida de ellos. Deben mantener una relación de generosidad hacia sus maridos, así como éstos deben hacer lo mismo hacia ellas.
- La pareja debe funcionar como equipo, escuchando a Dios y siguiendo Su guía juntos. Si es necesario que alguien haga una decisión final, el esposo debe hacerlo, pero sólo después de buscar el consejo sabio de su esposa y orar con ella al respecto. Rara vez debe presentarse una situación en que la esposa se sienta simplemente obligada a seguir al esposo en su decisión. En tal caso, éste debe guiarla con amor para que confíe totalmente en él, sabiendo que siempre escogerá el bien supremo para ella.

El papel del esposo

Dirigir - Ef. 5:21-33

- La cabeza de la esposa, el marido, es también parte de la iglesia que se sujeta a Jesucristo y a otros cristianos (y entre éstos se incluye a su esposa).
- El énfasis de Pablo en este pasaje de Efesios se dirige al marido, pero a diferencia de la cultura que los rodeaba, es para beneficio de la esposa.
- La palabra "cabeza" aquí en Efesios no significa jefe o la persona que está a cargo, sino más bien que *el marido tiene la autoridad concedida por Dios para hacerse responsable de su esposa.*
- El marido tiene un papel de liderazgo en el hogar, no para dar órdenes a la esposa o usar su posición para obtener privilegios, sino para asumir la responsabilidad de amar, entregarse, servir y cuidar a su esposa. Así como Jesús redefinió la grandeza como el ser siervos, Pablo redefine el ser cabeza del hogar como amar y servir a la esposa.
- Las acciones del esposo y de la esposa, amándose y sirviéndose mutuamente, se basan en que ambos son discípulos de Jesús que desean vivir en obediencia a Él.

IDEAS Y NOTAS

- Este pasaje bíblico revela la función del matrimonio cristiano. Tanto el marido como la esposa viven principalmente para el Señor. Jesús es la verdadera Cabeza de la vida familiar, y ambos cónyuges viven en sujeción a Su señorío, y en sujeción mutua el uno al otro.

Amar – Ef. 5:25, 28, 33
- Aunque a las esposas se les pide que se sujeten a sus maridos, a éstos no se les dice que gobiernen. El mandato para los esposos es que amen, imitando el amor sacrificial que Jesús demostró por Su esposa, la iglesia.
    - Jesús demostró amor por medio de Su sacrificio, dando, sirviendo y dando Su vida por otros. Él provee el modelo que el esposo debe seguir en relación a su esposa.
    - Jesús amó a la iglesia, no por lo que ésta haría para Él, sino para darse a Sí mismo a ella.
- Esta calidad de amor no busca su propia satisfacción, ni siquiera afecto en respuesta a afecto; es más bien la entrega total de uno mismo para el bien supremo de quien servimos.
- El esposo debe renunciar a sus derechos y deseos para dar prioridad al bienestar de su esposa. La decisión de dar la vida por su esposa es la manera en que el esposo demuestra que es discípulo de Jesús.
- En su amor y servicio, el esposo debe edificar y cuidar de su esposa para que sea santificada (apartada) y gloriosa, cumpliendo los propósitos de Dios a través de la vida de ella y las vidas de ambos como pareja (Ef. 5:25-33).
- Cuando el marido ama a su esposa dando la vida por ella, ésta puede sujetarse libremente a él. Mientras más la ame el marido, más complacida estará ella de seguir su guía. Mientras más apoye la esposa a su marido, más deseará él darse por ella. Esto demuestra la relación de Jesús y la iglesia, y presenta al mundo el modelo de quien Dios es y cómo puede ser el matrimonio lleno de gozo.

Tanto el marido como la esposa viven principalmente para el Señor. Jesús es la verdadera Cabeza de la vida familiar, y ambos cónyuges viven en sujeción a Su señorío, y en sujeción mutua el uno al otro.

La relación de los padres con sus hijos

El amor a los hijos - Sal. 127:3-5

- Los hijos son regalos de Dios y los padres deben tenerlos como tales en su corazón.
- Los hijos necesitan conocer el amor y aceptación incondicionales de sus padres. Las mayores necesidades interiores de un hijo son sentir amor, seguridad y valía propia.
- Dígales con frecuencia cuántos los ama y la adición tan valiosa que son en su vida.
- Exprese abiertamente ese amor demostrando afecto físico.
- Los hijos reciben amor de sus padres por medio de contacto visual, afecto físico y atención enfocada. Pase tiempo de calidad con ellos proporcionándoles esas expresiones de amor.
- Permítales saber que Dios los ama aún más de lo que usted los ama, dirigiéndolos hacia el Padre celestial que algún día ellos conocerán, amarán y servirán.
- Ámelos orando frecuentemente por y con sus hijos, y expréseles palabras de aprobación y afecto. Busque a Dios en favor de ellos, vislumbrando aquello para lo cual Él los ha creado, y declarando sobre sus vidas palabras llenas de amor respecto a su destino.
- Aprenda a ser sensible a las necesidades de sus hijos y con amor busque formas de satisfacerlas.

La instrucción a los hijos - Dt. 6:4-9; Pr. 22:6; Ef. 6:4

- Es necesario enseñar a los hijos para que obtengan conocimiento y entendimiento; la instrucción es esencial para establecer en sus vidas principios y hábitos cristianos.
- A los hijos se les debe enseñar acerca de los caminos de Dios:
    - El carácter de Dios.
    - El inicio de un conocimiento práctico de la Biblia.
    - Cómo escuchar la voz de Dios.
    - La obediencia a Dios obedeciendo a los padres como hijos.
    - Honrar y respetar a los demás, y caminar bajo autoridad.
    - Ser responsables.
    - Cómo tener relaciones que agraden a Dios.
    - El amor y servicio a otros.
    - Descubrir y desarrollar las capacidades y dones que Dios les ha dado.
    - Seguir el llamamiento de Dios en su vida, etc.
- Los padres deben instruir a sus hijos sobre los aspectos prácticos y necesarios en la vida: capacidades básicas, buenos modales, cómo comportarse en distintos ambientes, etc.

IDEAS Y NOTAS

Modelos y mentores

- Para instruir a los hijos, los padres tienen que ser modelos y mentores en forma intencional.
- Instruya a sus hijos respecto a los "porqué" y demuéstreles los "cómo".
- Sea un ejemplo consistente para sus hijos mediante la forma en que vive frente a ellos.
- Indique a sus hijos que son responsables de hacer las cosas como les ha instruido, demostrado y enseñado con su ejemplo, y que deben rendir cuentas al respecto.

La disciplina – Pr. 13:24; 19:18; 22:15; 23:13-14; 29:15, 17

- La disciplina es una expresión necesaria del amor e instrucción de un padre (He. 12:7-11).
- La disciplina debe brotar de una saludable relación de amor entre el padre y el hijo.
- La disciplina desarrolla control y seguridad internos en los hijos, al aprender a distinguir entre el bien y el mal y al entender sus límites.
- Las directrices y reglas familiares deben fundamentarse en el amor y en la verdad de la Biblia. Al expresárselas a los hijos, se debe hacer en una manera que puedan entender claramente. Para indicar a los niños pequeños que no deben hacer algo, se les debe decir en una forma concreta. A medida que crecen, deben entender también por qué no deben hacerlo.
- Algunas directrices en relación con la disciplina:
    - Los padres tienen que establecer las normas. Los hijos deben saber claramente lo que se espera de ellos. Cuando hacen algo indebido, se debe discernir si no se les comunicó claramente y no lo entendieron, si en verdad lo olvidaron, si lo hicieron sin querer o lo hicieron deliberadamente.
    - Cuando el hijo hace algo malo, la responsabilidad de los padres es corregirle. Si el hijo no sabía que era malo o lo hizo sin querer, los padres sólo necesitan decirle que hizo algo incorrecto, dándole así una advertencia y estableciendo a la vez la norma. Si el hijo hace algo sabiendo que es malo, los padres deben corregirle, él debe admitir que lo hizo y pedir perdón, y estar dispuesto a cosechar las consecuencias de sus acciones. Si el hijo rehúsa admitir que hizo mal o no acepta corrección por violar una norma conocida, entonces los padres deben aplicar disciplina conforme a los principios bíblicos.

Las mayores necesidades interiores de un hijo son sentir amor, seguridad y valía propia.

La religión se estableció primero en las familias y allí el diablo trata de destruirla. La familia es el campo de capacitación para la iglesia y el estado, y si a los hijos no se les dan buenos principios allí, todo fallará.
Los padres tienen la responsabilidad de las almas en esas familias, tanto como los pastores la tienen en las iglesias.

Thomas Manton, 1620-1677, predicador puritano inglés

- El propósito al disciplinar al hijo es restaurar la relación correcta entre éste y el padre. Dios desea que los hijos caminen bajo el liderazgo amoroso de sus padres. Cuando un hijo deliberadamente rehúsa aceptar la autoridad que Dios ha dado a los padres, está en rebeldía. La disciplina es el medio que Dios usa para poner fin a la rebelión y restaurar al hijo al lugar que debe ocupar bajo la autoridad amorosa de sus padres. Si no se administra disciplina en la vida de los hijos, vivirán egocéntricamente al llegar a la adolescencia y adultez, con poco o nada de dominio propio, luchando en rebeldía contra los que están en autoridad, incluyendo a Dios.

- Cuando un hijo se rebela, desobedeciendo directa y deliberadamente a los padres, éstos tienen la responsabilidad de ejercer la disciplina apropiada en la vida de su hijo.
  - Los padres no deben disciplinar impulsados por la ira. La disciplina jamás es excusa para lastimar o maltratar al hijo, ni para desahogar frustraciones personales. La disciplina debe aplicarse por amor al hijo, con el deseo de guiarlo por el camino correcto.
  - Las consecuencias de las malas decisiones deben estar en proporción a la ofensa, ser apropiadas y consistentes. Las consecuencias varían según la edad del hijo.
  - El último recurso de la disciplina debe ser dar nalgadas al niño, que pudiera necesitarse si se rebela deliberadamente. Si se usa esta forma de disciplina, es importante asegurarse de que el niño comprenda exactamente qué fue lo que hizo mal, y debe hacerse con cuidado para no lastimar otra parte de su cuerpo. Los padres nunca deben castigar con la mano (la mano es para expresar amor), sino con algún instrumento como un palo o una cuchara de madera, golpeando las nalgas del niño sólo como para producir el quebrantamiento necesario y haya un cambio de actitud y comportamiento. Cuando se quebranta la voluntad desafiante, el niño, que tal vez esté llorando, puede pedir perdón y recibirlo, y ser restaurado propiamente en la relación con sus padres. Este es también el momento cuando los padres deben reafirmarle su amor al hijo.

- Para los adolescentes, la disciplina se aplica en otras formas que les permitan cosechar las consecuencias naturales de sus malas decisiones, limitando su libertad y quitándoles privilegios. El éxito al instruir y disciplinar a los adolescentes está directamente relacionado con el tiempo que se invierte en desarrollar la relación de amor y comprensión.

El propósito de la disciplina es restaurar la relación correcta entre el padre y el hijo.

IDEAS Y NOTAS

La relación del hijo con sus padres

Amar
- Debe amarlos escogiendo el bien supremo para ellos.
- Debe expresarles su amor en palabras y acciones.
- Debe aceptarlos como son, con sus cualidades positivas y sus debilidades.

Obedecer – Ef. 6:1; Col. 3:20
- El mandato de Dios a los hijos es que obedezcan a sus padres; eso le agrada a Él.
- El hijo debe obedecer con sus acciones y también con su actitud.
- El hijo debe determinar en su corazón que obedecerá a sus padres — sólo hay excepciones si ellos le piden que haga algo ilegal, inmoral, contrario a la ética o a la Biblia.
- Si es necesario, el hijo puede apelar a la autoridad (véanse en este capítulo las notas sobre la apelación a la autoridad, en la sección *Caminar bajo autoridad*).

Honrar – Éx. 20:12; Ef. 6:2
- Dios ordena a los hijos que honren a sus padres; este mandamiento viene acompañado de una promesa de Dios: "para que te vaya bien, y seas de larga vida sobre la tierra".
- Al honrar a sus padres, el hijo reconoce el lugar de amor y de autoridad dada por Dios que ellos tienen en la vida de él.
- El hijo puede honrar a sus padres con la forma en que vive, o puede deshonrarlos también con ella.
- La honra puede ser expresada por un corazón agradecido por todo lo que ellos hacen o han hecho por usted.
- A medida que los padres envejecen, necesitan sentir que aún tienen un lugar de honor o valor en la vida de sus hijos. Déles la oportunidad de contribuir a la vida familiar.

Considerar atentamente el consejo de ellos – Pr. 6:20-22
- Aunque llega un tiempo cuando no se espera que los hijos adultos obedezcan a sus padres, siempre deben honrarlos y considerar atentamente sus consejos.
- Aproveche los muchos años de experiencia que han cultivado sabiduría en la vida de sus padres, y coseche todo lo que pueda de la sabiduría y conocimiento que poseen.
- Los primeros siete capítulos del libro de Proverbios hablan mucho de la necesidad de escuchar atentamente las palabras, mandatos, enseñanzas e instrucciones de los padres y madres para obtener sabiduría.

En lo esencial, unidad. En lo no esencial, libertad. En todo, amor.

Rupertus Meldenius, erudito luterano alemán del siglo 17

ECHEMOS LA RED

¿Qué necesidades, temores y expectativas trae usted a una relación? ¿Quiénes son las personas en su vida con las que Dios le ha ayudado a forjar un vínculo del corazón? ¿Qué hace usted para cultivar esas amistades?

_____

_____

_____

_____

_____

Entre los "Pilares de las relaciones que agradan a Dios", basados en Romanos 12, indique los dos o tres que más necesita aplicar a sus relaciones actuales.

_____

_____

_____

_____

¿Está haciendo todo lo posible para mantener la unidad y el vínculo de la paz en sus relaciones? ¿En cuáles áreas podría crecer y qué hará para lograrlo?

_____

_____

_____

_____

_____

IDEAS Y NOTAS

_____

_____

_____

_____

¿Qué fue lo que más habló a su vida respecto al caminar bajo autoridad?

_____

_____

_____

_____

_____

_____

_____

_____

_____

_____

_____

De las secciones "La relación de un hombre y una mujer" y "Bases de la vida familiar", ¿qué puntos se aplican más a su vida hoy? ¿Necesita tomar algunos pasos al respecto?

_____

_____

_____

_____

_____

_____

_____

_____

_____

_____

LA PESCA DEL DÍA

◘ Resumen del capítulo

- Dios es el experto supremo en el área de las relaciones, y para reflejarlo con exactitud ante el mundo que nos rodea, nosotros también debemos saber relacionarnos.
- Todos tenemos distintos círculos de relaciones en nuestra vida. Aunque debemos expresar amor y gracia, y tener una actitud de servicio hacia toda la gente, Dios ha vinculado nuestro corazón con algunas personas, y debemos cultivar intencionalmente esas relaciones.
- Aparte de otros pasajes bíblicos, Romanos 12 revela algunos pilares clave sobre los que debemos desarrollar nuestras relaciones.
- Dios ha puesto autoridad sobre nuestras vidas y es importante que aprendamos a caminar bajo autoridad, y que sepamos cómo y cuándo debemos apelar correctamente si es necesario.
- Ya sea que usted esté soltero(a) o esté estableciendo una relación con alguien del sexo opuesto, que esté casado(a), tenga hijos, o quizá sea un hijo o hija que vive con sus padres, la Palabra de Dios ofrece muchos principios sabios para tener relaciones que agraden a Dios.

¿Cuáles fueron las dos o tres áreas de las que el Espíritu Santo le habló más claramente en este capítulo, y cómo le responderá usted?

_____

_____

_____

_____

_____

_____

_____

IDEAS Y NOTAS

_____

_____

_____

_____

_____

UNA MIRADA DESDE LA ORILLA

"He aquí os doy potestad de hollar serpientes y escorpiones, y sobre toda fuerza del enemigo, y nada os dañará".

Lucas 10:19

¿Ha imaginado alguna vez cómo será estar en el cielo? Piénselo por un momento – estará con Jesús en Su real esplendor, disfrutando de la amistad con los santos de todas las generaciones. Sin preocupaciones. Sin cuentas que pagar. Nadie se enfermará ni envejecerá. No habrá llanto. ¡A veces me pregunto por qué no fuimos directamente al cielo y a la presencia de Dios cuando le dimos nuestra vida a Jesús! Hubiera sido maravilloso.

Algún día estaremos ante Él, inmersos en la hermosura de la gloria de Dios y del cielo mismo, pero todavía no. Cuando entregamos nuestra vida a Jesús, nos alistamos en un ejército espiritual, comisionado para una batalla continua en la guerra espiritual. Usted y yo tenemos un enemigo – el mismo enemigo que se opone a Dios. Se le conoce como Satanás o diablo. Éste es real – su existencia es tan verdadera como la suya y la mía, y su meta es merodear vigilantemente en busca de personas a quienes pueda "hurtar y matar y destruir" (Jn. 10:10). Pedro describió a Satanás como "león rugiente" que "anda alrededor buscando a quien devorar" (1 P. 5:8). Pablo se refirió a él como "el dios de este siglo" (2 Co. 4:4), y Jesús lo llamó "mentiroso" (Jn. 8:44).

Satanás quiere distorsionar, desfigurar y difamar el carácter y los caminos de Dios. Su objetivo es impedir que se cumplan los propósitos divinos en las naciones de la tierra, y destruir la vida de la gente por la cual Jesús murió. Satanás se opone activamente a todo intento de los creyentes para extender el reino de Dios y glorificar a Jesús.

La Biblia nos indica claramente que Satanás, Lucifer o Lucero, fue creado en el cielo como un ángel que debía ministrar a Dios. Fue creado absolutamente perfecto, lleno de sabiduría y de belleza admirable (Ez. 28:11-19). Sin embargo, la Escritura también declara que él llegó a amarse tanto a sí mismo que el orgullo lo impulsó a rebelarse, presumiendo que merecía ser Dios. Por esta razón Dios lo expulsó del cielo, y ahora existe como el adversario de Dios y del ser humano (Is. 14:12-15).

La buena noticia es que Jesús vino "para deshacer las obras del diablo" (1 Jn. 3:8). Y él cumplió este fin —garantizando nuestra victoria— por medio de Su vida, muerte y resurrección. Ahora Jesús desea ejercer Su autoridad a través de Su iglesia, la cual somos usted y yo.

Dios nos ha provisto armas para ejercer los derechos que Él ganó para nosotros. Lamentablemente muchos cristianos no se dan cuenta de la autoridad que poseen en el Nombre de Jesús. Esa es otra estratagema de Satanás para impedir que seamos totalmente libres y eficaces. Es la estrategia que utiliza para romper relaciones y obstruir el avance del reino de Dios. Pero, aunque Satanás trabaje para obstaculizar los propósitos divinos, podemos anular sus esfuerzos por medio de nuestra vida de santidad, intercesión, ayuno, alabanza y adoración, y la predicación del evangelio.

En este capítulo estudiaremos acerca de la autoridad que poseemos en Jesús para derrotar a nuestro enemigo, aprenderemos a reconocer y anticipar sus tácticas, y conoceremos mejor el arsenal de armas que tenemos disponibles como creyentes.

zarpemos

Cada discípulo de Jesús en algún momento descubre que la guerra espiritual es una realidad. En la dimensión sobrenatural se libra una batalla persistente, en la que Dios es todopoderoso y Satanás merodea como león rugiente (1 P. 5:8-9). Para comprender el tema de la guerra espiritual, debemos examinar lo que la Biblia afirma respecto a Satanás y sus estrategias contra Dios y Su pueblo. Es importante saber lo que Dios conoce acerca del enemigo, quién es, cómo es y por qué Dios permite que exista. A lo largo de la historia de la iglesia, algunos han tratado de ignorar la existencia del diablo, mientras que otros han intentado exagerar su influencia. Sólo mediante el equilibrio bíblico podemos, con humildad y eficacia, trabajar con Dios en el avance de Su reino en nuestras vidas, familias, vecindarios, ciudades y naciones de la tierra.

El origen y poder de Satanás

El mundo mayormente ve a Satanás como una caricatura, con cuernos y cola, minimizando la realidad de su existencia y la amenaza que representa. La Palabra de Dios nos dice que la apariencia del diablo puede variar dramáticamente — "Y no es maravilla, porque el mismo Satanás se disfraza como ángel de luz" (2 Co. 11:14). Obtener conocimiento sobre este ser espiritual nos permite estar conscientes de quién es y cómo puede tratar de impedir nuestro crecimiento y el avance del reino de Dios.

Algunos datos bíblicos acerca de Satanás:
- Fue creado en el cielo como un hermoso ángel para que ministrara a Dios, pero llegó a amarse más a sí mismo y, por orgullo, intentó ser como Dios - Ez. 28:11-19; ls. 14:12-15.
- Por su orgullo y rebelión, fue expulsado del cielo con otros ángeles - Lc. 10:18; Ap. 12:9.
- Es un ser espiritual finito, creado por Dios; no es omnisciente ni todopoderoso, y no está presente en todo lugar como Dios - Ez. 28:13-15.
- Puesto que Dios es soberano y tiene control sobre todo, Satanás sólo puede actuar con influencia limitada. Cuando el enemigo ataca, Dios siempre tiene en mente algo mayor, así que debemos enfocarnos en la actividad de Dios en medio de las batallas espirituales - Job 1:6–2:10.
- Satanás ya fue derrotado por la muerte de Jesús en la cruz; la tarea de la iglesia es poner en vigencia e implementar esta victoria en la tierra - Col. 2:15; Ap. 20:10.

IDEAS Y NOTAS

— Los nombres y títulos de Satanás revelan su carácter ⦿

Satanás desempeña muchos roles. Aprender los nombres y títulos que se le dan en la Biblia nos ayuda a entender algunos de los métodos que él usa.

Algunos de sus nombres
- Satanás (significa "adversario") (1 P. 5:8; Ap. 12:9-10).
- Diablo (significa "acusador") (Ap. 12:9-10).
- Lucifer o Lucero (significa "estrella de la mañana") (Is. 14:12).
- Beelzebú (significa "príncipe de los demonios") (Mt. 10:25).
- Abadón o Apolión (significa "destrucción" y "destructor") (Ap. 9:11).

Algunos de sus títulos
- Acusador (Ap. 12:10).
- Dragón (Ap. 20:2).
- Enemigo (Lc. 10:18-19).
- El maligno (Ef. 6:16).
- El dios de este siglo (2 Co. 4:4).
- Príncipe de la potestad del aire (Ef. 2:2).
- León rugiente (1 P. 5:8).
- Serpiente (Ap. 12:9-10).

Nombres que Jesús dio a Satanás
- Mentiroso (Jn. 8:44).
- Homicida (Jn. 8:44).
- Ladrón que hurta, mata y destruye (Jn. 10:10).
- Tentador (Mt. 4:3).

Algunos han tratado de ignorar la existencia del diablo, mientras que otros han intentado exagerar su influencia. Sólo mediante el equilibrio bíblico podemos, con humildad y eficacia, trabajar con Dios en el avance de Su reino.

Si se rinde a Satanás en lo mínimo, él le llevará más y más lejos, hasta dejarle con la conciencia apagada o aterrada: apagada, hasta que usted pierda toda sensibilidad. Una roca en la cima de una colina, cuando empieza a rodar, no se detiene hasta llegar al fondo. Usted piensa que sólo se ha rendido un poco, pero gradualmente le impulsa a seguir pecando, hasta perder todo lo que profesa, y todos los principiosde la conciencia, debido al encanto secreto de sus tentaciones.

Thomas Manton, 1620-1677, predicador puritano inglés

● ¿Por qué permite Dios que Satanás exista?

Muchos se han preguntado: *Si Satanás vive para destruirnos, ¿por qué permite Dios que exista?* Esta es una buena pregunta y se remonta al principio del tiempo.

Cuando Adán y Eva desobedecieron a Dios, escogieron algo que Él no creó — el pecado. Como resultado, la maldad entró en el mundo. Desde ese instante, conocido como la Caída, la creación en su totalidad —la naturaleza, los animales, la gente— ya no ha existido en su condición original, libre de corrupción. Desde Adán y Eva, todas las personas que han nacido poseen una naturaleza pecaminosa —la inclinación al pecado y al egoísmo— que las hace susceptibles a Satanás, y por la cual necesitan la redención de Dios.

El Antiguo Testamento revela este conflicto, relatando historias de personas que mataron a los profetas que Dios había enviado para predicarles de Su amor y Sus mandamientos. El apóstol Pablo advierte a los cristianos de Roma que no se conformen al estilo de vida de este mundo (Ro. 12:2), y Jesús mismo se refirió a Satanás llamándolo "el príncipe de este mundo" (Jn. 14:30). Desde entonces los conflictos entre las personas han plagado a la humanidad por generaciones.

Desde la fundación del tiempo, el Padre sabía que enviaría a Su Hijo para recobrar lo que nosotros habíamos abandonado. En la cruz, Jesús ganó la victoria suprema sobre Satanás. Y, un día Él volverá para infligirle la derrota final, eliminando cada partícula de maldad que la tierra ha conocido (Ap. 20:10). Hasta ese momento señalado, Dios usa los esfuerzos destructores de Satanás para Sus propósitos y para nuestro bien (Gn. 46; Ro. 8:28). Veamos algunas razones por las que Dios permite que Satanás exista:

Para conformarnos a la imagen de Jesús

Un objetivo de Dios para nuestra vida es hacernos más semejantes a Jesús en carácter. Dios usará el proceso de la guerra espiritual para hacer que busquemos Su rostro, confiemos en Él y sigamos Su liderazgo. Él permite que enfrentemos batallas para nuestro bien, porque Él es un Dios bueno. En medio de tales experiencias, es importante que nos apoyemos en Él para recibir Su perspectiva y las cualidades positivas que desea desarrollar en nosotros. Dios usará la guerra espiritual para llevarnos a una mayor humildad y dependencia, y para enseñarnos a ejercitar nuestros "músculos espirituales" en Su nombre (Ro. 8:18-30; 2 Co. 12:1-10).

IDEAS Y NOTAS

Para revelar Su carácter y gloria

Glorificar a Dios significa fortalecer Su reputación ante los demás. Nosotros no le añadimos nada a la gloria de Dios; nuestra obediencia simplemente atrae a otras personas hacia Él. Dios usa el proceso de la guerra espiritual para demostrar Su asombroso poder, mediante la transformación de nuestro estado pecaminoso y nuestra susceptibilidad a Satanás. El carácter maravilloso de Dios es lo opuesto a los fines malignos del diablo. Aunque Satanás trató de minimizar la reputación de Dios clavando a Su Hijo a una cruz, Dios usó esa cruz para redimir a la humanidad. Y resucitó a Su Hijo de entre los muertos para que "se doble toda rodilla... y toda lengua confiese que Jesucristo es el Señor, para gloria de Dios Padre" (Fil. 2:5-11).

Para realizar Sus propósitos

A Dios nada lo sorprende. Él jamás desconoce las obras de Satanás. Más bien, Dios usa al enemigo de nuestras almas para cumplir Sus propósitos en la tierra. Cuando el diablo intenta infligir daño, Dios puede tornarlo para bien. Cuando el diablo quería mantener a Israel bajo la esclavitud en Egipto, Dios los liberó para que lo adoraran a Él. Con ese fin usó las diez plagas, para demostrar Su poder absoluto y exponer la impotencia de los dioses egipcios (véase Éxodo). Cuando Satanás atacó a Job, un varón bendecido con abundancia en todo aspecto de su vida, éste terminó con mayores bendiciones de Dios después del peor embate del enemigo. Resumiendo los resultados de sus duras pruebas, Job declaró: "De oídas te había oído; mas ahora mis ojos te ven" (Job 42:5). Dios aún permanece activo en la tarea de redimir los intentos satánicos de "hurtar, matar y destruir". Debemos recordar que Dios limita la libertad de Satanás para actuar — lo que invariablemente significa que Él tiene en mente algo mayor que la lucha finita que enfrentamos (Job 1:1; 2:10).

Para lograr que el reino de Dios avance en la tierra

El avance del reino a menudo se logra mediante conflictos y pruebas a los que el pueblo de Dios responde con oración y obediencia. Entre los numerosos relatos sobre el avance del reino que registra Hechos, se encuentra el de la persecución y muerte de Esteban. Jesús había dado el mandato a los doce para que hicieran discípulos en todas las naciones, pero su enfoque aún no se había extendido fuera de Jerusalén. Cuando Dios permitió que la iglesia fuera atacada, resultando en la muerte de Esteban en manos de Saulo, los demás discípulos se vieron forzados a salir de la ciudad y enfocar su atención en otros pueblos. La muerte de Esteban finalmente contribuyó a la conversión de Saulo, quien, ya como Pablo, llegó a ser el autor de 13 de los libros del Nuevo Testamento y el principal misionero de su tiempo, extendiendo el reino de Dios hasta las fronteras del mundo que él conocía (Hch. 13—28).

Las riquezas de Su gracia gratuita hacen que cada día yo triunfe sobre todas las tentaciones del maligno, quien permanece vigilante, buscando toda ocasión para perturbarme.

George Whitefield, 1714-1770, evangelista y predicador inglés

◨ Debemos conocer los propósitos de Satanás

"Y dijo Jehová a Satanás: ¿De dónde vienes? Respondiendo Satanás a Jehová, dijo: De rodear la tierra y de andar por ella" (Job 1:7). Aunque comúnmente la gente no puede ver lo que existe en los ámbitos espirituales, la Biblia nos dice que éstos son reales (Col. 1:16). Jesús, comandante del ejército de Jehová, nos ha comisionado para permanecer vigilantes y conscientes de los medios que usa Satanás para incitar conflicto, y para liberar a los que él ha atrapado con sus engaños (Mr. 16:15-20; 2 Co. 2:10-11). Ante la posibilidad de sufrir pérdidas o experimentar victorias, la manera en que luchamos —y vivimos— tiene verdaderas consecuencias. Por tanto, es esencial que conozcamos los propósitos primordiales de Satanás.

Los propósitos de Satanás
- Distorsionar el carácter y los caminos de Dios en el corazón y mente de la gente (Gn. 3:1-7).
- Impedir que la gente vaya a la luz del evangelio de Jesús (2 Co. 4:4).
- Usar el pecado y el egoísmo, y los pecados cometidos contra nosotros, para impedir que conozcamos a Dios y cumplamos el destino que Él nos ha dado (Jn. 10:10).
- Tentar a la gente para que actúe independientemente de Dios (Lc. 4:3). El diablo tentó a Jesús para que se alejara de la agenda de Su Padre, convirtiendo las piedras en pan para satisfacer Sus propias necesidades.
- Tentar a la gente para que abandone su amor y fidelidad a Dios (Lc. 4:6-7). El diablo invitó a Jesús para que lo adorara a él y abandonara a Dios.
- Tentar a la gente para que pruebe a Dios (Lc. 4:9). El diablo retó a Jesús a hacer algo que era contrario a la voluntad de Dios.

Jesús nos ha comisionado para permanecer vigilantes y conscientes de los medios que usa Satanás para incitar conflicto, y para liberar a los que él ha atrapado con sus engaños. Ante la posibilidad de sufrir pérdidas o experimentar victorias, la manera en que luchamos —y vivimos— tiene verdaderas consecuencias.

IDEAS Y NOTAS

EN AGUAS MÁS PROFUNDAS

Identifiquemos las asechanzas del enemigo

En Efesios 6:11 vemos que Satanás tiene estratagemas, estrategias centrales y planes. Él acecha esperando el momento oportuno para emplearlos contra el pueblo de Dios. La Biblia da ejemplos de personas que fueron guiadas a actuar contra la voluntad de Dios. En 1 Crónicas 21:1, Satanás se levantó contra Israel incitando a David a realizar un censo. Y, casi todos sabemos lo que hizo Judas Iscariote, pero, ¿notó que fue el diablo quien lo impulsó a traicionar a Jesús? (Jn. 13:2).

El apóstol Pablo se propuso conocer las tácticas de Satanás (2 Co. 2:11). Sin embargo, ese no era su único enfoque ni el más importante. Pablo predicó equilibrio, enseñándoles a los romanos: "Quiero que seáis sabios para el bien, e ingenuos para el mal. Y el Dios de paz aplastará en breve a Satanás bajo vuestros pies" (Ro. 16:19-20). Necesitamos estar conscientes de las estrategias básicas de Satanás, a fin de reconocer cuando estamos bajo ataque y saber cómo restaurar nuestra libertad de tales asaltos. Con frecuencia las maquinaciones de Satanás incluirán los siguientes aspectos o algunos de ellos:·

Orgullo
Este pecado se originó en el diablo mismo. En Isaías 14:12-15 vemos cinco palabras que expresan el deseo de Lucifer de ascender y ser como Dios. Esa es la base del reino de Satanás. Muchos de nuestros problemas de pecado están arraigados en el orgullo. Éste le da acceso en nuestra vida al ataque del enemigo. A Satanás le damos control sobre nuestra alma, al grado de que escogemos andar en orgullo, independientes de Dios. El orgullo produce actitudes como el egoísmo y la independencia, siguiendo los deseos de nuestra naturaleza pecaminosa y nuestra rebeldía. Puesto que Dios es humilde, se asegurará de que nuestro orgullo enfrente oposición (Stg. 4:6-7). Cuídese de los intentos del enemigo para alejarle de Dios y de los demás por medio de una actitud de orgullo.

Incredulidad
Vemos este pecado desde el principio, con Adán y Eva en el huerto. Satanás, en la forma de serpiente, lanzó la pregunta en Génesis 3:1: "¿Conque Dios os ha dicho...?" Desde entonces Satanás ha tratado de sembrar desconfianza respecto a Dios en lo profundo del corazón humano. Al enemigo le complace usar esta herramienta para hacernos creer mentiras acerca de Dios, los

---

La razón por la que muchos fallan en la batalla es porque esperan hasta el momento de la misma. La razón por la que otros vencen es porque han obtenido la victoria sobre sus rodillas, mucho antes que llegue la batalla... Anticípese a sus batallas; peléelas sobre sus rodillas antes que surja la tentación, y siempre saldrá victorioso.

R. A. Torrey, 1856-1928, pastor, evangelista y educador de EUA

demás y aun sobre nosotros mismos, para robarnos todo lo que Él nos ha prometido como hijos Suyos. Dios quiere que tengamos fe en quien Él es, creyendo en Su Palabra completamente (He. 11:6), pero nuestra incredulidad abre la puerta para que el enemigo nos ciegue espiritualmente y nos engañe (2 Co. 4:4).

Engaño

¿No le parece increíble que el diablo citara la Escritura? En Mateo 4:1-11 vemos que usó palabras del Antiguo Testamento para tratar de engañar a Jesús. A veces el engaño es obvio, pero la mayoría de las veces se nos presenta entretejida en un manto de verdad. El diablo conoce muy bien la fórmula: una singular combinación de mentiras con una parte de verdad para apelar a nuestras vulnerabilidades individuales. Él es experto en urdir engaños hechos a la medida que nos hacen caer en un estratégico estupor. Observe las religiones y sectas del mundo. Aunque difieren ampliamente, todas contienen fragmentos de verdad, haciéndolas plausibles y atractivas para la gente que tiene hambre de Dios. El engaño distorsiona la verdad e inserta un filtro falso en nuestro pensamiento, haciendo difícil reconocer la verdad.

Fortalezas

La Biblia nos recuerda, en Efesios 4:25-27, que en nuestra vida no debemos darle "lugar" al enemigo. Esa palabra también se traduce como *cabida* u *oportunidad*, y literalmente significa *espacio*. Es decir, no debemos darle al enemigo la oportunidad de ocupar un lugar o ganar espacio en nuestra vida. Si le concedemos esa ventaja, el enemigo acampa allí y trata de hacernos prisioneros de un patrón de pecado en particular.

- Las fortalezas son patrones de pensamiento firmemente arraigados que son contrarios a la voluntad de Dios, haciéndonos sentir impotentes para cambiar. Veamos las tres partes de esta definición de fortaleza:
  - Patrones de pensamiento firmemente arraigados — las fortalezas empiezan en nuestra mente y en nuestros pensamientos (2 Co. 10:3-5).
  - Contrarios a la voluntad de Dios — podemos reconocer una fortaleza como algo que no está alineado con el carácter, los caminos y la Palabra de Dios.
  - Impotentes para cambiar — las fortalezas se caracterizan por un sentido de desesperanza y la incapacidad para cambiar al estar lejos de Dios.

Satanás procura establecer fortalezas en nuestro pensamiento a fin de esclavizarnos a sistemas de creencias falsas. Puede incluir áreas como orgullo, temor, baja autoestima y toda forma de pecado. La humildad (reconociendo nuestra necesidad) y la verdad (alineándonos correctamente con Dios y Su Palabra) es lo que puede liberarnos de las fortalezas del enemigo.

IDEAS Y NOTAS

Un aspecto importante sobre las fortalezas: Desde el punto de vista militar, las fortalezas se construyen en lugares fuertes (la cima de una colina, la orilla de una masa de agua, etc.). Esto nos recuerda que el diablo no sólo ataca los puntos débiles, sino las áreas en que somos fuertes. Satanás puede enfocarse en nuestras cualidades naturales, llevándonos a depender excesivamente en nuestras capacidades, o a confiar en lo que podemos hacer, no en lo que Dios quiere hacer por medio de nosotros.

Heridas relacionales

Una de las principales maneras en que el enemigo procura obstaculizar nuestra vida espiritual es a través de las relaciones. Sabiendo que algunas de las mayores bendiciones de Dios las recibimos mediante la amistad con otras personas, el enemigo usará esta herramienta para tratar de causarnos dolor, heridas y decepciones. A veces estas heridas son tan profundas que afectan nuestro razonamiento y nuestras emociones. El enemigo usa experiencias relacionales negativas para aislarnos de los demás, para crear motivos que nos causen ira y amargura, y para impedir que disfrutemos de amistades y nos unamos a otros para fines relacionados con el reino de Dios.

- Si una figura de autoridad nos hiere o decepciona, muchas veces eso nos lleva a actuar en forma independiente, dejándonos vulnerables a los engaños del enemigo.
- En Génesis 37–50, vemos que José tuvo la oportunidad de sentir amargura contra sus hermanos el resto de su vida, ya que lo habían lanzado a un pozo y luego lo vendieron como esclavo. Cuando los vio en Egipto, hubiera podido vengarse de ellos, pero más bien se quebrantó delante de Dios, lo que lo llevó a perdonar y a experimentar la purificación de su corazón, siendo capaz así de reconocer los propósitos mayores de Dios para rescatar a su familia.

Desánimo y condenación

Estos dos misiles hacen que los creyentes se sientan acusados, y les roba el gozo y la esperanza. El desánimo viene acompañado de fracaso, soledad y desaliento. La condenación viene cubierta de acusación, confusión y el sentimiento general de que uno no es lo suficientemente bueno.

- Es importante notar la diferencia entre convicción y condenación. La convicción siempre proviene de Dios. Es clara, exponiendo nuestro pecado y proveyendo el camino de salida por medio de la humildad, la confesión y el perdón. La condenación, por el contrario, produce confusión, un sentimiento de fracaso, sintiendo como si una nube negra se posara sobre nosotros. Lo que debe hacer en ese momento es preguntarle a Dios si hay algún pecado en su vida. Si el Espíritu Santo le revela áreas de pecado, pida a Dios que le perdone y le limpie, y siga adelante. Si no hay convicción de pecado, considere que es una condenación y rechace al enemigo en el nombre de Jesús.

No puedo decir cómo me zarandea a veces la tentación. Nunca me di cuenta de lo malo que era mi corazón. Pero sé que amo a Dios y amo Su obra, y deseo servirle sólo a Él en todo. Y, sobre todo, valoro a ese precioso Salvador, el único en quien puedo ser aceptado.

Hudson Taylor, 1832-1905, misionero inglés a la China

- Elías es un buen ejemplo bíblico (1 R. 19:1-18) de alguien que luchó con el desánimo. Después de tener una gran victoria espiritual sobre los sacerdotes de Baal, se escondió en el desierto y le pidió a Dios que le quitara la vida. Dios, por el amor que le tenía, envió un ángel para que ministrara a Elías y luego Él mismo le habló. Cuando experimente desaliento, preste atención a los mensajeros —en forma de personas— que Dios envía para fortalecerle y animarle. Escuche Su voz cuando Él se acerque a usted.

Distracción

Satanás trata de desviar nuestro enfoque lejos de Jesús. Para eso utiliza distintos métodos; uno de éstos es la confusión, que nos roba el primer amor y no permite que cumplamos los propósitos de Dios para nuestra vida. Las muchas ocupaciones pueden robarnos tiempo que deberíamos pasar a solas con Dios. La búsqueda impropia de placeres, posesiones o alabanzas de los demás puede llevarnos a un largo camino descendente de prioridades incorrectas. También las relaciones pueden tomar preeminencia sobre nuestro caminar con Jesús. Aun el ministerio se convierte a veces en el centro de nuestra vida, en vez del amor a Jesús con todo el corazón, alma, mente y fuerza. Satanás sabe que el enfoque incorrecto puede resultar en una fe superficial, dejándonos espiritualmente débiles y descontentos. La historia de María y Marta (Lc. 10:38-42) nos recuerda cuál debe ser nuestra prioridad y quién merece ser el centro de nuestra atención. Aunque Jesús no condenó a Marta por estar tan ocupada en servir, le recordó que sólo una cosa es necesaria — sentarnos a Sus pies.

Llamados a la batalla

Como cristianos, la lucha que enfrentamos en la tierra no es leve. Sin embargo, la guerra espiritual es algo que muchos preferiríamos olvidar. Puesto que la Biblia usa términos bélicos, es imperativo que adoptemos la figura que usa Dios a fin de prepararnos para esa batalla inevitable.

Dios nos ha provisto Su autoridad y diversas clases de armas para derrotar a los poderes de las tinieblas. Algunas de las estrategias y armas que nos da Dios para pelear son singulares. El rey Josafat envió a personas que cantaran alabanzas a Dios delante de sus soldados, para confundir al enemigo (2 Cr. 20); Josué usó gritos y trompetas para derrumbar el muro de la gran ciudad de Jericó (Jos. 6); y no hay mejor ejemplo de fe durante la batalla que el de David cuando luchó contra Goliat con una honda (1 S. 17). En todos estos eventos resuena una verdad con toda certeza: Dios potencia nuestra victoria y será glorificado si caminamos en obediencia a Él. Nosotros peleamos contra un enemigo derrotado (Ap. 20:10). Sabiendo que sus días están contados, Satanás está enojado y actúa sin control porque no tiene nada que perder. Pero, por medio de Jesús, tenemos autoridad para vencer al enemigo (Jud. 1:9; Hch. 19:14-16).

IDEAS Y NOTAS

La autoridad del guerrero espiritual

- Dios tiene todo poder y autoridad (Job 42:2; Mt. 28:18).
- Dios dio autoridad al hombre para revelar Su imagen y gloria (Gn. 1:26); para tener dominio (que significa sojuzgar, conquistar, poner bajo sujeción) sobre la tierra y todo ser viviente en ella (Gn. 1:28); todo está debajo de los pies del hombre (Sal. 8:6-8).
- Por medio del engaño, pecado y desobediencia, el hombre abrió la puerta a Satanás y perdió el dominio (Gn. 3:1-13).
    - Satanás se convirtió en el gobernante de este mundo.
    - El hombre sufre las consecuencias del pecado, males físicos, enfermedad y muerte.
    - Sin Jesús, el ser humano no tiene autoridad propia.
    - Satanás tiene autoridad en la tierra en la medida en que la gente le da acceso a través de sus pecados y desobediencia a Dios.
- Jesús fue enviado por el Padre para derrotar a Satanás y establecer la autoridad de Dios por medio de la iglesia.
    - Jesús derrotó a Satanás con Su vida (Mt. 4:1-11), demostrando autoridad sobre los demonios (Mt. 8:28-33), sobre el pecado (Mt. 9:1-8), sobre las enfermedades (Mt. 8:14-17), sobre la muerte (Mt. 9:18-26) y sobre la naturaleza (Mt. 8:23-27).
    - Jesús derrotó a Satanás con Su muerte y resurrección (Col. 2:14-15; He. 2:14-15).
    - Jesús ha derrotado y derrotará finalmente a Satanás (Ap. 20:10).
    - Después de Su muerte y resurrección, Jesús recibió del Padre toda potestad en el cielo y en la tierra (Mt. 28:18-20; Fil. 2:6-11).
    - Jesús liberó de las tinieblas a los creyentes y los llevó a Su luz admirable (1 P. 2:9-10).
- Jesús pasó Su autoridad a la iglesia.
    - Jesús ha dado a los creyentes autoridad sobre los poderes de las tinieblas (Mt. 16:19; Lc. 10:19).
    - Los creyentes del Nuevo Testamento hicieron muchas de las obras que hizo Jesús: recibieron autoridad para sanar enfermedades (Hch. 3:1-10); autoridad para resucitar a los muertos (Hch. 9:36-43); autoridad sobre los demonios (Hch. 16:16-18); autoridad para predicar el evangelio para que hombres y mujeres pudieran ir a Jesús (Mt. 28:18-20; Mr. 16:15-18).
    - Como creyentes hoy, se nos ha dado esta misma autoridad para que el reino de Dios avance en la vida de la gente y en las naciones de la tierra (Lc. 10:19; Jn. 20:19-23; Ro. 8:31; Stg. 4:7; 1 Jn. 4:4).

¡Sé fuerte! No estamos aquí para jugar, soñar, divagar. Hay arduo trabajo que realizar, y cargas que levantar. No rechaces la lucha, enfréntala, es un don de Dios. ¡Sé fuerte! No digas que los días son malos - ¿quién tiene la culpa? No te cruces de brazos ni te conformes - qué vergüenza. Ponte de pie, habla con valentía en el nombre de Dios. ¡Sé fuerte! No importa cuán profundamente arraigado esté el mal, cuán recia sea la batalla, cuán largo sea el día, ¡no desmayes, pelea! Mañana cantaremos.

Mattie Davenport Babcock, 1858-1901, pastor estadounidense

El arsenal del guerrero espiritual

La vida santa - Ef. 4:27
- La vida santa (que significa apartada para Dios) rechaza los poderes de las tinieblas cada día. La humildad y el arrepentimiento atraen la presencia de Dios.
- La presencia de Jesús en nuestra vida amenaza al enemigo.
- Vivir en santidad requiere que lidiemos agresivamente con el pecado, que nos anticipemos y huyamos de la más leve señal de tentación.
- Vivir en santidad reconoce que cada una de nuestras decisiones rechaza los poderes de las tinieblas o les provee una entrada.
- Es esencial recordar que la guerra espiritual no consiste tan sólo en elevar una oración o reprender al enemigo — es un estilo de vida que debemos seguir.

La armadura de Dios - Ef. 6:11-18
- Cinturón de la verdad: resiste las mentiras y los engaños de Satanás.
- Coraza de justicia: resiste falsas acusaciones respecto a nuestro lugar en Cristo.
- Calzado del apresto o disposición: nos da poder para estar firmes y preparados para compartir el evangelio como mensajeros de reconciliación y paz.
- Escudo de la fe: nos da poder para resistir las flechas de incredulidad.
- Casco o yelmo de la salvación: nos protege contra los ataques en nuestra mente.
- Espada del Espíritu: nos equipa preparándonos para usar la verdad de Dios a fin de traer luz a las tinieblas.
- Los guerreros espirituales también oran en todo tiempo, en el Espíritu, y velan.

La intercesión - Ez. 22:30; Dn. 10
- El enemigo es derrotado en el lugar de oración cuando nos "ponemos en la brecha" delante de Dios, la gente y el problema, orando conforme a Su voluntad.
- El ayuno y oración es un arma poderosa que puede derrotar a los poderes de las tinieblas.
- A menudo se necesita persistencia en el lugar de oración para hacer que el enemigo huya.
- Orar conforme a la voluntad de Dios y en humilde acuerdo con los demás puede derribar fortalezas.
- Orar mientras caminamos por nuestros vecindarios y comunidades es un paso importante al tomar territorios para el reino de Dios (Jos. 1:1-4; 6:1-21).

IDEAS Y NOTAS

La Biblia - He. 4:12

- Jesús usó eficazmente las Escrituras cuando el diablo lo tentó (Mt. 4:1-11).
- Conocer la Palabra de Dios provee argumentos al Espíritu Santo cuando oramos, ayudándonos a discernir los caminos de Dios en medio de las batallas espirituales.
- Use las verdades reveladas en la Biblia para ministrar con el espíritu contrario. Ante el egoísmo, responda con generosidad; ante el orgullo, responda con humildad; ante el temor y el odio, responda con amor, etc.

El nombre y la sangre de Jesús

- En el nombre de Jesús reside toda autoridad (Fil. 2:6-11).
- La Biblia enseña que el enemigo huye ante el nombre de Jesús (Mr. 16:17; Hch. 16:16-18).
- La sangre de Jesús representa la humildad que Él demostró en la cruz, una actitud totalmente contraria al orgullo de Satanás. Le recuerda al enemigo que nuestra redención fue comprada por la sangre de Jesús (Fil. 2:6-11; Ap. 12:10-11).

La unidad cristiana

- Dios envía bendición cuando Su pueblo está unido (Sal. 133).
- Cuando surgen conflictos, es esencial recordar que nuestra lucha no es contra personas, sino contra nuestro enemigo común (Ef. 6:12).
- Cuando suficientes creyentes en un lugar están en buena relación con Dios, y el uno con el otro, el enemigo será derrotado allí.
- La unidad es simplemente humildad como grupo y es la respuesta a toda lucha y división.

Dar la propia vida en obediencia

- El reino de Dios se extendió mediante la vida de los discípulos de Jesús porque no tuvieron temor y estuvieron dispuestos a dar su vida por el evangelio. Ellos confesaron que eran sólo extranjeros y peregrinos en este mundo (He. 11:13-16).
- Una vida de total obediencia a Jesús, sin temor a la muerte, es una amenaza para los poderes de las tinieblas (Ap. 12:10-11).
- Su obediencia a Dios permite que Él trabaje por medio de usted, haciendo retroceder los poderes de las tinieblas y llevando adelante los propósitos de Dios.

Oren frecuentemente porque la oración es un escudo para el alma,
un sacrificio a Dios, y un azote para Satanás.

John Bunyan, 1628-1688, predicador y escritor inglés

Gratitud, alabanza y adoración
- La alabanza y adoración tienen un efecto directo en el ámbito espiritual. Cuando el pueblo de Dios lo adora, Su poder y potencia se manifiestan (Sal. 149:6-9).
- La alabanza y adoración crean una "atmósfera" en la que Dios obra (Sal. 22:3).
- Es un "manto" que podemos ponernos en vez del espíritu angustiado (Is. 61:3).
- La historia del rey Josafat muestra el poder de la alabanza y adoración en medio de una batalla (2 Cr. 20).

El testimonio personal
- El diablo constantemente trata de desacreditar y difamar el carácter y los caminos de Dios. Declarar la verdad respecto a quién es Dios y lo que Él ha hecho derrota al enemigo y sus mentiras (Ap. 12:10-11).
- Usted puede exponer las mentiras del enemigo al declarar personalmente lo que Dios ha hecho por usted. En medio de las dificultades, es bueno que recuerde cómo Dios le ayudó en batallas pasadas y que declare su confianza en Él.

La predicación del evangelio
- La gente puede ser liberada cuando les compartimos las buenas nuevas de Jesús (Lc. 4:18-19).
- La predicación del evangelio abre los ojos de las personas, haciéndoles volver de las tinieblas a la luz, del poder de Satanás al poder de Dios, para que experimenten el perdón (Hch. 26:18).
- Cuando obedecemos y compartimos el mensaje de Jesús donde Él nos dirige, aun nuestra presencia física en un lugar tiene gran efecto sobre los poderes de las tinieblas.
- Las señales, prodigios y demostraciones del poder de Dios cumplen un papel importante para derrotar al enemigo. Permanezca disponible al Espíritu Santo, pues quizá Él actúe a través de usted para tocar vidas de esa forma y llevar adelante el reino de Dios (Hechos).

Cuando obedecemos y compartimos el mensaje de Jesús donde Él nos dirige, aun nuestra presencia física en un lugar tiene gran efecto sobre los poderes de las tinieblas.

IDEAS Y NOTAS

ECHEMOS LA RED

Dedique un momento para reflexionar en alguna ocasión en su vida cuando experimentó un conflicto espiritual. ¿Qué sucedió? ¿Qué hizo usted? ¿Qué haría diferente si tuviera que enfrentar ese problema ahora? Anote aquí sus pensamientos.

_____

_____

_____

_____

_____

_____

Al reflexionar en su vida, ¿qué estrategias suele usar el enemigo con usted? Repase la lista que se da en este capítulo y anote aquí las que usted enfrenta.

_____

_____

_____

_____

_____

_____

_____

_____

_____

*Para que triunfe el mal, sólo se necesita
que los hombres buenos no hagan nada.*

Edmund Burke, 1729-1797, estadista y filósofo británico

Un hombre con Dios siempre es la mayoría.

John Knox, 1505-1572, reformador escocés

¿Se encuentra en medio de una guerra espiritual ahora? ¿Qué podría estar diciéndole Dios sobre lo que debe hacer? Si es necesario, tome un momento para buscar al Señor en cuanto a esto. Escriba aquí lo que Él le muestre.

_____

_____

_____

_____

_____

_____

¿Cuáles armas del arsenal de Dios ha usado usted en el pasado, consciente o inconscientemente, para derrotar al enemigo?

_____

_____

_____

_____

_____

¿Conoce a alguien que está ahora en medio de una batalla espiritual, a quien usted podría fortalecer y animar? ¿Qué cree que Dios desea que usted haga para apoyar a esa persona?

_____

_____

_____

_____

_____

IDEAS Y NOTAS

_____

_____

_____

_____

LA PESCA DEL DÍA

Resumen del capítulo

- Satanás es un enemigo real que sólo desea hurtar, matar y destruir nuestra vida.
- Dios es soberano y tiene control de todo, y permite que el enemigo exista para formarnos como creyentes, y para revelar Su carácter y gloria al cumplir Sus propósitos en la tierra.
- Satanás idea estratagemas para realizar sus propósitos. Es importante que, como creyentes, reconozcamos esas estrategias para oponernos a ellas, derrotando así los poderes de las tinieblas y llevando adelante el reino de Dios.
- Dios nos ha provisto numerosas armas de Su arsenal que podemos usar con humildad y obediencia, y en unión con otros creyentes, a fin de vencer al enemigo.

¿Cuáles fueron las dos o tres áreas de las que el Espíritu Santo le habló más claramente en este capítulo, y cómo le responderá usted?

_____

_____

_____

_____

_____

_____

_____

_____

_____

_____

_____

He leído la última página de la Biblia. Todo terminará bien.

Billy Graham, evangelista estadounidense

UNA MIRADA DESDE LA ORILLA

"Pero recibiréis poder, cuando haya venido sobre vosotros el Espíritu Santo, y me seréis testigos en Jerusalén, en toda Judea, en Samaria, y hasta lo último de la tierra".

Hechos 1:8

Imagínese estar en Jerusalén el día cuando nació la iglesia, tal como lo relata el libro de Hechos. Sucedió sólo unas semanas después que Jesús resucitó y ascendió al cielo en presencia de Sus discípulos. Éstos permanecieron en la ciudad, como Jesús les ordenó, y esperaron hasta ser revestidos con poder, el cual recibirían en la persona del Espíritu Santo. Los discípulos se reunieron en un aposento alto y esperaron mucho tiempo, orando y fortaleciendo su relación. Entonces, tal como Jesús prometió, llegó el Pentecostés.

El día de Pentecostés, referente a la fiesta judía de las Semanas que se celebraba 50 días después de la Pascua, los discípulos aún estaban esperando. De pronto, se oyó un sonido del cielo — quizá débil al principio, pero se hizo más fuerte. ¡Mucho más fuerte! Ese sonido, semejante al de un poderoso viento, llenó toda la casa donde se encontraban. Al ver lo que parecían ser lenguas de fuego sobre cada uno de ellos, comprendieron que eso era lo que Jesús les había ordenado esperar. Y realmente había valido la espera. El Espíritu Santo había venido y estaba invistiendo de poder a la iglesia para que cumpliera los propósitos de su destino.

De seguro usted recuerda el resto de la historia. Judíos temerosos de Dios, que habían llegado de todas las naciones a esa ciudad para celebrar Pentecostés, escucharon el mensaje del evangelio predicado por Pedro,

un discípulo que acababa de recibir poder para guiar a 3,000 personas a la salvación y al bautismo por la fe. La iglesia recién formada creció dramáticamente en ese día milagroso.

En medio del torbellino de emociones, los discípulos enfrentaron preocupaciones eminentes; por ejemplo, *¿qué hacer con 3,000 nuevos creyentes, la mayoría de los cuales eran visitantes en la ciudad?* Reuniendo a los que habían recibido la gracia de Dios, se dedicaron a comunicarles lo que Jesús les había enseñado, establecer una relación con esos nuevos creyentes, alimentarlos y orar con ellos. Existía una atmósfera de asombro porque los milagros ocurrían con regularidad. La gente se sacrificaba para cuidarse unos a otros. La comunidad reconoció la necesidad urgente de reunirse, y continuaron haciéndolo, mientras el Señor cada día añadía nuevos creyentes a esta entidad llamada iglesia.

Hay mucho que aprender respecto a la iglesia recién formada, ferviente en pasión y potenciada por el Espíritu Santo. El libro de Hechos nos presenta al Espíritu Santo como Persona y nos muestra Su rol — un rol que continúa hasta hoy. En este capítulo estudiaremos acerca del mandato de la iglesia, sus mensajeros, su mensaje y misión, y aprenderemos respecto al lugar importante del Espíritu Santo en la vida de los creyentes.

zarpemos

En el texto griego original, el término del Nuevo Testamento para iglesia es *ekklesia*, que se traduce como "un grupo llamado de" o "asamblea". Por tanto, la iglesia representa a un grupo de personas que han sido *llamadas* de las tinieblas a la luz de Dios (1 P. 2:9-10). La Biblia nos dice que somos *llamados a estar juntos* como comunidad de creyentes (Hch. 2:42-47), y somos *llamados* para obedecer a Jesucristo (1 P. 1:2).

La iglesia es local y universal. El Nuevo Testamento dice que la iglesia local se reunía en casas (Hch. 5:42; Ro. 16:5; 1 Co. 16:19), en el templo (Hch. 2:46; 5:21, 42), en ciudades (Hch. 8:1; 13:1) y regiones (Hch. 9:31; Gá. 1:2). La iglesia universal —que significa global y eterna— es una sola (Ef. 4:4-6), santa (1 P. 2:9-10) y apostólica (Ef. 2:20).

Para obtener el máximo provecho de este capítulo sobre la iglesia y el Espíritu Santo, le animo a que, mientras lo estudia, lea todo el libro de Hechos. Así el Espíritu Santo podrá tomar estas verdades esenciales y situarlas en lo profundo de su corazón, mente y espíritu.

Descripciones de la iglesia en el Nuevo Testamento

La palabra "iglesia" se usa sólo dos veces en los evangelios (Mt. 16:18; 18:17), pero eso no indica que éstos no enseñen acerca de la iglesia. Por el contrario, Jesús hizo muchas declaraciones al respecto. Habló de Su "manada pequeña" (Lc. 12:32; Jn. 10:16), Sus "discípulos" (Mt. 10:24-25; 14:26-27), y los "pámpanos" que permanecen en Él, la Vid (Jn. 15:1-8). En estas y muchas otras formas, Jesús enseñó a Sus discípulos lo que significaba ser miembros de Su comunidad.

El cuerpo de Cristo - Ro. 12:4-5; 1 Co. 12:12-27; Ef. 4:11-16
- Jesús es la Cabeza de la iglesia, que es Su cuerpo (Ef. 1:22).
- De Él, el cuerpo crece y se edifica en amor.
- El cuerpo es uno aunque consiste de muchos miembros.
- Cada parte del cuerpo es necesaria e importante, y brinda su contribución singular al cuerpo.

IDEAS Y NOTAS

- Como las coyunturas y ligamentos en el cuerpo humano, los miembros en el cuerpo de Cristo están conectados el uno al otro, y deben funcionar juntos bajo Su dirección para manifestar propiamente a Jesús ante el mundo.
- Como el cuerpo humano, el cuerpo de Cristo es un organismo viviente, no una organización.

El edificio de Dios – 1 Co. 3:9-11; Ef. 2:19-22; 1 P. 2:4-6
- Jesucristo es la principal piedra del ángulo sobre la cual se edifica todo. Sin Él, la iglesia no puede mantenerse firme.
- Todos los creyentes son una morada en la que Dios vive por Su Espíritu (1 Co. 3:16-17).
- Somos "piedras vivas", edificadas como una casa espiritual conformada por creyentes de todos los tiempos —pasado, presente y futuro— y de todas las naciones de la tierra.

La esposa de Cristo – Ef. 5:21-33; Ap. 21:9-27
- Jesús es el esposo y la iglesia es la esposa.
- El término *esposa* indica el lugar de intimidad y amor que Jesús tiene en Su corazón para la iglesia.
- Jesús dio Su vida por Su esposa, la iglesia.
- Así como la esposa renuncia a todos los demás para unirse a su esposo, de ese modo la iglesia debe responder a Jesús con una actitud de amor, sumisión y obediencia a Él.
- Jesús desea edificar a Su esposa para que ella refleje la gloria de Él.

La familia o pueblo de Dios – Ef. 2:19; 1 P. 2:9-10
- Dios es nuestro Padre (Mt. 6:9; 2 Co. 6:18; Ef. 4:6).
- Dios, como Padre, nos amó tanto que envió a Su Hijo a morir por nosotros (Jn. 3:16).
- Dios nos adoptó (Gá. 4:4-7).
- Somos llamados hijos de Dios (1 Jn. 3:1).
- Somos hermanos y hermanas en Cristo (Mt. 12:50; He. 13:1; 1 P. 3:8).
- La iglesia debe ser un lugar de amor, aceptación y perdón.

La comunidad del Espíritu Santo – Hechos
- El libro de Hechos está centrado en las obras del Espíritu Santo en la vida de la iglesia y por medio de ella.
- El Espíritu Santo inició la iglesia en Hechos, le dio poder, la llenó con Su presencia y la sostuvo.
- El liderazgo del Espíritu Santo sobre la iglesia le permitió a ésta glorificar a Jesús y extender el reino de Dios.

La iglesia es el cuerpo de Cristo, y el Espíritu es el Espíritu de Cristo. Él llena el cuerpo, dirige sus movimientos, controla a sus miembros, inspira su sabiduría, suple su fuerza. Él guía hacia la verdad, santifica a sus agentes y da poder para testificar. El Espíritu nunca ha abdicado a Su autoridad ni ha relegado Su poder.

Samuel Chadwick, 1860-1932, predicador inglés

El mandato a la iglesia

En el primer capítulo de su carta a los Efesios, Pablo tres veces declara que el plan eterno de Dios para Su pueblo es que seamos para alabanza de Su gloria (Ef. 1:6, 12, 14). A través de todo el capítulo se muestra a Dios como el originador y el objetivo del proceso redentor. Dios es glorificado cuando la iglesia cumple totalmente el propósito de su existencia, alaba conscientemente a Dios por Su gracia, y demuestra con gozo la gracia divina al ser llena de toda la plenitud de Dios (Ef. 3:19). Los mandatos a la iglesia son:

Ministrar al Señor
- Ministrar al Señor en adoración, oración y obediencia era prioridad para la iglesia en Hechos.
- Los creyentes ministraban al Señor cada día, individual y colectivamente (Hch. 2:46-47).
- Cuando ministraban al Señor, los líderes escuchaban a Dios (Hch. 13:1-3).
- Los discípulos adoraban al Señor en medio de situaciones difíciles (Hch. 16:16-34).

Ministrarse unos a otros
- Lavarse los pies unos a otros (Jn. 13:14-15).
- Amarse los unos a los otros (Jn. 13:34).
- Amarse unos a otros con amor fraternal (Ro. 12:10).
- Honrarse unos a otros (Ro. 12:10).
- Compartir unos con otros (Ro. 12:13).
- Bendecirse unos a otros, gozar y llorar unos con otros (Ro. 12:14-15).
- Vivir en armonía unos con otros (Ro. 12:16; 15:5).
- Recibirse o aceptarse unos a otros (Ro. 15:7, *NVI*).
- Amonestarse o instruirse unos a otros (Ro. 15:14, *NVI*).
- Saludarse unos a otros (Ro. 16:16).
- Esperarse unos a otros (1 Co. 11:33).
- Preocuparse los unos por los otros (1 Co. 12:25).
- Consolarse unos a otros (2 Co. 1:3-4).
- Servirse los unos a los otros (Gá. 5:13).
- Restaurarse unos a otros (Gá. 6:1).
- Sobrellevar los unos las cargas de los otros (Gá. 6:2).
- Soportarse unos a otros (Ef. 4:2).

IDEAS Y NOTAS

- Ser benignos y misericordiosos unos con otros (Ef. 4:32).
- Someterse unos a otros (Ef. 5:21).
- Estimar cada uno a los demás como superiores a sí mismo (Fil. 2:3).
- Perdonarse unos a otros (Col. 3:13).
- Exhortarse unos a otros (Col. 3:16).
- Permitir que crezca y abunde el amor unos para con otros (1 Ts. 3:12).
- Animarse y edificarse unos a otros (1 Ts. 5:11).
- Hacer el bien unos a otros (1 Ts. 5:15).
- Motivarse unos a otros a amar y hacer buenas obras (He. 10:24).
- Confesarse las ofensas unos a otros (Stg. 5:16).
- Orar los unos por los otros (Stg. 5:16).
- Hospedarse unos a otros (1 P. 4:9).
- Actuar humildemente unos con otros (1 P. 5:5).

Ministrar a los no creyentes en el mundo
- Usando las oportunidades que Dios nos presente.
- Predicando el evangelio a pueblos y naciones que aún no lo han escuchado de manera que puedan identificarse con él y entenderlo.
- A los discípulos los llamaron cristianos ("pequeños Cristos") porque vivían a la semejanza de Jesús (Hch. 11:26).

Los mensajeros de la iglesia

¿Quiénes son los mensajeros de la iglesia? Nosotros, ¡usted y yo! Para comprender mejor lo que eso significa, veamos a los 12 mensajeros originales. Nos unimos a un grupo informal de gente común. Jacobo, Juan, Pedro y los demás no eran hombres intelectuales o de éxito. No poseían más méritos que los que estaban a su alrededor. Eran personas comunes. Jesús caminó por las riberas de Galilea y llamó a pescadores, hombres sencillos que se ganaban el sustento trabajando con las manos. Dios los salvó de sus pecados y los hizo nuevas criaturas. Emergieron de lo común y empezaron a adoptar la extraordinaria semejanza y pasión de Cristo. Recibieron el mensaje de su Maestro y lo proclamaron. Lo comunicaron a los perdidos cuando estaban con Él, mientras esperaban Su retorno, cuando amigos y extraños los perseguían, cuando el Espíritu Santo les dio poder, y cuando quedaban asombrados por Dios, hombres o animales. Como resultado, "desde los días de Juan el Bautista hasta ahora, el reino de los cielos sufre violencia, y los violentos lo arrebatan" (Mt. 11:12).

Las personas son el método de Dios. La iglesia busca mejores métodos;
Dios busca mejores personas. La iglesia hoy no necesita más o mejor equipo,
nuevas organizaciones o más métodos novedosos, sino personas que el Espíritu
Santo pueda usar — personas de oración, personas poderosas en oración. El
Espíritu Santo no desciende sobre equipos sino sobre personas.
Él no unge planes sino personas — personas de oración.

E. M. Bounds, 1835-1913, pastor y hombre de oración de EUA

Nombres que describen a los mensajeros de la iglesia

- *Creyentes* es el término para describir a los que creían en Jesús (Hch. 2:44).
- *Discípulos* eran los que aprendían de su Maestro (Jesús) y llegaban a ser como Él (Hch. 6:2).
- *Los del Camino* se refería a los que habían adoptado un estilo especial de vida (Hch. 9:2).
- *Cristianos* se traduce como "peque os ungidos" o "peque os Cristos" (Hch. 11:26).
- *Santos* se refería a los que habían sido dedicados y apartados para Dios (Hch. 26:10).

Cómo se identificaban con Jesús los mensajeros de la iglesia

Confesaban que Jesús era el Señor - Ro. 10:9-10

- Puesto que en la iglesia primitiva a menudo perseguían, castigaban, encarcelaban o mataban a los que confesaban a Cristo, la confesión de fe en Jesús los afirmaba como creyentes. Esos discípulos sin temor confesaban a Jesús ante judíos (Hch. 2:14-41), gentiles (Hch. 17:16-34), líderes religiosos (Hch. 4:1-22) y reyes (Hch. 25:13–26:32).

Se bautizaban - Mt. 28:18-20

- Al bautizarse, el nuevo creyente se identifica con la persona, la muerte, la resurrección y la causa de Jesucristo. El acto del bautismo da testimonio al mundo de que el nuevo creyente ha nacido de nuevo en el reino de Dios y le ha prometido a Él su lealtad primordial.
- En Hechos vemos varios ejemplos de personas que se bautizaron: los que creyeron el día de Pentecostés (Hch. 2:41), creyentes samaritanos (Hch. 8:12), el etíope (Hch. 8:36-38), Saulo (Hch. 9:18), Lidia (Hch. 16:15), el carcelero de Filipos y su familia (Hch. 16:29-34), Crispo y todos los de su casa (Hch. 18:8), los creyentes en Efeso (Hch. 19:1-5).

Recibían la Cena del Señor - Mt. 26:17-30; Hch. 2:42

- La Cena del Señor es el nombre dado a la comida de la Pascua que Jesús celebró con Sus discípulos la noche previa a Su crucifixión. El pan partido representa Su cuerpo que fue partido por los pecados del mundo, y el vino representa Su sangre derramada por el perdón de los pecados.
- La comunión, como puede llamársele también, es un recordatorio de la obra consumada de Jesús. No participamos de ella para recordar nuestros pecados, sino lo que Jesús hizo por nosotros. Asimismo, nos recuerda que debemos esperar Su retorno, cuando participaremos de la comunión con Él en el reino de nuestro Padre (Mt. 26:29).
- La celebración de la Cena del Señor está reservada para los que creen en Jesús. Pablo instruyó a la iglesia para que, antes de recibir el pan y el vino, examinen sus corazones asegurándose de estar bien con Dios, y los unos con los otros (1 Co. 11:23-34).

IDEAS Y NOTAS

Los mensajeros de la iglesia sufrieron persecución y martirio - Hch. 5:17-42
- El libro de Hechos nos habla de discípulos que enfrentaron persecución y martirio (asesinados por la causa de Jesús y el evangelio): Pedro y Juan (Hch. 4:1-22), los apóstoles (Hch. 5:17-42), Esteban (Hch. 6:8–7:60), Jacobo (Hch. 12:2) y Pablo (2 Co. 11:22-33).

Cómo murieron los discípulos de Jesús, según relata la tradición
- A Pedro lo crucificaron boca abajo en Roma.
- A Jacobo lo decapitaron en Jerusalén.
- Andrés fue crucificado.
- Felipe murió como mártir en Hierápolis.
- Bartolomé fue azotado hasta morir.
- Tomás murió como mártir en la India.
- Mateo murió como mártir en Etiopía.
- Jacobo (hijo de Alfeo) fue crucificado en Egipto.
- Tadeo murió como mártir en Persia.
- Simón el zelote fue crucificado.
- Matías murió como mártir en Etiopía.
- Juan fue el único discípulo que murió por causas naturales.
- Pablo fue decapitado en Roma.

Lo que Jesús y Pablo dijeron acerca de la persecución
- La gente nos aborrecerá por causa de Jesús (Mt. 10:22).
- Dios nos bendice cuando somos perseguidos (Mt. 5:10-12).
- Seremos perseguidos por causa de Jesús y el evangelio (Mr. 10:29-30).
- Debemos sufrir como buenos soldados de Jesucristo (2 Ti. 2:3).
- Todos los que deseen vivir piadosamente serán perseguidos (2 Ti. 3:12).

Qué debemos hacer al enfrentar persecución
- Responder con amor y con la verdad (Hch. 4:18-20).
- Perdonar (Hch. 7:59-60).
- Poner nuestra mirada en Jesús (Hch. 7:54-56).
- Seguir la guía del Espíritu Santo (Mr. 13:11).
- Amar y orar (Mt. 5:44-45; Hch. 7:59-60).
- Gozarnos porque Dios nos considera dignos de sufrir por Jesús (Hch. 5:41; Mt. 5:10-12).

El mensaje de la iglesia

Cuando a Jesús le dieron el libro de Isaías para la lectura en una sinagoga de Nazaret, Él leyó las palabras que el profeta había escrito cientos de años antes: "El Espíritu del Señor está sobre mí, por cuanto me ha ungido para dar buenas nuevas a los pobres; me ha enviado a sanar a los quebrantados de corazón; a pregonar libertad a los cautivos, y vista a los ciegos; a poner en libertad a los oprimidos; a predicar el año agradable del Señor" (Is. 61:1-2; Lc. 4:18-19). Los ojos de todos estaban puestos en Jesús mientras hablaba. Cuando terminó, enrolló el libro y se lo devolvió al ministro que se lo había dado. Luego, asombrando a todos los presentes, dijo algo increíble e incomprensible, que era herejía para los fariseos inflexibles de aquel tiempo. El joven que creció entre ellos declaró: "Hoy se ha cumplido esta Escritura delante de vosotros" (Lc. 4:20-21). En ese momento Jesús proclamó que era el Mesías por tanto tiempo esperado, y, en base al pasaje citado, se nos dice cuál sería el ministerio del Mesías. Jesús vino a predicar las buenas nuevas, el evangelio del reino de Dios. Usando centenares de parábolas, ilustraciones y ejemplos proféticos, Jesús verdaderamente cumplió las palabras del profeta. La iglesia recibió Su mensaje y debía proclamarlo en todo el mundo (Mr. 1:14-15; Mt. 4:23; Lc. 4:43; Hch. 8:12; 19:8; 28:30-31).

El mensaje de la iglesia provino de testigos de primera mano
Puesto que los discípulos habían experimentado personalmente a Jesús en sus vidas, pudieron testificar con valor acerca de Él. No podían dejar de decir a otros lo que habían vivido (Hch. 4:20; 21:37—22:29; 1 Jn. 1:1-4).

El mensaje fue motivado por su amor a Dios y a los perdidos
Debido a lo que Jesús había hecho por los discípulos, el amor los impulsó a compartir el evangelio con aquellos que aún no lo habían oído (2 Co. 5:14-21). Deseaban que Jesús, el Cordero de Dios, recibiera la recompensa por Sus sufrimientos (Ap. 5:1-14).

El mensaje era sólo acerca de Jesús
- Quién es Él (Hch. 2:21, 36; 9:20; 10:36-38).
- Su vida (Hch. 2:22; 9:20; 10:37-39).
- Su muerte y resurrección (Hch. 2:22-24; 3:13-15, 18-26; 4:33; 10:34-43; 13:26-41; 1 Co. 15).
- Si desea conocer más, lea algunos de los sermones en Hechos (Hch. 2:14-41; 3:11-26; 6:8—7:60; 17:16-34; 21:37—22:29).

IDEAS Y NOTAS

El mensaje era acerca de la gracia de Dios, el arrepentimiento y la fe
* Es por gracia que la gente es salva (Hch. 15:11; Ef. 2:1-10).
* La tarea continua de los mensajeros era testificar del evangelio de la gracia divina (Hch. 20:24).
* Dios confirmó el mensaje de Su gracia con señales y prodigios (Hch. 14:3).
* Arrepentimiento y fe son las respuestas apropiadas del corazón al mensaje de la gracia divina (Hch. 2:38; 3:19; 17:30; 20:21; 26:20).

El mensaje era comunicado a todos los pueblos y culturas
* Ellos adaptaban el mensaje del evangelio de modo que toda persona y cultura pudiera oírlo y entenderlo: judíos (Hch. 3:13-42) y gentiles (Hch. 17:16-34).
* Pablo a todos se hizo de todo para que algunos fueran salvos (1 Co. 9:19-23).

El mensaje le decía a la gente cuál era su condición delante de Dios
* Su pecado había clavado a Jesús a la cruz (Hch. 2:22-24, 36; 3:13-15).
* Algún día todos darán cuenta de su vida a Jesús (Hch. 17:30-31; 2 Co. 5:10).
* El Nuevo Testamento también enseña la realidad del infierno, un lugar para los impíos que continúan en sus pecados en vez de aceptar la salvación por medio de Jesús. El infierno no fue creado para el ser humano, sino para el diablo y sus ángeles (Mt. 25:41). Se describe como un lugar de oscuridad (Mt. 8:12; Jud. 13), castigo y fuego eternos (Mt. 18:8; 25:46; Lc. 16:4), lloro y crujir de dientes (Mt. 8:12; 13:42) y sed insaciable (Lc. 16:22-26), excluido de la presencia del Señor (2 Ts. 1:8-9), y es para los que continúan en sus pecados (Ap. 21:5-8).
* Si hablamos del infierno a las personas, sólo debe motivarnos un sincero amor, compasión y dolor por ellas. El propósito jamás debe ser atacar a los inconversos, sino comunicarles una verdad a través de la gracia que nosotros mismos hemos recibido. Orar por los perdidos pone nuestro corazón en armonía con el de Dios, permitiéndonos compartir más eficazmente esta verdad con otros, en actitud de compasión y misericordia.

El mensaje enseñaba a la gente cómo restaurar su relación con Dios
* Arrepiéntase, respondiendo a la gracia de Dios, para recibir el perdón de los pecados (Hch. 2:38; 3:19).
* Crea, o ponga toda su fe y confianza en el Señor Jesús (Hch. 16:31; 20:21).
* Niéguese a usted mismo, tome la cruz y siga a Jesús, buscando primeramente el reino de Dios (Mt. 16:24-26; 6:33).

Tratar de hacer la obra del Señor con sus propias fuerzas es el trabajo más confuso, agotador y tedioso. Pero, cuando usted es lleno con el Espíritu Santo, entonces el ministerio de Jesús simplemente fluye de usted.

Corrie ten Boom, 1892-1987, heroína holandesa del Holocausto, autora de El Refugio Secreto

El mensaje fue confirmado por Dios con demostraciones de poder

- Las señales y prodigios formaban parte del ministerio de los discípulos en Hechos: Jesús declaró que las señales los seguirían (Mr. 16:15-20); fueron parte del ministerio de Pedro (Hch. 3:1-10; 9:32-43), Esteban (Hch. 6:8), Felipe (Hch. 8:4-8) y Pablo (13:6-12; 20:7-12).
- Los siguientes son algunos prodigios y señales que se mencionan en Hechos:

    - Cojos, lisiados y paralíticos fueron sanados (Hch. 3:1-10; 8:7; 9:32-35; 14:8-10).
    - La muerte de Ananías y Safira (Hch. 5:1-11).
    - La sombra de Pedro sanaba a algunos (Hch. 5:12-16).
    - Los demonios eran echados fuera (Hch. 5:16; 8:7; 16:16-18; 19:11-16).
    - Felipe fue transportado por el Espíritu (Hch. 8:36-40).
    - Algunos resucitaron (Hch. 9:36-43; 20:7-12).
    - Mensajes dados por ángeles (Hch. 5:17-21; 8:26; 12:1-19; 27:23-24).
    - Un mago quedó ciego (Hch. 13:6-12).
    - Sanidades y liberaciones con paños y delantales (Hch. 19:11-12).
    - La mordida de una víbora no causó daño alguno (Hch. 28:3-6).

- El propósito de las señales y prodigios es dar testimonio de Jesús, Sus mensajeros y el mensaje del evangelio. En Hechos, casi cada vez que se registra una demostración de poder, ésta llevó directamente a la conversión de muchas personas o dio a los discípulos la oportunidad de predicar el evangelio (Hch. 2:22; 8:5-8).
- Es importante notar que hoy Dios continúa dando testimonio del Señor Jesús, Sus mensajeros y el mensaje del evangelio mediante señales y prodigios. No son hechos que alguien puede planear, sino actos de un Dios soberano. Nuestra responsabilidad es avanzar en fe y obediencia, en el nombre de Jesús, cuando el Espíritu Santo nos guíe. Jesús dijo que los creyentes ministrarían con señales y prodigios, y que harían cosas mayores que las que Él había hecho en esa área (Mr. 16:15-18; Jn. 14:12). Si usted no lo ha hecho antes, empiece a orar con regularidad para que Dios confirme Su mensaje a través de la vida suya con señales y prodigios (Hch. 4:23-31), de modo que Jesús sea glorificado y la gente lo conozca a Él.
- Recuerde siempre que las señales y prodigios deben seguirnos; no tenemos que ir tras ellos. Cuando la gente es sanada, eso manifiesta que el reino de Dios se ha acercado a ellos — es una muestra del cielo viniendo a la tierra (Lc. 10:9). Si las personas no sanan inmediatamente después que ora por ellas, asegúreles que Dios las ama y usted también, y que Él puede sanarlos a Su manera y en Su tiempo, ya sea aquí en la tierra ahora o en el cielo después.

IDEAS Y NOTAS

La misión de la iglesia

El concepto de misiones de la iglesia se originó en el corazón de Dios. Al estudiar la Biblia con atención, vemos Su deseo constante, deliberado y misericordioso de que todas las personas lleguen a estar en comunión con Él. "Palabra fiel y digna de ser recibida por todos: que Cristo Jesús vino al mundo para salvar a los pecadores" (1 Ti. 1:15). La iglesia debe comunicar las buenas nuevas de salvación en Jesucristo a toda la gente, "hasta lo último de la tierra" (Hch. 1:8). Por tanto, Su propósito viene a ser nuestra misión, a fin de que toda la humanidad pueda conocerle y gozarse en Él eternamente.

La predicación del evangelio a todas las naciones
- Jesús dijo a los discípulos que llevaran el evangelio a todos y en todo lugar (Mr. 16:15-20).
- Jesús los comisionó para que hicieran discípulos en todas las naciones (grupos de gente) (Mt. 28:18-20).

La progresión del evangelio en Hechos
- A Jerusalén (local) (Hch. 1—7).
- A Judea y Samaria (regional/nacional) (Hch. 8—12).
- Hasta lo último de la tierra (internacional) (Hch. 13—28).

Nada pudo detener el avance del evangelio en Hechos
- Ni el odio, los celos o el prejuicio (Hch. 5:40-42).
- Ni las mentiras (Hch. 5:1-11).
- Ni las amenazas (Hch. 4:18-20, 31).
- Ni la persecución (Hch. 8:1-4; 9:1-19).
- Ni los juicios ni la prisión (Hch. 5:17-21; 12:1-18; 24—26).
- Ni los apedreamientos ni el martirio (Hch. 7:54—8:4; 12:1-2, 24; 14:19-21).
- Ni los alborotos (Hch. 19).
- Ni la geografía (Hch. 9:31).
- Ni las dispersiones (Hch. 8:1-4).
- Ni las tormentas ni los naufragios (Hch. 27:42—28:10).
- Ni los hermanos falsos ni las enseñanzas falsas (Hch. 15:1-9).
- Ni los líderes religiosos (Hch. 5:40-42).
- Ni los reyes (Hch. 12).
- Ni los que rehusaban escuchar el evangelio (Hch. 28:23-31).

Necesitamos un bautismo de visión clara. Necesitamos desesperadamente a quienes puedan ver a través de la niebla — líderes cristianos con visión profética. A menos que vengan pronto, será muy tarde para esta generación. Y si vienen, sin duda crucificaremos a algunos en el nombre de nuestra ortodoxia mundana.

A. W. Tozer, 1897-1963, pastor y escritor estadounidense

Dios provee a la iglesia líderes consagrados para dirigirla hacia su misión

- El liderazgo bíblico consiste en ministrar a la gente guiándola al camino y a los propósitos de Dios (Mt. 20:20-28).
- El liderazgo bíblico es una responsabilidad a la cual uno es llamado por Dios, y en la que se debe cuidar del pueblo y los propósitos de Dios (Hch. 20:28).
- Los requisitos para el liderazgo bíblico se basan en el carácter santo y la madurez espiritual (Hch. 6:1-7; 1 Ti. 3:1-13; Tit. 1:5-9).
- En el liderazgo bíblico generalmente se habla de equipos de líderes. Uno funge como "el principal entre ellos", pero en verdad el liderazgo se comparte, a la vez que cada miembro del equipo se rinde a la dirección del Espíritu Santo, quien resalta ciertos dones en diversas situaciones y etapas (Hch. 13:1-3; 14:23). Notemos la relación de Pablo y Bernabé. En el principio Bernabé dirigía, pero poco después cedió ese lugar ante los dones de Pablo y el orden indicado por el Espíritu Santo (Hch. 9–15).
- Entre las responsabilidades de los líderes en la iglesia, se incluía:
  - Buscar a Dios en oración (Hch. 1:14, 24; 6:2-4; 10:9-48; 14:23; 20:25-38).
  - Pastorear al rebaño (Hch. 20:28; 1 P. 5:1-4).
  - Enseñar, discipular y preparar al pueblo de Dios para obras de servicio (1 Ti. 3:2; Tit. 1:9; Mt. 28:19-20; Ef. 4:11-16).
  - Permitir que la gente use sus dones y ministerios (Hch. 6:1-7; 13:1-3; 1 Ti. 4:14).
  - Cuidarla de falsos maestros y falsa doctrina (Hch. 20:28-31; Tit. 1:9).
  - Administrar las necesidades prácticas (Hch. 6:1-7; 11:27-30).

 # EN AGUAS MÁS PROFUNDAS

Como dijimos antes, el libro de Hechos trata de las obras del Espíritu Santo en y a través de la iglesia que recién había nacido. La tercera Persona de la Divinidad no sólo desempeñó un papel importante en el nacimiento, vida y expansión de la iglesia de ese tiempo, sino que Su rol continúa hoy también. Veamos lo que nos enseña la Biblia acerca del Espíritu Santo.

Aunque no podemos ver al Espíritu Santo, sabemos que está allí porque vemos el efecto de Su presencia en todo lo que Él toca.

IDEAS Y NOTAS

Somos morada del Espíritu Santo

Limitado por la finitud, el ser humano sólo puede explicar las cosas en el contexto de su mundo físico. Puesto que experimentamos lo concreto de la familia, entendemos la figura de Dios como Padre y nos identificamos con Dios como Hijo. Sin embargo, nos es más difícil comprender al Espíritu Santo. No hay nada en el mundo material con lo cual podamos compararlo. La Biblia sólo una vez usa una analogía material para ayudarnos a entender. En Juan 3:8, Jesús dijo: "El viento sopla de donde quiere, y oyes su sonido; mas ni sabes de dónde viene, ni a dónde va; así es todo aquel que es nacido del Espíritu". Estaba afirmando que aunque no podemos ver al Espíritu Santo, sabemos que está allí porque vemos el efecto de Su presencia en todo lo que Él toca. Jesús nos dijo asimismo que la presencia del Espíritu Santo sería mayor que la de Él mismo (Jn. 16:7). Limitado por la forma física, Jesús sólo podía estar en un lugar a la vez. Pero, el Espíritu Santo vendría y moraría en todos los creyentes, todo el tiempo. Es decir, los hombres caminaban con Jesús, pero se separaban en ocasiones quizá por alguna necesidad, como la de dormir. Sin embargo, debido a la venida del Espíritu Santo, ninguno de los que disfrutamos de la relación con Cristo tendremos que separarnos otra vez. Por medio de Su Espíritu que mora en nosotros, podemos caminar con Jesús sin interrupción.

¿Quién es el Espíritu Santo?
- Es la tercera Persona de la Divinidad, la Trinidad (2 Co. 13:14; Mt. 28:19).
- Posee los mismos atributos del Padre y del Hijo (Jesús).
- Es espíritu (Jn. 4:24).
- Conoce todo (omnisciente) (1 Co. 2:10-11).
- Es todopoderoso (omnipotente) (Job 33:4; Hch. 2:1-4).
- Está en todo lugar (omnipresente) (Sal. 139:7).
- Es eterno (He. 9:14).
- Es santo (Sal. 51:11; Is. 63:10), sabio (Dn. 4:8-9, 18) y bueno (Neh. 9:20; Sal. 143:10).
- Posee los atributos de una persona: mente (Ro. 8:27); voluntad (1 Co. 12:11); amor (Ro. 15:30); pensamiento, conocimiento y palabras (1 Co. 2:6-16); puede ser apagado (1 Ts. 5:19) y entristecido (Ef. 4:30).
- El Padre y el Hijo (Jesús) lo envían a nosotros (Jn. 14:16; 15:26).
- Siempre da testimonio de Jesús y lo glorifica (Jn. 15:26; 16:12-15).

Algunos símbolos del Espíritu Santo
- *Aliento o viento* — Es invisible, sustentador de la vida y todopoderoso (Jn. 3:8; 20:22; Hch. 2:1-4).
- *Paloma* — Es amable y puro (Mt. 3:16).
- *Aceite* — Nos unge para el servicio (1 S. 16:13; Lc. 4:18).

Si sólo consideramos al Espíritu Santo como un poder o influencia impersonal, constantemente pensaremos cómo podríamos controlarlo y usarlo; pero si pensamos en Él en forma bíblica, como una Persona divina, infinitamente sabia, infinitamente santa, infinitamente tierna, entonces constantemente pensaremos: "¿Cómo puede el Espíritu Santo tomar control de mí y usarme?"

R. A. Torrey, 1856-1928, pastor, evangelista y educador estadounidense

- *Fuego* – Su presencia purifica, ilumina y une al pueblo de Dios (Mt. 3:11-12; Hch. 2:3-4).
- *Agua viva* – Él da vida, refrigerio y apaga la sed (Jn. 4:14; 7:38-39).
- *Garantía* – De lo que Dios tiene para nosotros (2 Co. 1:21-22; Ef. 1:13-14).

Las obras del Espíritu Santo

El Espíritu Santo mora en el creyente para siempre (Jn. 14:16-20). Jesús lo prometió al decir: "Mas el Consolador, el Espíritu Santo, a quien el Padre enviará en mi nombre, él os enseñará todas las cosas, y os recordará todo lo que yo os he dicho" (Jn. 14:26). Luego Jesús reafirmó Su promesa diciendo: "Pero cuando venga el Consolador, a quien yo os enviaré del Padre, el Espíritu de verdad, el cual procede del Padre, él dará testimonio acerca de mí" (Jn. 15:26).

El Espíritu Santo nos trae a la mente la verdad de Dios. Como si camináramos lado a lado con un Amigo íntimo, el Espíritu Santo nos habla, recordándonos lo que olvidamos, haciéndonos recordar la Palabra de Dios y aplicándola a nuestra situación (Jn. 14:26). Su obra en el creyente produce una íntima relación de amor con Dios. Él es nuestro Consolador, Aquel que nos alienta y nuestro Ayudador. Algunas de las obras del Espíritu Santo son:

Traer la presencia de Jesús a nuestra vida
- Jesús lo envió para que no estuviéramos huérfanos (Jn. 14:18).
- Él nos bautiza en el Cuerpo de Cristo (1 Co. 12:13).
- Nos llena y mora en nosotros (Ef. 5:18; Ro. 8:9).
- Nos da la certeza de que somos hijos de Dios (Ro. 8:15-16).
- Viene como nuestro Ayudador, Consolador y Consejero (Jn. 14:16, 26; 16:7).

Traer la semejanza de Jesús a nuestra vida
- Nos guía a toda la verdad y nos ayuda a recordarla (Jn. 14:26; 16:13).
- Crea en nosotros una disposición para lo espiritual (Ro. 8:5).
- Nos convence de pecado y justicia (Jn. 16:8-11).
- Hace que muera el pecado en nuestra vida cuando nos rendimos a Él (Ro. 8:13-14).
- Nos santifica, permitiendo que seamos más semejantes a Jesús (2 Ts. 2:13-15).
- Produce el fruto del Espíritu en nuestra vida (Gá. 5:22-23).

IDEAS Y NOTAS

Traer el poder de Jesús a nuestra vida y hacer que fluya a través de ella
- Él nos ayuda en nuestra debilidad, especialmente en la oración (Ro. 8:26-27).
- Nos da el poder para vencer el pecado en nuestra vida (Gá. 5:16-26).
- Nos da la capacidad para conocer la voluntad de Dios, y el poder para realizarla (Ro. 8:14; Hch. 13:1-3).
- Nos concede dones espirituales y nos unge para usarlos a fin de extender Su reino (1 Co. 12:7-11).
- Nos da poder para ser testigos de Jesús (Hch. 1:8).

La relación del discípulo con el Espíritu Santo
- Los discípulos nacen de nuevo por el Espíritu (Jn. 3:5-8).
- Los discípulos son bautizados en la familia de Dios por el Espíritu (1 Co. 12:13).
- Los discípulos son provistos de poder por el Espíritu Santo (Hch. 1:8; 2:38-39).
- Los discípulos deben ser llenos por el Espíritu constantemente (Ef. 5:18).
- Los discípulos deben vivir por el Espíritu (Gá. 5:16, *NVI*).
- Los discípulos deben andar guiados por el Espíritu (Gá. 5:25, *NVI*).
- Los discípulos deben ser dirigidos por el Espíritu (Ro. 8:14).
- Los discípulos deben llevar el fruto del Espíritu en su vida (Gá. 5:22-23).
- Los discípulos reciben poder del Espíritu para usar sus dones (1 Co. 12:4-11).
- Los discípulos no deben apagar (decir no cuando Él dice sí) ni contristar (decir sí cuando Él dice no) al Espíritu Santo (1 Ts. 5:19; Ef. 4:30).

La investidura de poder del Espíritu Santo
- Nuestro Padre celestial desea darnos el Espíritu Santo cuando se lo pedimos (Lc. 11:13).
- El mandato de Dios es que seamos llenos del Espíritu (Ef. 5:18).
- Los discípulos necesitaban el poder del Espíritu Santo para ser testigos eficaces (Lc. 24:49; Hch. 1:4-8).
- El arrepentimiento de sus pecados y el compromiso al se orío de Jesús precedieron la investidura de poder del Espíritu en la vida de los discípulos de Jesús (Hch. 2:38).
- El Espíritu Santo no fue prometido sólo a los discípulos en Hechos, sino también a nosotros (Hch. 2:38-39).
- Estudiar la vida de Pedro, antes y después de haber recibido el poder del Espíritu Santo, revela la importancia de tal poder en nuestra vida. (Lea lo que dicen de Pedro los relatos en los evangelios; luego compárelos con Hechos 2—15, después que recibió al Espíritu Santo).
- La evidencia de la investidura del Espíritu Santo en la vida de los creyentes es el poder (Hch. 1:8). Ese poder se manifestó de muchas maneras en el libro de Hechos, incluyendo el amor a otras personas, la obediencia a Dios, la oración con poder, el valor para testificar de Jesús, los dones espirituales en práctica, las señales y prodigios, y la ministración a otros.

Respira en mí, Espíritu Santo, para que todos mis pensamientos sean santos.
Actúa en mí, Espíritu Santo, para que mi trabajo sea también santo.
Limpia mi corazón, Espíritu Santo, para que sólo ame lo santo.
Fortaléceme, Espíritu Santo, para defender todo lo que es santo.
Protégeme, Espíritu Santo, para que sea siempre santo.

San Agustín de Hipona, 354-430, Padre de la iglesia

- Otra manifestación que puede suceder con la investidura de poder del Espíritu Santo es el hablar en lenguas. Ocurrió varias veces en el libro de Hechos (2:1-4; 10:44-46; 19:1-7). Esta manifestación de lenguas se usa para edificación personal y como lenguaje de oración. Al parecer, es distinto al don de lenguas, que es acompañado por el don de interpretación de lenguas (1 Co. 12:10) y se usa en público para bendecir al Cuerpo y para que sea una señal para los no creyentes. En 1 Corintios 14 encontrará la enseñanza de Pablo sobre este tema.
- Cuando llegamos a ser cristianos, el Espíritu Santo viene y mora en nosotros, haciéndonos hijos de Dios (Jn. 3:5-8; Ro. 8:13-17; 1 Co. 12:13). La investidura de poder del Espíritu Santo puede describirse como la venida del Espíritu Santo al creyente a fin de capacitarlo para el servicio a Dios.

La permanencia en el Espíritu Santo

Juan 15:1-17 – El secreto de la vida cristiana se encuentra en Juan 15:5. Jesús dijo a Sus discípulos: "Yo soy la vid, vosotros los pámpanos; el que permanece en mí, y yo en él, éste lleva mucho fruto; porque separados de mí nada podéis hacer". Este permanecer en Cristo mientras Él permanece en nosotros, está íntimamente relacionado con la venida del Espíritu Santo. Uno no puede permanecer en Cristo si no camina en el Espíritu.

Permanecer en Él implica dependencia completa
- La existencia total del pámpano depende de la vid.
- Separado de la vid, el pámpano se seca y muere.
- Como el pámpano, los discípulos deben comprender que sin la dependencia diaria en el Espíritu Santo, sus vidas se secarán y morirán.

Permanecer en Él implica profunda confianza y reposo
- El pámpano no muestra ansiedad, sino que descansa totalmente en la vid.
- Aunque otros pámpanos crezcan más y aun produzcan más fruto, el pámpano nunca compite.
- Como el pámpano, los discípulos deben confiar y descansar en la guía del Espíritu Santo para sus vidas.

Permanecer en Él implica comunión íntima
- El pámpano tiene comunión constante y continua con la vid.
- El pámpano reconoce que su comunión íntima es la clave para su vida y que, sin el fluir nutritivo de la savia, es imposible que sea un árbol saludable, creciente y fructífero.
- Como el pámpano, los discípulos cada día deben andar en constante compañerismo con el Espíritu Santo si desean ser creyentes saludables, crecientes y fructíferos.

IDEAS Y NOTAS

Permanecer en Él implica dar fruto

- El pámpano no hace esfuerzo alguno para dar fruto, sino que permanece sujeto a la vid para que su fluir dé fruto.
- La vid realiza todo el trabajo, mientras que el pámpano se mantiene disponible para ser usado por la vid a fin de llevar fruto.
- Como el pámpano, los discípulos no necesitan esforzarse para dar fruto, sino vivir sujetos al Espíritu Santo, permitiendo que Él se mueva a través de ellos para dar frutos — frutos que perdurarán.

Permanecer en Él implica rendición total

- El pámpano está totalmente rendido a la vid y a su disposición.
- Todo lo que el pámpano tiene y es, puede ser usado por la vid como ésta desee.
- Como el pámpano, los discípulos deben rendirse totalmente al Espíritu Santo, permitiendo que Él decida cómo desea fluir a través de ellos para la gloria de Dios.

ECHEMOS LA RED

¿Cuál era su opinión acerca de la iglesia? Después de verla a través del libro de Hechos, ¿cómo ha cambiado esa opinión? A la luz de estas verdades, ¿qué está haciendo para contribuir en su iglesia local?

_____

_____

_____

_____

_____

_____

_____

_____

_____

_____

_____

El pámpano de la vid no se preocupa, no trabaja, no corre aquí para buscar sol ni allá para encontrar lluvia. No; él descansa en unión y comunión con la vid; y en el tiempo correcto, y en la forma correcta, en él se halla el fruto correcto. Permanezcamos así en el Señor Jesús.

Hudson Taylor, 1832-1905, misionero inglés a la China

¿Está su vida alineada a los tres mandatos para la iglesia: ministrar primero al Señor; ministrarse unos a otros; ministrar a los no creyentes que Dios ha puesto a su alrededor en el mundo? ¿Qué cambios podría el Espíritu Santo pedirle que haga en estas áreas?

_____

_____

_____

_____

_____

_____

_____

Respecto a los mensajeros de la iglesia, ¿cuál enseñanza le habló más? ¿Y en cuanto al mensaje de la iglesia? ¿Está orando para que Dios confirme el mensaje de Jesús con demostraciones de poder? ¿Qué está haciendo deliberadamente para ayudar a que la iglesia cumpla su misión?

_____

_____

_____

_____

_____

_____

_____

_____

_____

_____

IDEAS Y NOTAS

_____

_____

_____

_____

¿Qué creía usted acerca del Espíritu Santo antes de estudiar este capítulo? ¿Qué aprendió acerca de Él y Su relación con usted? ¿Ya leyó todo el libro de Hechos?

_____

_____

_____

_____

_____

_____

_____

_____

¿Siente la necesidad de que Dios le invista de poder, capacitándolo así para servirle mejor? Pida a Jesús que le dé poder llenándolo con el Espíritu Santo. Si desea dialogar al respecto, hable con su pastor o un líder espiritual con quien tenga amistad. Pídales que oren con usted.

_____

_____

_____

_____

_____

_____

_____

_____

_____

_____

_____

_____

LA PESCA DEL DÍA

◘ Resumen del capítulo

- Jesús ama a Su iglesia y en la Biblia la describe como Su cuerpo, Su edificio, Su esposa, Su familia y la comunidad del Espíritu Santo.
- El mandato a la iglesia es ministrar a Jesús, ministrarse unos a otros, y ministrar a los no creyentes en el mundo que nos rodea.
- Los mensajeros de la iglesia se identificaron completamente con Jesús y, como resultado, sufrieron persecución.
- El mensaje y la misión de la iglesia es revelar a Jesús a los que aún no lo conocen, tanto en el nivel local como global, mediante palabras y acciones, y demostraciones de poder.
- El Espíritu Santo es el tercer miembro de la Divinidad y debe estar activo en la vida de los creyentes. La investidura de poder del Espíritu Santo que da Jesús es para el servicio eficaz de los creyentes.

¿Cuáles fueron las dos o tres áreas de las que el Espíritu Santo le habló más claramente en este capítulo, y cómo le responderá usted?

_____

_____

_____

_____

_____

_____

_____

_____

_____

IDEAS Y NOTAS

_____

_____

_____

_____

UNA MIRADA DESDE LA ORILLA

"Y será predicado este evangelio del reino en todo el mundo,
para testimonio a todas las naciones; y entonces vendrá el fin".

Mateo 24:14

"Y Jesús se acercó y les habló diciendo: Toda potestad me es dada en el
cielo y en la tierra. Por tanto, id, y haced discípulos a todas las naciones,
bautizándolos en el nombre del Padre, y del Hijo, y del Espíritu Santo;
enseñándoles que guarden todas las cosas que os he mandado;
y he aquí yo estoy con vosotros todos los días, hasta el fin del mundo".

Mateo 28:18-20

Podemos ver que en todo el Nuevo Testamento se predica el reino de Dios. Se habla del dominio de Dios, del ámbito donde Jesús reina como Señor, donde se muestra Su carácter, donde se exaltan Sus caminos, donde Su Palabra existe como el fundamento de la verdad — donde se hace Su voluntad. El reino de Dios es la arena eterna en la que entran los creyentes cuando entregan su vida a Jesús.

Jesús enseñó extensamente acerca del reino de Dios. Sus parábolas proveen información sobre la naturaleza del reino de Dios porque es distinto del reino de este mundo (Mt. 13:1-52). Al instruir a los creyentes a buscar primero el reino, Jesús prometió que Su Padre cuidaría de las necesidades de ellos (Mt. 6:33). Guió a los discípulos a dirigir su corazón hacia Sus propósitos y a orar para que el reino de Dios se manifestara en la tierra tal como se manifiesta en el cielo (Mt. 6:9-10). Les dio a Sus discípulos las llaves del reino (Mt. 16:19), diciéndoles cómo podían llegar a ser los mayores en él (Mt. 18:1-4). Cuando la gente fue sanada, Jesús dijo que el reino se había acercado a ellos (Lc. 10:9).

Nuestro Salvador nos reveló que el reino de Dios se manifiesta en la tierra en y a través de la iglesia. Él comisionó a Sus discípulos para que extendieran Su reino, declarando las buenas nuevas para que todo linaje, lengua, pueblo y nación conozca al Señor y Su voluntad se cumpla en la tierra (Ap. 5:9-10; 11:15). Jesús desea que los creyentes sean modelos de los valores del reino, a fin de que el mundo reconozca a su Rey y sea atraído a Su presencia. Él desea que el impulso vital del reino —glorificar a Dios— lata también en cada discípulo (1 Co. 10:31).

Como una piedra preciosa con múltiples facetas, las verdades del reino son espectaculares e innumerables (Mt. 5—7). Entre ellas está la verdad de que la llegada del reino de Dios derrota a Satanás. En la Biblia se enseña extensamente lo que el reino de Dios significa en nuestra vida, no sólo en cuanto a la eternidad, sino en lo concerniente a nuestra vida diaria.

En este capítulo exploraremos el reino, estudiando su objetivo, sus características, valores y esencia. Veremos maneras en que podemos extender el reino en la tierra por medio de las misiones y el evangelismo, y cómo discernir la verdad del error aprendiendo la tríada de la verdad en los escritos del discípulo Juan.

zarpemos

Todos están invitados. Personas de todo país, clase y trasfondo social son bienvenidas en el reino de Dios. A nadie se le negará la entrada por falta de riqueza material, sabiduría del mundo o belleza física (Mt. 8:11; 19:23-24; 21:31; Lc. 18:16-17; 1 Ti. 2:3-4). El reino de Dios —llamado también reino de los cielos en la Biblia— es eterno y abarca el gran universo. Aunque ahora el reino de Dios es invisible a los ojos humanos y mucha gente no ha oído de él, no obstante es más real y permanente que todos los reinos e imperios terrenales que este mundo ha conocido.

El reino de Dios es un ámbito espiritual, y en él sólo pueden ingresar los que han nacido del Espíritu. Éstos entran por un portal divino: la fe en Jesucristo. Recibiendo privilegios especiales, los ciudadanos son transformados, dejando de ser criaturas formadas de polvo para ser hijos aceptados por un Padre Dios amoroso que se interesa en ellos (1 Jn. 3:1-2). Los que aceptan Su oferta de salvación también llegan a ser herederos del reino — "coherederos con Cristo" (Mt. 25:34; 1 Co. 6:9-10; 15:50; Gá. 5:21). La Biblia nos dice que gobernaremos con Él por la eternidad (Ro. 8:16-18; Stg. 2:5; Lc. 12:32; 22:29-30; Dn. 7:27).

La importancia del reino de Dios

El profeta Isaías escribió: "Porque un niño nos es nacido, hijo nos es dado, y el principado sobre su hombro; y se llamará su nombre Admirable, Consejero, Dios fuerte, Padre eterno, Príncipe de paz. Lo dilatado de su imperio y la paz no tendrán límite, sobre el trono de David y sobre su reino, disponiéndolo y confirmándolo en juicio y en justicia desde ahora y para siempre" (Is. 9:6-7).

Jesús comparó el valor del reino a una perla por la que una persona vende todo lo que tiene para comprarla (Mt. 13:44-45). Se nos dice: "Buscad primeramente el reino de Dios y su justicia, y todas estas cosas os serán añadidas" (Mt. 6:33). El rol del reino de Dios en la Biblia es inclusivo, y Dios desea que lo comprendamos y seamos parte de él.

IDEAS Y NOTAS

En la Biblia

- El reino de Dios abarca la obra redentora de Dios que vemos en toda la Biblia y en la historia. Puede considerarse que es el tema central de la Biblia.
- La visión bíblica del reino de Dios es la más importante que uno puede tener. Permite que hombres y mujeres se comprometan con un propósito, llamamiento y destino llenos de esperanza, de alcance eterno, por los cuales vale la pena dar la vida.
- Es la única verdad que unifica y potencia al pueblo de Dios en todas las generaciones para incluir a todo linaje, lengua, pueblo y nación.
- La Biblia habla del reino en tres etapas:
    - *Pasado*, en la venida de Jesús
    - *Presente*, ahora con nosotros
    - *Futuro*, revelado totalmente en el retorno de Jesús, cuando "se doblará toda rodilla"
- El término *reino de Dios* o *reino de los cielos* aparece más de 100 veces en los evangelios, y Jesús mismo hizo más de 90 de esas declaraciones. Mateo se refiere a él como el reino de los cielos, para no ofender a una audiencia mayormente judía que reverenciaba el nombre de Dios.
- Vemos también que el tema del reino continúa en el libro de Hechos, en los escritos de Pablo y en Apocalipsis.

En la vida y el ministerio de Jesús

- El reino de Dios vino con Jesús — está inextricablemente ligado a Él (Mt. 4:17, 23).
- El reino de Dios fue el apasionado mensaje central de Jesús mientras estuvo en la tierra. Al leer los evangelios, es evidente que el tema del reino se expresa por medio de la vida y el ministerio de Jesús, en Sus enseñanzas, Sus obras y aun Su muerte.
- Jesús usó muchas parábolas para enseñar verdades acerca del reino (Mt. 13:1-52).
- Incluso después de Su resurrección, Jesús se apareció a los discípulos durante 40 días y habló con ellos acerca del reino de Dios (Hch. 1:6).

La visión bíblica del reino de Dios... permite que hombres y mujeres se comprometan con un propósito, llamamiento y destino llenos de esperanza, de alcance eterno, por los cuales vale la pena dar la vida.

Haz todo el bien que puedas
Por todos los medios que puedas
En todas las formas que puedas
En todos los lugares donde puedas
A toda la gente que puedas
Por todo el tiempo que puedas

Juan Wesley, 1703-1791, ministro anglicano, evangelista y cofundador de la Iglesia Metodista

En las vidas y ministerios de los discípulos de Jesús

- Cuando los primeros discípulos entendieron finalmente que el reino no consistía en la realización del reinado terrenal de Jesús en ese tiempo, porque era un gobierno celestial con propósitos mundiales, generacionales y eternos, también ellos proclamaron el mensaje del reino.
- En el libro de Hechos se predicaron, arguyeron, enseñaron, explicaron y declararon las buenas nuevas del reino (Hch. 1:6; 8:12; 14:22; 19:8; 28:23, 31).
- Pablo también escribió del Rey y Su reino (1 Co. 4:20; 6:9-10; 15:24; Ef. 5:5; Col. 1:12-13).
- El último libro de la Biblia, Apocalipsis, que fue escrito por Juan, un discípulo de Jesús, habla varias veces acerca del reino (Ap. 1:6; 5:10; 11:15; 12:10).
- Es importante notar que aunque el tema del reino continúa en todo el Nuevo Testamento, sus escritores pusieron mayor énfasis aún en el Rey de ese reino, el Señor Jesucristo.

Definición del reino de Dios

¿Cómo se puede resumir algo que era, es y será? Durante Su ministerio, Jesús nunca definió el reino en términos concisos y directos. Más bien, explicó su naturaleza usando diversas figuras, metáforas y parábolas. El reino es como una semilla de mostaza que crece hasta ser un árbol; como una perla enterrada en un campo; como una red que recoge peces; como un propietario que arrienda su viña a labradores malvados; como un rey que preparó una fiesta de bodas para su hijo; como la levadura que una mujer mezcla con una gran cantidad de harina; como un padre de familia que de su tesoro saca cosas nuevas y viejas... pero ninguna de estas metáforas, figuras o parábolas explica totalmente lo que significa el reino de Dios. La enseñanza de Jesús presenta una variedad de perspectivas al respecto. Muestra que el reino está centrado en el perdón de los pecados (Mt. 18:21-35), el arrepentimiento y la fe (Mt. 4:17), la vida de justicia (Mt. 5:3, 17-20) y el nuevo nacimiento (Jn. 3:5).

Todo reino tiene cuatro componentes

- Un rey que gobierna.
- Ciudadanos o gente a los que el rey gobierna.
- Leyes y un gobierno para administrar sus leyes.
- Un territorio donde el rey gobierna.

IDEAS Y NOTAS

- En el reino de Dios, Jesús es el gobernante y Rey. Los que se someten a Su señorío llegan a ser ciudadanos del reino, y el carácter, los caminos, la Palabra y la voluntad de Dios constituyen el fundamento del mismo. El territorio del reino de Dios es toda parte de la creación que está rendida a Su señorío.

- Jesús nos dio una descripción del reino cuando les enseñó a Sus discípulos a orar: *"Venga tu reino. Hágase tu voluntad, como en el cielo, así también en la tierra"* (Mt. 6:10).
  - En el cielo se manifiesta el carácter de Dios, se siguen Sus caminos, se obedece Su Palabra y se hace Su voluntad. Dios desea que en la tierra suceda lo mismo.
  - Puesto que Dios nos ama y quiere lo mejor para nuestra vida, Él desea que caminemos conforme a Su carácter, Sus caminos, Su Palabra y Su voluntad. Esto significa basar toda verdad en quien Él es. Significa crecer en el conocimiento práctico de Sus caminos, aplicar intencionalmente Su Palabra a nuestra vida y seguir Su guía en obediencia.

- El reino de Dios, por tanto, puede definirse sencillamente como la arena donde Jesús gobierna y se hace Su voluntad.

La influencia del reino
Dios quiere que Su reino influya en cada área de nuestra vida.

- *El área individual* - Los creyentes debemos conocer al Rey (Jesús) y Sus caminos, seguir obedientemente Su Palabra y Su voluntad. Tenemos que adoptar los valores del reino como propios. Y debemos llevar a cabo los propósitos de Dios en una forma apropiada a nuestros ámbitos de influencia, dones y llamamientos.

- *La familia* - La familia es el principal bloque social en la formación de la sociedad. Por tanto, a medida que las mentes y los corazones son transformados a las realidades del reino, la familia debe empezar a funcionar como un microcosmo del reino. Los esposos deben dar su vida por sus esposas, las esposas deben someterse a sus esposos, los hijos deben honrar y obedecer a sus padres.

- *La iglesia* - La iglesia es la comunidad de aquellos que aceptan el gobierno real de Jesús y se encuentran unidos en común lealtad a Él. La iglesia es la embajada donde los embajadores de Dios, unidos, realizan su misión para extender el reino de Dios.

- *El mundo* - Los creyentes deben llevar el reino de Dios a todos los segmentos de la sociedad, influyendo para dirigirlos a los caminos y propósitos de Dios. Juntamente con la familia y la iglesia, esto incluye las áreas del gobierno, la educación, las artes, el entretenimiento, los deportes, los medios de comunicación y los negocios.

El deber de todo cristiano es ser Cristo para su prójimo.

Martín Lutero, 1483-1546, teólogo y reformador alemán

Debemos ganar a gobernantes; a personas del mundo de la política, la economía, la ciencia y las artes. Son los ingenieros de almas. Moldean el alma de las personas. Al ganarlos, usted gana a los que ellos dirigen e influyen.

Richard Wurmbrand, 1909-2001, ministro rumano que sufrió persecución

Características del reino de Dios

El reino de Dios es un reino de benevolencia, santidad y poder. El poder de Dios fluye a través de Su reino en un instante, como una corriente suave y una marea fuerte que vence las tinieblas, la mentira y la muerte. El reino de Dios palpita con un frescor que da vida y limpia el alma de los pueblos de la tierra.

El profeta Habacuc anunció que "la tierra será llena del conocimiento de la gloria de Jehová, como las aguas cubren el mar" (Hab. 2:14). Esa es la característica máxima del reino de Dios. El salmista repitió esta verdad diciendo: "Te alaben, oh Jehová, todas tus obras, y tus santos te bendigan. La gloria de tu reino digan, y hablen de tu poder, para hacer saber a los hijos de los hombres sus poderosos hechos, y la gloria de la magnificencia de su reino. Tu reino es reino de todos los siglos, y tu señorío en todas las generaciones" (Sal. 145:10-13).

El objetivo del reino
- El objetivo del reino de Dios es reconciliar todas las cosas con Dios mismo (Col. 1:19-20).
  - Esto incluye toda la creación (Ro. 8:18-23).
  - Esto incluye a toda la humanidad (2 Co. 5:17-21).
  - Esto incluye todas nuestras relaciones (Ef. 2:11-22).
- El objetivo del reino de Dios incluye traer a todos los reinos del mundo bajo el señorío de Cristo (Ap. 11:15).
- Todo linaje, lengua, pueblo y nación (Ap. 5:9-14; 7:9-12).
- Que todo rey presente el esplendor de su nación ante el Rey Jesús en adoración (Ap. 21:24-26). ¡Qué gran día será cuando se cumpla esta verdad en el cielo, cuando todas las naciones de la tierra ofrezcan su gloria y honor a Jesús en procesión celestial!

Los valores del reino - Mt. 5—7
Todos tenemos un conjunto de valores, ya sea que los elijamos deliberadamente o no. Los valores representan las cosas que son más importantes para nosotros, y se ven en nuestras actitudes, decisiones y conducta. Es importante superarnos en lo que decimos o creemos; nuestros valores muestran aquello a lo cual nos aferramos en lo profundo de nuestro corazón.
- Nuestros compromisos, afectos y lealtades —aquello a lo que nuestro corazón está ligado— son resultado de lo que realmente valoramos.
- Nuestros valores se reflejan en la manera en que usamos nuestro tiempo, nuestra energía y nuestros recursos.

IDEAS Y NOTAS

- Estamos más dispuestos a sacrificarnos por lo que más valoramos. Por ejemplo:
  - Si alguien afirma que valora la Biblia pero no invierte tiempo en ella, realmente no la valora tanto como piensa.
  - Si alguien afirma que valora la relación con su cónyuge o sus hijos, pero no está dispuesto a dedicar tiempo de calidad y energía para desarrollar y profundizar esas relaciones, realmente no las valora tanto como piensa.
  - Si alguien cree que se debe extender el reino de Dios pero no está dispuesto a sacrificar tiempo, energía o recursos para lograrlo, realmente no lo valora tanto como piensa.
- Los valores del reino se revelan en el carácter, los caminos, la Palabra y la voluntad de Dios.
- Los valores del reino a menudo son totalmente opuestos a los del mundo que nos rodea. Según la Biblia, debemos morir para vivir, y ser pobres para ser ricos; dar es mejor que recibir; y debemos servir para ser los mayores (Lc. 9:23-26; Mt. 5:3; Hch. 20:35; Mr. 10:42-45).
- Jesús es nuestro modelo y la personificación de los valores y actitudes del reino. Todo principia con Él, como el Rey que vino con humildad para servir y dar Su vida por otros (Fil. 2:5-11; Jn. 15:13).
- Al estudiar el Sermón del Monte y reflexionar en él, nos revela la enseñanza fundamental de Jesús sobre la vida en el reino. Consideremos algunos de los valores del reino y sus bendiciones, registrados en Mateo 5:1-12.
  - *Bienaventurados los pobres en espíritu* — los que espiritual y emocionalmente necesitan la ayuda de Dios en sus vidas, en contraste con los que confían en sí mismos y no necesitan de nada ni nadie. *De ellos es el reino de los cielos.*
  - *Bienaventurados los que lloran* — los que experimentan el dolor de una pérdida, en contraste con los que no pueden expresar sinceramente lo que hay en su corazón. *Ellos recibirán consolación.*
  - *Bienaventurados los mansos* — los que son tardos para hablar, rápidos para escuchar, y con ternura apoyan el crecimiento de otros, en contraste con los que se sitúan agresivamente por encima de otros para alcanzar sus propias metas. *Ellos recibirán la tierra por heredad.*
  - *Bienaventurados los que tienen hambre y sed de justicia* — los que desean caminar en rectitud delante de Dios y ver que la justicia derrote a la injusticia, en contraste con los que buscan placer, satisfacción y realización para sí mismos. *Ellos serán saciados.*
  - *Bienaventurados los misericordiosos* — los que muestran perdón y bondad a los que no lo merecen, en contraste con los que se vengan y juzgan actuando por sí solos. *Ellos alcanzarán misericordia.*
  - *Bienaventurados los de limpio corazón* — aquellos cuyo corazón refleja su sincero amor y lealtad a Dios en todo lo que son y hacen, en contraste con los que se dedican a lograr las intenciones egoístas de su corazón. *Ellos verán a Dios.*

El mundo es mi parroquia.

Juan Wesley, 1703-1791, ministro anglicano, evangelista y cofundador del metodismo

- *Bienaventurados los pacificadores* — los que trabajan con Dios para reconciliar relaciones, en contraste con los que abrigan resentimientos y actúan agresivamente contra otros. *Ellos serán llamados hijos de Dios.*
- *Bienaventurados los que padecen persecución por causa de la justicia* — los que son insultados, castigados o acusados falsamente por causa de Jesús, en contraste con los que procuran establecer sus propios reinos en vez de establecer el de Dios. *Ellos recibirán el reino de los cielos y un gran galardón en los cielos.*
- Como ciudadanos del reino, los creyentes necesitan alinear sus valores con Dios. Hacer eso nos permite ser más semejantes a Jesús en nuestras actitudes, decisiones y conducta.
  - Por esto es tan importante conocer el carácter, los caminos, la Palabra y la voluntad de Dios.
  - Por esto es esencial cultivar la capacidad de oír la voz de Dios y obedecerle, y seguir la dirección del Espíritu Santo.
- Vivir según los valores y actitudes del reino nos permite reflejar a Jesús y Su reino ante el mundo, de modo que vean con más claridad quién es Él realmente y cómo es el reino.

El impulso vital del reino - La gloria de Dios

El impulso vital del reino es el anhelo de glorificar a Dios. En el Antiguo Testamento, la palabra hebrea para gloria, *kabod*, significa "honor, importancia, reputación, esplendor". Indica la intensidad de la presencia de Dios (Is. 6:1-8; Dn. 10:2-19; Ap. 1:12-20). En el Nuevo Testamento, la palabra griega *doxa* se refería en la historia antigua a la reputación o el "buen nombre" de una persona.

- Glorificar a Dios permite que Su presencia venga y que Él gobierne como Rey (Sal. 24:7-10).
- Glorificar a Dios declara Su nombre entre las naciones y los pueblos de la tierra (Sal. 96).
- Al ser exaltado Jesús, Dios fue glorificado (Fil. 2:6-11).
- Cuando Moisés le pidió a Dios que le mostrara Su gloria, Él le reveló Su carácter (Éx. 33:18–34:7).
- *Glorificar* también puede significar *mejorar la reputación de Dios.* Aunque nadie puede mejorar quien Dios es, muchas veces, debido a la forma en que Su pueblo vive, la reputación de Dios no está a la altura de quien Él es realmente.
- Glorificar a Dios implica vivir de tal manera que la gente vea y se sienta atraída a la hermosura y grandeza del carácter, caminos, obras y voluntad de Dios (Mt. 5:14-16).
- En la Biblia vemos al pueblo de Dios realizando obras en el nombre de Él para glorificarlo. He aquí algunos ejemplos:
  - Abraham (Gn. 12:1-3, 7-8)
  - Moisés (Éx. 9:13-16; 15:1-18)
  - David (1 Cr. 16:1-36; Salmos)

IDEAS Y NOTAS

- Salomón (1 R. 5:3-5; 10:1-13, 23-24)
- Jesús (Mt. 28:18-20; Jn. 17:4)
- Los discípulos de Jesús - oraron y ministraron en el nombre de Jesús (Hch. 2:21, 38; 3:1-10, 16; 4:7-12, 27-31; 5:40-41; 8:12; 10:43-48; 16:16-18; 19:17-20; 21:12-14)
- Pablo (Hch. 9:10-16; 22:14-16; Ro. 1:5; 10:13; Col. 3:17; 2 Ts. 1:11-12)
- El libro de Apocalipsis también habla de la gloria de Dios (Ap. 1:6; 4:9-11; 5:12-14; 7:9-12; 14:6-7; 15:1-8; 19:1-8; 21:9-14, 22-27)

¿Cómo impacta nuestras vidas la gloria de Dios?

- Nuestro valor — La vida de Jesús y Su esperanza revelan la gloria de Dios a través de nosotros. Somos templos vivientes para revelar Su gloria (Col. 1:27).
- Nuestro propósito en la vida — El Catecismo Breve de Westminster declara: "El principal fin del hombre es glorificar a Dios y disfrutar de Él para siempre".
- Nuestra visión — Que toda la tierra sea cubierta con la gloria de Dios (Sal. 72:19).
- Nuestra vida de oración — Cuando oramos siguiendo la guía del Espíritu Santo, en el nombre de Jesús, Él recibe toda la gloria cuando nuestras oraciones son respondidas (Jn. 16:23-24).
- Nuestro servicio y sacrificio — Estamos dispuestos a hacer lo que Él nos pida de manera que Su nombre sea glorificado (Jn. 12:23-26).
- Nuestras relaciones — La gloria de Dios está en juego cuando nuestras relaciones quedan a la vista de todos, y por eso nos alentamos, servimos y corregimos los unos a los otros.
- El llamamiento de Dios — Debemos acabar la obra que Dios nos ha ordenado hacer para Su gloria (Jn. 17:4).
- Unidad — La pasión corporativa para glorificar a Dios producirá unidad en la iglesia (Jn. 17:20-23).
- Evangelismo — El propósito primordial del evangelismo es reconciliar a la gente con Dios para que lo glorifiquen al conocerle y al cumplir Sus propósitos en y a través de sus vidas.
- Nuestro punto de referencia — Debemos hacer todo para la gloria y honra de Dios (1 Co. 10:31).

El impulso vital del reino
es el anhelo de glorificar a Dios.

Señor, haz que vea tu gloria en todo lugar.

Miguel Ángel, 1475-1564, artista del Renacimiento

EN AGUAS MÁS PROFUNDAS

Para establecer Su reino, Dios desea restaurar la identidad del hombre y el propósito de su existencia. La Biblia nos dice: "Porque somos hechura suya, creados en Cristo Jesús para buenas obras, las cuales Dios preparó de antemano para que anduviésemos en ellas" (Ef. 2:10). La misión del Señor es clara – que todos lleguen a conocerlo, como está escrito respecto a este misterio, "que los gentiles son coherederos y miembros del mismo cuerpo, y copartícipes de la promesa en Cristo Jesús por medio del evangelio" (Ef. 3:6). El Dios del universo nos ha confiado la extensión de Su reino, una misión que Pablo expresó: "A mí, que soy menos que el más pequeño de todos los santos, me fue dada esta gracia de anunciar entre los gentiles el evangelio de las inescrutables riquezas de Cristo, y de aclarar a todos cuál sea la dispensación del misterio escondido desde los siglos en Dios, que creó todas las cosas" (Ef. 3:8-9).

El corazón de Dios por las naciones

Desde la caída del hombre, Dios ha estado interesado en redimir a todos los pueblos para Sí mismo. La iglesia cristiana debe proclamar las buenas nuevas de salvación en Cristo Jesús a toda la gente, "hasta lo último de la tierra" (Hch. 1:8). El punto de partida es comprender el mandato bíblico y responder a él, y, por la gracia de Dios, desarrollar en nosotros Su corazón por los "perdidos" que están pereciendo.

Todo linaje, lengua, pueblo y nación – Ap. 5:9-14; 7:9-12
- Dios desea que Su reino se extienda de modo que todo linaje, lengua, pueblo y nación tenga la oportunidad de conocerlo.
- Mateo 28 declara: "Id, y haced discípulos a todas las naciones". El término griego para naciones era *ethnos*, que se refiere a una agrupación de personas en base a cosas en común.
  - Un pueblo puede estar relacionado por raíces históricas o familiares en común.
  - Un pueblo puede estar relacionado por una cultura específica.
  - Un pueblo puede estar relacionado por el idioma.
  - Un pueblo puede estar relacionado por los valores y creencias que comparte.
  - Un pueblo puede estar relacionado por intereses, experiencias, etc.
- Un pueblo que no ha sido alcanzado puede definirse como *un grupo de gente sin comunidad ni testimonio dentro de sí.*

IDEAS Y NOTAS

- Dios desea que haya una expresión del reino en cada grupo de personas.
- Dios quiere que todos los pueblos de la tierra lo conozcan y sean discipulados (Mt. 28:18-20).
- Dios quiere que todo pueblo esté representado ante Su trono (Ap. 7:9-12).

Nuestro Dios es misionero

- Ya desde el libro de Génesis vemos a Dios deseando alcanzar a las naciones, por medio de Abraham, puesto que Su objetivo era bendecir a Abraham y, a través de él, bendecir a todos los pueblos de la tierra (Gn. 12:1-3).
- Dios usó a Israel para revelarse y dirigir a las naciones hacia Él. Veamos algunos ejemplos:
  - Dios reveló Su poder y grandeza al faraón y a Egipto (Éx. 4—15).
  - Dios dio Sus mandamientos y decretos para que las naciones pudieran verlo por medio de Israel (Dt. 4:5-8).
  - Se manifestó a los filisteos por medio de un muchacho pastor (1 S. 17:45-47).
  - El rescate de Daniel del foso de los leones hizo que el rey de Babilonia honrara a Dios (Dn. 6:25-28).
- El salmista declara la gloria de Dios en las naciones (Sal. 96).
- En Isaías vislumbramos el corazón de Dios cuando las naciones rehúsan entrar a la casa de Dios (Is. 26:17-18).
- Dios reveló Su corazón por medio de la venida de Jesús, el Mesías.
  - Él vino a liberar a los cautivos (Lc. 4:18-19).
  - Vino para que la gente naciera en Su reino (Jn. 3:16).
  - Vino para expresar Su amor a todas las naciones (Mr. 11:17).
  - Jesús continuamente trató de alcanzar a gente de todas las naciones (Lc. 7:1-10; Jn. 4:1-42).
  - Su última comisión a los discípulos fue que predicaran las buenas nuevas a todas las criaturas y que hicieran discípulos de todas las naciones (Mt. 28:18-20; Mr. 16:15-20; Hch. 1:8).

La huella de Dios entre las naciones

- Dios hizo las naciones de la tierra y las estableció a través de las generaciones (Hch. 17:24-28).
- En todos los pueblos Dios ha depositado pistas redentoras de cómo pueden ser alcanzados para Él y Sus propósitos. Él ha puesto eternidad en el corazón de los hombres (Ec. 3:11).

El Dios del universo nos ha confiado la extensión de Su reino.

El evangelismo no es un trabajo profesional para algunos hombres capacitados para ello, sino la responsabilidad implacable de toda persona que pertenece a la compañía de Jesús.

Elton Trueblood, 1900-1994, educador, filósofo y teólogo cuáquero

No importa a dónde vaya, dónde viva o qué tenga que sufrir para salvar almas. Cuando duermo, sueño con ellas; cuando despierto, es lo primero en mis pensamientos... ningún grado de logro académico, de exposición hábil y profunda, de elocuencia brillante y conmovedora puede expiar por la ausencia de un profundo amor apasionado y compasivo por almas humanas.

David Brainerd, 1718-1747, misionero entre los indios americanos

Evangelismo

El evangelismo no es otra cosa sino la obra deliberada de Dios por medio de creyentes investidos con el poder del Espíritu Santo para llevar el evangelio del reino a cada hogar, aldea y choza del mundo, con el propósito de persuadir a los perdidos para que sean salvos.

Nuestra responsabilidad en el evangelismo
- Participamos en el evangelismo para glorificar a Dios cuando las naciones lo adoran ante Su trono (Ap. 5:9-14; 7:9-12).
- Participamos en el evangelismo porque Jesús nos ha pedido que lo hagamos (Mt. 28:18-20; Mr. 16:15-20; Hch. 1:8).
- Participamos en el evangelismo porque la necesidad del mundo es muy grande (Is. 53:6).
- Participamos en el evangelismo porque Jesús anhela que todos lleguen a arrepentirse y lo conozcan (1 Ti. 2:4; 2 P. 3:9).
- Participamos en el evangelismo porque el clamor desde el infierno es enorme (Lc. 16:19-31).
- Participamos en el evangelismo porque alcanzar a nuestra generación es responsabilidad nuestra (Ez. 33:1-9).
- Participamos en el evangelismo porque hará que retorne el Rey (Mt. 24:14).

Llamados a ser testigos - Lc. 24:45-49; Hch. 1:8
- Un testigo dice lo que ha visto, oído y experimentado personalmente (Hch. 4:20).
- Todo discípulo de Jesús es testigo de lo que Dios ha hecho en su vida.
- El ser testigos no es algo que hacemos y dejamos por momentos. Nuestro testimonio es el paquete total de lo que somos: nuestros valores, carácter, actitudes y acciones.
- Siempre transmitiremos a quienes nos rodean lo que es más importante para nosotros. Debemos examinarnos: ¿estamos transmitiendo a Jesús y Su impacto en nuestra vida, o transmitimos algo distinto? Usted es testigo a los que le rodean de lo que ocupa el lugar principal en su vida.
- Nuestras palabras y vida están intricadamente ligadas, y les comunicarán a los que nos rodean cuál es la motivación primordial por la que vivimos.
- Si afirmamos que pertenecemos a Jesús, pero nuestra vida no lo respalda, nos engañamos a nosotros mismos y quizá causemos que otros rechacen al Señor, el evangelio y la iglesia debido a nuestras acciones (1 Jn. 2:4).
- Somos testigos todo el tiempo y no necesitamos esperar un llamado especial de Dios para serlo.
- Permita que su luz resplandezca de modo que otros experimenten a Jesús (Mt. 5:14-16).

IDEAS Y NOTAS

Verdades fundamentales

- Toda la gente que está lejos de Jesús está perdida eternamente (Jn. 3:16-18).
    - Los perdidos no son nuestros enemigos, sino gente esclavizada que necesita a Jesús.
- Jesús es el único camino a Dios (Jn. 14:6; Hch. 4:12).
- La Biblia es la Palabra de Dios (2 Ti. 3:16-17).
- Se nos ha dado el ministerio y mensaje para reconciliar a la gente con Dios (2 Co. 5:18-19).
- Somos embajadores de Cristo (2 Co. 5:20).
- Debemos reflejar el corazón de Jesús esforzándonos para alcanzar a los pobres y necesitados (Lc. 4:18-19; 10:25-37; Hch. 9:36-43; Gá. 2:7-10; Stg. 1:27).
- Se nos ha dado autoridad para hacer discípulos de Jesús (Mt. 28:18-20).
- La iglesia debe trabajar unida como equipo para alcanzar a los perdidos (1 Co. 3:6-9).
- El Espíritu Santo irá delante de nosotros preparando el corazón de aquellos a quienes ministraremos (Hch. 8:26-40).

Cómo presentar a Jesús

- La mayoría de las personas que reciben a Jesús lo hacen gracias a relaciones.
    - Pedro conoció a Jesús por medio de Andrés (Jn. 1:40-42).
    - Natanael conoció a Jesús por medio de Felipe (Jn. 1:44-51).
    - La gente en las bodas de Caná se encontró con Jesús por medio de María (Jn. 2:1-11).
    - La mujer samaritana llevó a la gente de la ciudad hacia Jesús (Jn. 4:28, 39-42).
    - Mateo presentó a sus amigos a Jesús en una comida en su casa (Mt. 9:10-13).
    - Los amigos de un paralítico lo bajaron a través del techo para que Jesús lo tocara (Mr. 2:1-12).
- La mayoría de la gente llega a Jesús por medio de familiares, amigos, compañeros de trabajo y vecinos que muestran sincero aprecio e interés en sus vidas, y son serviciales con ellos.
- Ministrar a través de relaciones, de corazón a corazón, es la forma más natural y eficaz de guiar a las personas hacia Jesús.

Nuestros círculos de relaciones

- Ninguno de nosotros puede impactar a todo el mundo con el evangelio. Pero, podemos hacer lo posible para alcanzar a los que Dios ha puesto en nuestro círculo de relaciones.
- En su círculo de relaciones, ¿quiénes no conocen a Jesús? Este es su punto de partida: empiece a orar por ellos con regularidad.
- En su círculo de relaciones verá que algunos no están abiertos al mensaje del evangelio, pero están abiertos a usted.
    - Ore por ellos.
    - Ámelos y sírvales.
    - Continúe desarrollando su amistad con ellos.

Siempre busque la paz entre su corazón y Dios, pero en este mundo siempre asegúrese de permanecer inquieto, nunca satisfecho, y abundando siempre en la obra del Señor.

Jim Elliot, 1927-1956, misionero y mártir estadounidense en Ecuador

La verdadera espiritualidad es el señorío de Cristo Jesús en la vida total.

Francis Schaeffer, 1912-1984, filósofo y apologista cristiano

- Otros están abiertos a usted y receptivos al mensaje del evangelio.
  - Ore por ellos.
  - Ámelos y sírvales.
  - Presénteles a Jesús en una forma que puedan entender y con la que puedan identificarse.

Oportunidades para producir impacto

Jesús dijo a Sus discípulos: "Así alumbre vuestra luz delante de los hombres, para que vean vuestras buenas obras, y glorifiquen a vuestro Padre que está en los cielos" (Mt. 5:16). Él sabía que nuestras almas redimidas son la principal muestra de la gracia de Dios. Así como nuestras vidas transformadas irradian gloria en un mundo de tinieblas, somos Su demostración de sabiduría y poder en la tierra y en los ámbitos espirituales (Ef. 3:10). Y, aunque no tenemos conocimiento acerca de todo conflicto en la lucha entre los reinos de la luz y las tinieblas, Dios depende de nosotros para mostrar Su bondad, misericordia y amor.

Sirvan activamente a las personas
- Jesús dio Su vida para servir a los perdidos a fin de que puedan conocerlo (Mt. 20:28; Fil. 2:5-11).
- El servir es un puente por el que Jesús puede caminar, desde la vida suya, para tocar la vida de otra persona.
- Sirvan a aquellos que no conocen a Jesús, como familia y como comunidad cristiana.
- Impacte la vida de alguien realizando actos de bondad que, sencillamente, consisten en dar un paso más allá de lo que es la norma cultural (es decir, de lo que la gente espera).

Hágase amigo de otras personas
- Exprese genuino interés y amor por la gente.
- Aprenda a escuchar y sea un amigo fiel con quien otros puedan contar.
- Comparta su vida con otros. Invíteles a participar con usted en actividades especiales y cotidianas. Permita que observen la vida de Jesús en usted.
- Trate a otros con honra y amabilidad.

Coopere con el Espíritu Santo en el ministerio
- Ore por los perdidos según le guíe el Espíritu Santo.
  - Ore pidiendo que se abran puertas (Col. 4:3).
  - Ore pidiendo valentía (Hch. 4:29).
  - Ore pidiendo sabiduría (Stg. 1:5).
  - Ore para que sea sencillo (Mt. 10:16).

IDEAS Y NOTAS

- Ore para que haya corazones abiertos (Hch. 16:14).
- Ore para que haya convicción de pecado (Jn. 16:8).
- Ore para que el Espíritu Santo les revele a Jesús (Jn. 15:26; 2 Co. 4:4).
- Ore para que haya demostraciones de poder, señales y prodigios (Hch. 14:3).
- Ore por la salvación de las personas (2 P. 3:9).
- Escuche al Espíritu Santo mientras ministra a las personas.
- Obedezca lo que el Espíritu Santo le pida hacer (Hch. 8:26-40).
- Esté disponible para el Espíritu Santo si Él decide operar con señales y prodigios a través de usted (lea el libro de Hechos para ver demostraciones de esta verdad).

Cómo compartir su fe ◖

Dios es el iniciador y también el medio de nuestra salvación. Él es quien da a la gente el deseo de obtener conocimiento espiritual y la atrae para que reciba a Jesús y le den sus vidas a Él. Este proceso puede durar unos minutos o toda una vida. Pero no debemos sentir temor de hablar de nuestra fe. A medida que procuramos unir nuestro corazón al corazón de Dios, el evangelismo fluirá naturalmente de esa relación con Él que transforma nuestra vida. Mediante el poder del Espíritu Santo, poseeremos todo lo que necesitamos para comunicar a las personas cómo pueden experimentar también el poder regenerador de Dios.

Cómo dar su testimonio
¿Cuál es su historia? Relate a otros cómo llegó a conocer a Jesús.
- La vida antes de conocer a Jesús.
    - ¿Cómo era usted antes de entregarle su vida a Jesús?
- Los eventos que le guiaron hacia su salvación.
    - Hable de las circunstancias de su vida que le llevaron a responder a Jesús.
- El día cuando se encontró con Jesús.
    - ¿Cómo llegó a Jesús?
- Cambios que ocurrieron en su vida desde que conoció a Jesús.
    - ¿Cómo cambió Jesús la vida suya? ¿En qué aspectos continúa usted creciendo?

A medida que procuramos unir nuestro corazón al corazón de Dios, el evangelismo fluirá naturalmente de esa relación con Él que transforma nuestra vida.

Todo hombre es misionero, ahora y siempre, para bien o para mal, ya sea que lo desee o planee, o no. Puede ser una mancha que extiende externamente su influencia de oscuridad a la esfera de la sociedad, o puede ser una bendición que difunde bendición a lo largo y ancho del mundo. Pero no puede ser algo sin expresión: no hay vacíos morales; no hay caracteres neutrales.

Thomas Chalmers, 1780-1847, predicador y profesor escocés

Ejemplo de una presentación básica del mensaje del evangelio

- Usted fue creado por Dios en forma singular.
    - Dios desea que caminemos en relación con Él (Éx. 33:11; Jer. 9:23-24).
    - Dios desea que disfrutemos de relaciones significativas en nuestra vida (1 Jn. 4:7-8).
    - Dios desea que cumplamos Su destino para nosotros (Jer. 1:4-5; Fil. 3:7-11).
- ¿Qué falló?
    - Todos hemos pecado (Ro. 3:23-24; 6:23).
    - Cada uno ha seguido su propio camino por nuestro corazón egoísta (Is. 53:6).
    - Nos hemos separado de Dios (Is. 59:2).
- El plan de reconciliación de Dios
    - Dios vino a la tierra en la persona de Jesucristo (Jn. 1; Fil. 2:6-11).
    - Jesús tuvo una vida perfecta, sin pecado, y murió en nuestro lugar para expiar por el pecado de la humanidad (2 Co. 5:17-21; 1 P. 3:18).
    - Jesús resucitó de los muertos y hoy vive, anhelando la relación con nosotros (Hch. 2:24, 32; Ro. 8:34-39; 2 P. 3:9).
- Cómo se reconcilia uno con Dios
    - Arrepintiéndose (dejando el pecado y dando vuelta para ir hacia Dios) (Hch. 2:37-39).
    - Creyendo (poniendo toda su confianza) en Jesús (Jn. 3:16; Ro. 10:9-10).
    - Dejando todo y siguiendo a Jesús de todo corazón (Lc. 9:23-26).
- Promesas para los que siguen a Jesús
    - Todos los que claman al Señor serán salvos (Hch. 2:21).
    - Si confesamos nuestros pecados, Dios nos perdonará (1 Jn. 1:9).
    - Fuimos creados para cumplir un destino dado por Dios (Ef. 2:10).

Pasos prácticos para impactar vecindarios y naciones

El apóstol Pablo rogó que oraran por su testimonio personal. Dijo: "Oren también por mí para que, cuando hable, Dios me dé las palabras para dar a conocer con valor el misterio del evangelio, por el cual soy embajador en cadenas. Oren para que lo proclame valerosamente, como debo hacerlo" (Ef. 6:19-20, *NVI*).

Dios nos invita a poner nuestra mirada en la extensión del reino orando por nuestra familia, nuestros vecinos, ciudades y naciones.

IDEAS Y NOTAS

"Pídeme" - Sal. 2:8; Ez. 22:30
- Todo empieza en el lugar de oración. ¡La historia les pertenece a aquellos que oran!
- Dios nos invita a poner nuestra mirada en la extensión del reino orando por nuestra familia, nuestros vecinos, ciudades y naciones.
- Cuando busque a Dios en oración, Él le instruirá y guiará.
- Ore con fe a medida que Él le muestre cómo orar (Mt. 17:20; 1 Jn. 5:14-15).

Soñemos lo que sueña Dios - Mt. 6:10; Ap. 11:15
- Dios desea que Su voluntad se haga en la tierra así como se hace en el cielo.
- Dios quiere que los perdidos lleguen a conocerlo y que los pródigos regresen.
- Dios anhela que Su esposa, la iglesia, funcione unida como un Cuerpo para Su gloria.
- Dios desea que usted capte lo que hay en el corazón de Él para su familia, sus vecinos, su comunidad y el mundo.

Implementemos la victoria - Lc. 10:19; Ap. 12:11
- Debemos recordar que servimos a un Dios que pelea contra el enemigo (Ap. 19:11-16).
- Jesús ya ha derrotado a Satanás. La tarea de la iglesia es aplicar esa derrota en la tierra.
- Jesús ha dado a la iglesia autoridad sobre los poderes de las tinieblas (Lc. 10:19).
- Debemos estar conscientes de las estratagemas del diablo para que podamos derrotarlo (2 Co. 2:11; Ef. 6:11).

Actuemos proféticamente - Jn. 5:19
- Actuar proféticamente significa ver a la gente y las situaciones con los ojos y pensamientos divinos, y actuar como corresponde.
- ¿Cómo podemos responder a la gente, y a las circunstancias en nuestra vida, con el corazón, las manos y el poder de Jesús?
- Para actuar de esta manera debemos rendirnos completamente a Dios y estar dispuestos a obedecer Su voz.
- Obedecer a Dios quizá signifique salir de aquello con lo que nos sentimos cómodos.

Nos necesitamos unos a otros - Ro. 12:3-5; 1 Co. 12:21
- Jesús es la Cabeza de la iglesia.
- Somos un cuerpo, por tanto, necesitamos desesperadamente formar con otros un equipo para extender el reino de Dios.
- Cada miembro del equipo tiene un rol que desempeñar. Debemos encontrar nuestros roles, desarrollarlos y respetar todos los roles del equipo.
- Al trabajar en equipo, recordemos caminar en justicia bajo la autoridad de aquellos a quienes Dios ha puesto como líderes sobre nosotros.

El avivamiento viene del cielo cuando almas heroicas entran en la lucha decididas a vencer o morir - o si es necesario, ¡a vencer y morir!

Charles Finney, 1792-1875, predicador y evangelista estadounidense

Tengo sólo una pasión - es Él, sólo Él.
El mundo es el campo y el campo es el mundo; por tanto, mi hogar será aquel país donde puedan usarme más para ganar almas para Cristo.

Conde Zinzendorf, 1700-1760, fundador de Herrnhut, líder moravo

Cristo Jesús y la cruz – 1 Co. 2:2; Lc. 9:23

- El mundo necesita desesperadamente ver a Jesús a través de nuestra vida.
- El poder de la cruz debe mostrarse a través de nosotros cuando damos nuestra vida por otros.
- Esto significa morir a nuestros derechos e invertir en las vidas de otros.
- La cruz es nuestro mensaje, que Jesús murió por nuestros pecados y nos invita a seguirlo.

Influyamos en la cultura – Mt. 5:13-16; 2 Co. 5:19-20

- Dios nos ha llamado a ser sal y luz en el mundo que nos rodea.
- Para los cristianos no hay diferencia entre lo secular y lo sagrado. No importa a qué nos llame Dios, es un llamamiento sagrado.
- Somos llamados a impactar la sociedad por medio de las Siete Esferas de la Sociedad:
    - *La familia:* moldeando a los matrimonios y la vida familiar conforme a los caminos de Dios.
    - *La iglesia:* equipando y movilizando al pueblo de Dios para cumplir aquello a lo cual Él lo ha llamado.
    - *El gobierno:* sirviendo, a nivel local y nacional, con el temor del Señor para los propósitos de Dios.
    - *La educación:* enseñando a los estudiantes en base a las verdades reveladas en la Palabra de Dios.
    - *Artes, entretenimiento y deportes:* discipulando a artistas, actores y deportistas para que reflejen la gloria de Dios.
    - *Los medios de comunicación:* influyendo en la comunicación impresa, radio, televisión e internet para los propósitos de Dios.
    - *Los negocios:* siendo líderes con integridad y distribuyendo recursos para la extensión del reino de Dios.
- Al servir donde Dios nos ha llamado, impactaremos esferas de la sociedad con las verdades del reino de Dios, de manera que se demuestre el carácter, los caminos y la voluntad de Dios, y esa demostración se multiplique.

Vecindarios y naciones – Mt. 22:39; Ap. 7:9

- Como cristianos, debemos actuar a nivel local pero pensar a nivel global.
- Extender el reino de Dios implica alcanzar para Jesús a los que están en nuestro actual círculo de relaciones.
- También significa que debemos orar por la obra de Dios en las naciones de la tierra.
- Asimismo, debemos ofrendar para las misiones e ir a las naciones cuando tengamos la oportunidad.

IDEAS Y NOTAS

CAPÍTULO 10 — EXTENDAMOS EL REINO DE DIOS

Glorifiquemos a Jesús – Jn. 15:8; 17:4; 1 Co. 10:31; Ap. 4:11

- Glorificar a Jesús es el impulso vital de todo lo que hacemos como creyentes. Consiste en que Él reciba toda la gloria debida a Su nombre.
- Glorificar a Jesús es mejorar Su reputación ante los demás — es decir, que la manera en que vivimos haga que otros vislumbren quién es Dios realmente y en qué consiste Su reino.
- Recuerde que el propósito primordial del evangelismo es reconciliar a las personas con Dios, de modo que glorifiquen a Dios al conocerlo y cumplir Sus propósitos en sus vidas.

Debemos discernir al mensajero y el mensaje

Cuando invertimos nuestra vida para extender el reino de Dios, debemos estar conscientes de la estrategia del enemigo para cegar el entendimiento de los incrédulos, de modo que no vean la luz del evangelio (2 Co. 4:1-6). Un sinnúmero de creencias respecto a la vida y el universo, representadas en religiones falsas, se han desarrollado desde la primera vez que Satanás lanzó sus engaños en el huerto del Edén. El islamismo, hinduismo, budismo, así como grupos religiosos primitivos, sectas que tergiversan el cristianismo que profesan seguir, filosofías ateas como la Nueva Era y el ocultismo, han sido creados por Satanás para robarle la gloria a Dios al mantener a la gente esclavizada a sistemas sin esperanza, adorando a ídolos y dioses falsos. Cada sistema de creencias combina algo de verdad en su red de enseñanzas falsas, lo suficiente como para desviar a la gente y alejarla de la relación personal con Jesús que salva nuestra vida.

Casi la mitad de los libros del Nuevo Testamento se escribieron para confrontar a falsos maestros y corregir enseñanzas falsas. El trasfondo religioso del Nuevo Testamento incluía elementos tales como las prácticas religiosas judías, samaritanas, griegas y romanas; religiones populares; religiones de misterio; diversas creencias combinadas como el gnosticismo, los judaizantes y lo que se conoce como la herejía colosense. Representaba todo tipo de creencias, desde los zelotes religiosos, mitología, adoración al emperador, magia y astrología, adoración a los ángeles y tergiversaciones respecto a Jesucristo.

El discípulo Juan escribió varios libros de la Biblia para corregir enseñanzas falsas. Él provee, a los discípulos de Jesús de este tiempo, una Tríada de Verdad para discernir si un mensajero y su mensaje están alineados con Jesús y el reino de Dios (1 Jn. 4:1-6).

Si los pecadores están condenados, al menos permitan que salten al infierno sobre nuestros cuerpos. Si han de morir, que mueran con nuestros brazos alrededor de sus rodillas. Que ninguno vaya allí sin haber recibido una advertencia y oración.

Charles Spurgeon, 1834-1892, predicador y autor inglés

Algunos quieren vivir donde alcancen a oír la campana de una iglesia. Yo quiero abrir un centro de rescate a un metro del infierno.

C. T. Studd, jugador de críquet inglés y misionero en China, India y África

¿Qué creen acerca de Jesús?

- Según ellos, ¿quién es Jesús? ¿Concuerda con la Biblia su concepto de Jesús? (1 Jn. 2:21-23; 4:1-3; Jn. 14:6)
- ¿Están de acuerdo con la siguiente explicación acerca de Jesús?
  - Jesús es el único y preexistente Hijo de Dios, que por amor y obediencia a Su Padre se hizo un ser humano que vivió en esta tierra y sufrió una muerte sustitutiva por los pecados de toda la humanidad, después de lo cual resucitó de los muertos para la salvación de la raza humana. Jesús vive hoy, intercediendo por los pueblos de la tierra. Él es el único camino a Dios — el camino, la verdad y la vida.
- ¿Están de acuerdo con el histórico Credo de los Apóstoles (que apareció primero como confesión bautismal en la Roma del segundo siglo) y el Credo Niceno (aprobado en el Concilio de Nicea en 325 d.C. para refutar herejías)? El texto de ambos credos se encuentra en la siguiente página.

¿Caminan en la luz y en la verdad de la Biblia?
1 Jn. 1:5-10; 2:3-6; Jn. 3:19-21; 8:31-32

- ¿Consideran que la Biblia es la Palabra de Dios inspirada e infalible? (2 Ti. 3:16-17)
- ¿Ven la Biblia como la palabra de autoridad final respecto a la fe, enseñanza y práctica?
- ¿Están alineadas su vida y sus enseñanzas con la Palabra de Dios?

¿Aman a los demás creyentes?
1 Jn. 2:9-11; 3:14-18; 4:7-12, 19-21; Jn. 13:34-35; 15:12-13, 17

- Los que nacen de Dios sienten amor y afecto sinceros y genuinos por otros cristianos.
- Los creyentes poseen la disposición para dar su vida por los demás cristianos.

Un sinnúmero de creencias respecto a la vida y el universo, representadas en la estructura de religiones falsas... han sido creadas por Satanás para robarle la gloria a Dios al mantener a la gente esclavizada a sistemas sin esperanza, adorando a ídolos y dioses falsos.

IDEAS Y NOTAS

El Credo de los Apóstoles

Creo en Dios Padre, Todopoderoso, Creador del cielo y de la tierra.

Creo en Jesucristo, Su único Hijo, nuestro Señor, que fue concebido por obra y gracia del Espíritu Santo. Nació de la Virgen María. Padeció bajo el poder de Poncio Pilato. Fue crucificado, muerto y sepultado. Descendió a los infiernos. Al tercer día resucitó de entre los muertos. Subió a los cielos, y está sentado a la diestra de Dios Padre. Desde allí ha de venir a juzgar a los vivos y a los muertos.

Creo en el Espíritu Santo, la santa iglesia universal, la comunión de los santos, el perdón de los pecados, la resurrección de la carne y la vida eterna. Amén.

El Credo Niceno

Creo en un solo Dios, Padre Todopoderoso, Creador del cielo y de la tierra, y de todo lo visible e invisible.

Y creo en un solo Señor Jesucristo, Hijo Unigénito de Dios, engendrado del Padre antes de todos los siglos, Dios de Dios, Luz de Luz, Dios verdadero de Dios verdadero, engendrado y no hecho, consubstancial al Padre; por quien todas las cosas fueron hechas; el cual, por amor de nosotros y por nuestra salvación descendió del cielo y, encarnado en la virgen María por el Espíritu Santo, fue hecho hombre; y fue crucificado también por nosotros bajo el poder de Poncio Pilato. Padeció y fue sepultado, y resucitó al tercer día según las Escrituras; y ascendió a los cielos, y está sentado a la diestra del Padre y vendrá otra vez en gloria a juzgar a los vivos y a los muertos, y su reino no tendrá fin.

Y creo en el Espíritu Santo, Señor y Dador de vida, que procede del Padre y del Hijo, que con el Padre y el Hijo juntamente es adorado y glorificado, que habló por medio de los profetas. Y creo en una santa iglesia cristiana y apostólica. Confieso que hay un solo bautismo para la remisión de los pecados; y espero la resurrección de los muertos y la vida del mundo venidero. Amén.

Hay tres etapas en la obra de Dios: imposible, difícil, terminada.

Hudson Taylor, 1832-1905, misionero inglés a la China

¿Podría un marinero quedarse sentado si oye gritar al que se está ahogando?
¿Podría un médico sentarse cómodamente y dejar que sus pacientes se mueran?
Podría un bombero quedarse quieto, dejar que la gente se queme y no ayudar?
¿Puede usted estar tranquilo en Sión con el mundo a su alrededor en condenación?

Leonard Ravenhill, 1907-1994, evangelista y predicador inglés

ECHEMOS LA RED

Escriba tres o cuatro enseñanzas que aprendió en este capítulo acerca del reino de Dios.

_____

_____

_____

_____

_____

_____

_____

En base a lo que aprendió hasta ahora, ¿cuáles dos o tres áreas de su sistema de valores necesita alinear correctamente con los valores del reino? Examine en qué está invirtiendo ahora su tiempo, energía y recursos.

_____

_____

_____

_____

_____

_____

_____

_____

_____

IDEAS Y NOTAS

_____

_____

_____

_____

Considere por un momento el impulso vital del reino, es decir, la gloria de Dios. ¿Cómo podría vivir para glorificar mejor a Jesús? ¿Siente usted lo que siente el corazón de Dios por las naciones? Si no es así, quizá podría pedírselo en este momento.

_____

_____

_____

_____

_____

_____

¿Cuándo fue la última vez que deliberadamente testificó de Jesús a alguien que no lo conocía? Al considerar esto, ¿viene a su mente el nombre de un familiar o amigo? Dedique un momento ahora para orar por esa persona, pidiendo que el reino de Dios se extienda a esa vida cuando llegue a conocer al Salvador.

_____

_____

_____

_____

_____

_____

_____

_____

_____

¿Cuáles son las tres partes de la *Tríada de la Verdad*?

_____

_____

_____

¿Dijo usted: 'No fui llamado'? Creo que debería decir: 'No oí el llamamiento'. Ponga su oído sobre la Biblia, y oiga Su mandato para ir y sacar a los pecadores del fuego del pecado. Ponga su oído sobre el corazón cargado y agonizante de la humanidad, y escuche su gemido lastimero pidiendo ayuda. Acérquese a las puertas del infierno y escuche a los condenados suplicándole que vaya a la casa de sus padres y diga a sus hermanos y hermanas, a siervos y amos, que no vayan allá. Y, luego mire el rostro de Cristo, cuya misericordia usted ha profesado obedecer, y dígale si unirá su corazón, alma, cuerpo y circunstancias en la marcha para publicar Su misericordia al mundo.

William Booth, 1829-1912, fundador del Ejército de Salvación

LA PESCA DEL DÍA

◘ Resumen del capítulo

- El reino de Dios es "la arena donde Jesús gobierna y se hace Su voluntad".
- Dios desea que nuestra vida esté alineada con los valores de Su reino.
- El impulso vital del reino es glorificar a Dios en todo lo que somos y hacemos.
- Podemos extender el reino de Dios en las naciones de la tierra compartiendo nuestra fe y trabajando en equipo con otros para impactar nuestro mundo.
- Al extender el reino, podemos confiar en que el Señor nos ayudará a discernir respecto a los mensajeros y los mensajes de las religiones y sectas del mundo que intenten desviarnos a nosotros, o a otras personas, de la verdad de Dios.

¿Cuáles fueron las dos o tres áreas de las que el Espíritu Santo le habló más claramente en este capítulo, y cómo le responderá usted?

_____

_____

_____

_____

_____

_____

_____

IDEAS Y NOTAS

_____

_____

_____

_____

CAPÍTULO 11
PROPÓSITO, PASIÓN Y DONES

 UNA MIRADA DESDE LA ORILLA

"Porque tú formaste mis entrañas; tú me hiciste en el vientre de mi madre. Te alabaré; porque formidables, maravillosas son tus obras; estoy maravillado, y mi alma lo sabe muy bien".

Salmos 139:13-14

¿Ha pensado alguna vez en la obra singularmente intricada y maravillosa que hizo Dios al crearle? Le dio ojos, huellas digitales y un ADN distintivos, y cada característica es como una pincelada de su imagen en el lienzo que lo refleja sólo a *usted*.

Cuando estábamos aún en el vientre de nuestra madre, Dios determinó nuestra formación y herencia físicas. Escogió nuestro sexo, los rasgos faciales y corporales, nuestro intelecto y nuestras aptitudes. Al hacerlo, Él escogió nuestra herencia social: raza, cultura, idioma, la familia y el ambiente. Decidió si veríamos Su creación desde un metro o dos metros de estatura; que veríamos todo en colores, tendríamos la capacidad para escuchar sonidos, y disfrutar del tacto y el olfato. Su mano estaba formando completamente nuestro ser y su herencia, al punto de redimir los efectos desagradables del pecado en nuestra vida. Su propósito era —y es— divino.

Estas verdades nos recuerdan que cada uno tiene un destino. Dios nos creó, no como robots pre-programados, sino como individuos llamados a cumplir Sus propósitos mientras caminamos en amistad con Él en nuestra generación. Su vida y la mía tienen propósito, un destino divino que nació en el corazón de Dios antes que naciéramos. Los atributos físicos, la personalidad y todo lo que hemos experimentado y recibido tienen como fin glorificar a Dios.

¿Ha notado que, con mucha frecuencia, el propósito en la vida de una persona no surge cuando actúa sola, sino cuando invierte en la vida de otros? Como cristianos, los propósitos de Dios para nuestra vida se cumplen en el contexto de nuestra relación con los demás. Aunque nuestros propósitos son singulares y especiales, siempre están orientados hacia otros. Dios usa a personas para moldear nuestro llamamiento, para trabajar en equipo con nosotros, y para participar en el producto de nuestro llamamiento. El fruto de nuestra obediencia a Él está en que vidas sean impactadas y Jesús sea glorificado.

Personajes bíblicos tales como Jeremías (Jer. 1:6-10), David (1 S. 16:1-13; Hch. 13:36), Juan el Bautista (Lc. 1:1-45), Jesús (Jn. 17:1-5) y Pablo (Hch. 9:1-19; Gá. 1:13-17) sabían que Dios los había llamado para cumplir Sus propósitos. Quizás usted también tenga un *conocimiento* similar. Percibe que Dios le ha llamado a una tarea o servicio. Tal vez haya identificado ese propósito o haya vislumbrado partes de él. Es posible que recién esté comprendiendo que posee dones y capacidades singulares que Dios le ha dado. ¿Se ha preguntado si Dios tiene un rol específico al cual le está llamando en Su reino?

En este capítulo veremos algunos principios bíblicos en relación con los propósitos de Dios para su vida, le ayudaremos a descubrir qué es lo que le apasiona, y le asistiremos en el descubrimiento de sus dones.

zarpemos

Cuando llegamos a ser seguidores de Jesús, somos recibidos como miembros de Su equipo. Este trabajo en equipo puede ser local y global, porque pertenecemos al Cuerpo de Cristo mundial. En un equipo deportivo, banda o negocio reconocemos la importancia de situar a las personas para aprovechar sus capacidades singulares. Cuando se sitúa a la gente en forma estratégica, los resultados son satisfacción personal, éxito corporativo, y productividad y eficacia generales. Por supuesto, lo contrario también ocurre: si no se sitúa correctamente a las personas, la calidad y satisfacción decaen.

Como cristianos, es importante que descubramos nuestra posición en el equipo del Señor. Al madurar como Sus discípulos, nuestros roles igualmente maduran, equipándonos para identificar con más facilidad el propósito de nuestra vida, así como nuestras pasiones y las áreas en las que nos ha dado dones. Iniciemos este descubrimiento examinando primeramente el *propósito*.

Propósito

Algunos piensan que la vida se desarrolla por casualidad y que un momento dado no es sino un cambio temporal de ideas y eventos. La Biblia, sin embargo, nos dice algo diferente, prometiendo que todo en nuestra vida procura conducirnos a un bien o propósito superior (Ro. 5:3-5; 8:28). También nos enseña que Dios ha planeado una vida llena de propósito, y nuestra responsabilidad es descubrirlo y dedicarnos a él (Pr. 16:9; Jer. 29:11-13; Ef. 2:10). Podemos iniciar el proceso de identificar nuestro propósito en Jesús estudiando la Biblia, obteniendo así una comprensión más completa acerca de los métodos y objetivos de Dios.

Jesús vivió con un propósito
Jesús vivió motivado por un sentido deliberado de propósito y visión. Sabía quién era y por qué había venido (Jn. 13:3), y determinó en Su corazón ser obediente para cumplir lo que Dios le había encomendado.
- "Llamarás su nombre Jesús, porque él salvará a su pueblo de sus pecados... y llamarás su nombre Emanuel, que traducido es: Dios con nosotros" (Mt. 1:21-23).
- "Porque he descendido del cielo, no para hacer mi voluntad, sino la voluntad del que me envió" (Jn. 6:38).

IDEAS Y NOTAS

- "Yo te he glorificado en la tierra; he acabado la obra que me diste que hiciese" (Jn. 17:4).
- "Porque el Hijo del Hombre vino a buscar y a salvar lo que se había perdido" (Lc. 19:10).
- "Porque no envió Dios a su Hijo al mundo para condenar al mundo, sino para que el mundo sea salvo por él" (Jn. 3:17).
- "Yo he venido para que tengan vida, y para que la tengan en abundancia" (Jn. 10:10).
- "Yo para esto he nacido, y para esto he venido al mundo, para dar testimonio a la verdad" (Jn. 18:37).
- Jesús vino para mostrarnos al Padre - "El que me ha visto a mí, ha visto al Padre" (Jn. 14:9).
- "Para esto apareció el Hijo de Dios, para deshacer las obras del diablo" (1 Jn. 3:8).

¿Cómo revela Dios el propósito de nuestra vida?
Cuando buscamos sinceramente a Dios, y buscamos sabiduría de personas y líderes consagrados al Señor, vemos claramente el propósito de nuestra vida. Estudiar cómo Dios reveló el sentido de propósito y destino a la gente en la Biblia nos ayuda a descubrir el propósito de nuestra vida.

- *Llamamiento desde el nacimiento:* A veces Dios habla a los padres del niño o a otras personas consagradas para revelarles Sus propósitos para la vida de ese niño. Jeremías y Juan el Bautista son ejemplos de esto (Jer. 1:4-10; Lc. 1:5-80).
- *Llamamiento celestial:* Dios imparte la visión del propósito interviniendo en la vida de la persona en forma asombrosa, ya sea con Su voz audible, la visita de ángeles, un sueño conmovedor o una visión, etc. Algunos ejemplos son Moisés y la zarza ardiente, María y el ángel Gabriel, Pablo en el camino a Damasco, y la visión de Pedro (Éx. 3; Lc. 1:26-38; Hch. 9:1-31; 10).
- *Circunstancias providenciales:* Durante el recorrido por la vida, Dios quizás abra puertas de oportunidad haciendo que se cumplan Sus propósitos. Las vidas de Ester y Daniel lo ilustran.
- *Sensibilidad creciente:* La revelación gradual del propósito de vida generalmente sigue a una obediencia constante a través de los a os. La presencia de Dios en medio del servicio de una persona también puede confirmar el propósito de su vida. La historia de José en Génesis 37—50 provee una maravillosa descripción de cómo Dios revela Sus propósitos mientras desarrolla el carácter necesario para cumplir Su llamamiento.
- *Confirmación profética:* Además de revelarle Sus deseos a la persona, Dios puede usar a otros para confirmarle que está avanzando hacia los propósitos que le ha dado. Esta expresión particular a menudo confirma lo que Dios ya le ha hablado a esa persona. Lea 1 Samuel 16:1-13 para ver cómo Dios usó esa expresión para establecer el propósito para la vida de David.

Mire claramente hacia el fin de la vida. No olvide su propósito y destino como criatura de Dios. Lo que usted es ante Sus ojos es lo que usted es y nada más. Recuerde que cuando deje esta tierra, no podrá llevar nada que haya recibido... sólo lo que haya dado; un corazón pleno, enriquecido por el servicio, amor, sacrificio y valor sinceros.

Francisco de Asís, 1182-1226, fundador de la Orden Franciscana

Hechura singular

El propósito de nuestra vida es una extensión de la manera singular en que Dios nos creó. Es resultado de ingredientes internos como los siguientes:

- *Talentos naturales:* ¿Qué destrezas naturales ha demostrado desde la niñez?
- *Habilidades adquiridas:* ¿Qué habilidades ha aprendido durante su vida?
- *Dones espirituales:* ¿Cuál es(son) su(s) principal(es) don(es) espiritual(es)?
- *Deseos interiores:* ¿Qué es lo que realmente desea hacer?
- *Fructificación:* ¿Qué hace usted que produce fruto que crece, perdura y se multiplica?
- *Confirmación:* ¿Qué es lo que confirman en usted la gente y los líderes que más le conocen?
- *Convicciones:* ¿Qué es lo que le emociona o está motivado a hacer para la gloria de Dios?
- *Pasión:* ¿Qué grupos de gente, naciones, trabajos o necesidades le apasionan?
- *Satisfacción:* ¿Qué es lo que disfruta profundamente al hacerlo, sintiendo que nació para eso?
- *Circunstancias:* ¿Qué oportunidades ha puesto Dios ante usted ahora?

Puntos de referencia para el propósito de vida

- *Los propósitos de Dios:* Nuestro propósito de vida personal tiene que estar relacionado con los propósitos divinos mayores de cumplir la Gran Comisión: "Id, y haced discípulos a todas las naciones, bautizándolos en el nombre del Padre, y del Hijo, y del Espíritu Santo; enseñándoles que guarden todas las cosas que os he mandado" (Mt. 28:19-20). En el cuadro general, este es el propósito al que cada creyente es llamado, y es nuestro objetivo unido como cuerpo de creyentes en Jesús.
- *Sea usted quien es:* Es importante que usted sea quien Dios desea que sea. Usted tiene una contribución única y valiosa que ofrecer; por tanto, no pierda tiempo comparándose con otras personas o deseando los dones y el llamamiento que otros poseen.
- *Equipo:* Para cumplir el propósito de nuestra vida, Dios nos guiará a trabajar en equipo con personas que tienen diferentes personalidades y dones. Esté atento para discernir con quiénes le está llamando Dios a unirse para Sus propósitos.
- *Servicio:* Todo empieza aquí. El propósito de su vida se centrará en servir a la gente. A menudo al apoyar a otros para cumplir el propósito de sus vidas, surge también el suyo.
- *Para la gloria de Dios:* El fin supremo —aquello por lo que vivimos y damos nuestra vida— es la gloria de Dios. Nuestro propósito más importante es dar a conocer el carácter y los caminos de Jesús, de modo que otros le den a Él la gloria que merece.

IDEAS Y NOTAS

Pasión

Al tratar de descubrir el propósito para el que nacimos, debemos considerar también el área de la pasión. La pasión es esa parte de nosotros relacionada con nuestros deseos más profundos. Tiene que ver con emociones fuertes, lo que nos gusta y amamos. Puede causar emoción y motivación que nos potencian para hacer sacrificios a fin de lograr nuestros propósitos. Algunas de nuestras pasiones están relacionadas con lo que Dios ha creado en nosotros para revitalizar nuestro ser, ya sea física, mental, emocional o socialmente. Otras están ligadas a nuestro llamamiento y al propósito de nuestra vida.

Evaluación de la pasión

La pasión puede mostrar un deseo dado por Dios que nos compele a marcar la diferencia en cierta área en particular. Para descubrir sus pasiones, separe un período prolongado de tiempo y reflexione en las siguientes preguntas. Respóndalas con la mayor honestidad posible. Escriba sus ideas para usarlas como referencia en el futuro.

- ¿Qué hace que la vida valga la pena para usted?
- Si supiera que tendría éxito en esa actividad, ¿qué le gustaría hacer?
- ¿Qué le hace reír y qué le hace llorar? ¿Por qué?
- Al final de su vida, ¿en qué área le gustaría saber que realmente marcó una diferencia?
- Cuando sus amigos escuchan su nombre, ¿qué señalan como algo que le apasiona?
- ¿Qué temas de conversación le mantienen despierto hablando y so ando hasta tarde?
- Si pudiera obtener el trabajo de otra persona, ¿cuál sería y por qué?
- ¿Por qué motivo estaría usted dispuesto a sufrir persecución?
- ¿Qué es lo que más disfruta hacer por otras personas?
- ¿Qué es lo que puede hacer con excelencia y a la vez le causa profunda satisfacción?
- ¿Cuáles versículos o pasajes bíblicos le hablan con más fuerza y más constantemente?
- ¿Qué patrones o temas constantes parecen repetirse en su vida?
- ¿Hay algún grupo particular de personas hacia el cual se dirige su corazón constantemente?
- ¿Existen necesidades o preocupaciones en las que se interesa una y otra vez?
- ¿Al realizar cuáles actividades le parece tener mayor unción de Dios?

Dios ama inmensamente al hombre cuyo corazón arde con una pasión por lo imposible.

William Booth, 1829-1912, fundador del Ejército de Salvación

EN AGUAS MÁS PROFUNDAS

La Biblia enseña que cada creyente tiene un rol instrumental en la edificación del Cuerpo de Cristo. En 1 Corintios 12:7 se nos dice: "A cada uno se le da una manifestación especial del Espíritu para el bien de los demás" (*NVI*). Los dones espirituales —capacidades divinas mediante las que el Espíritu de Dios derrama Su amor, misericordia y poder en la vida de otros— extienden el reino de Dios y glorifican a Dios.

Los dones espirituales

Pablo nos dice: "No quiero, hermanos, que ignoréis acerca de los dones espirituales" (1 Co. 12:1). El término griego que usó para "dones espirituales" es *pneumatikon*, que literalmente significa "espirituales". El contexto muestra que los "espirituales" eran dones y capacidades que el Señor daba a los cristianos y Su Espíritu Santo potenciaba. La palabra griega comúnmente usada para dones espirituales era *carismata*, de la raíz *caris*, que significa "gracia". Es decir, los dones espirituales son "dones de gracia" que Dios nos concede para la edificación de Su Cuerpo.

Introducción a los dones espirituales

- Dios es quien nos concede los dones (Ro. 12:6; 1 Co. 12:11; Ef. 4:7).
- Aunque otros pasajes también hablan de dones espirituales, los tres principales sobre este tema son Romanos 12, 1 Corintios 12 y Efesios 4. En la Biblia se habla de dones en el contexto del Cuerpo, y son provistos para edificar a otros, no para promovernos a nosotros mismos.
    - El contexto de Romanos 12 promueve la unidad.
    - El contexto de 1 Corintios 12 trata de reuniones de adoración.
    - El contexto de Efesios 4 son los dones de liderazgo dados al Cuerpo.
- A cada miembro del Cuerpo de Cristo se le dan dones para que los desarrolle cuantitativa y cualitativamente (Ef. 4:11-16).
- El rol del Espíritu Santo es poner a cada miembro donde Él quiere que funcione (1 Co. 12:11).
- Los dones no se ganan ni se aprenden; más bien, son extensiones de la gracia de Dios que Él da para Sus propósitos. Podemos llegar a ser hábiles en el uso de nuestros dones si nos rendimos al Espíritu Santo. También podemos llegar a ser más eficaces a medida que usamos los dones y al observar cómo los usan otras personas que tienen dones similares.

IDEAS Y NOTAS

- Cuando rendimos nuestra vida a Jesús, todo nuestro ser debe estar apartado para Su uso, incluyendo nuestros dones. Todo lo que somos, incluyendo nuestra personalidad, puede ser un instrumento a través del cual fluyan nuestros dones. Sin embargo, para que el Señor nos use, tiene que haber un quebrantamiento de nuestra independencia (crucificarla, morir a ella) para que podamos actuar bajo el señorío de Jesús.

- El hecho de que Dios nos haya dado ciertos dones no significa que debemos sentirnos obligados a ejercerlos cada vez que se presenta una oportunidad. ¡Aun este aspecto debe estar sujeto para caminar en obediencia a Jesús!

- Es esencial crecer en el carácter de santidad y permitir que Jesús sane heridas del pasado, de manera que podamos actuar desde una plataforma de mayor sanidad integral. Nuestras deficiencias de carácter y falta de sanidad integral pueden impedir que otros reciban del Señor por medio de nosotros.

- A veces quizá sea difícil distinguir entre nuestros talentos naturales, habilidades adquiridas y dones espirituales. Puesto que somos hechura de Dios, Él usará para Sus propósitos todo lo que nos ha dado.

- Dios parece dar "medidas de gracia" respecto a los dones en forma periódica y en forma permanente.

- También parece haber diversas "medidas de gracia" en cuanto a las esferas o dimensiones de influencia en relación con los dones y el llamamiento.

- Mucha gente, especialmente los líderes, tienen una combinación de dones, con un don principal y los otros funcionando en conjunto con aquel.

- ¿Es posible que Dios no nos dé dones sino que más bien opere dones por medio de nosotros? Debemos recordar que, en última instancia, Jesús quiere expresar Su carácter, Sus caminos y poder a través de nuestra vida para impactar a otros.

- Los siguientes indicadores nos ayudan a discernir si estamos ejerciendo nuestros dones:
    - *Reconocimiento* – de aquellos con quienes usted camina y de los que reciben el resultado de sus dones.
    - *Consistencia* – durante un período de tiempo y en diversas situaciones.
    - *Fructificación* – cuando se observan frutos tangibles como resultado directo de haber puesto en práctica su(s) don(es).
    - *Sentido de destino* – cuando siente internamente que está cumpliendo aquello para lo cual nació.

Los dones espirituales son capacidades divinas mediante las que el Espíritu de Dios derrama Su amor, misericordia y poder en la vida de otros.

Definición de los dones espirituales

Como hemos visto, Dios nos da dones espirituales con el propósito de que edifiquemos a otros en la vida de fe. A menudo estos dones prevalecen sobre nuestras deficiencias naturales. Abundan los ejemplos, tanto del pasado como contemporáneos, de personas que no tenían la capacitación ni las cualidades necesarias, pero en forma sobrenatural beneficiaron a la iglesia y al mundo cuando el Espíritu Santo les dio poder. Dios se complace en hacer lo inesperado (1 Co. 1:26-31). Por eso escogió a Moisés, un tartamudo, como el líder para sacar a Su pueblo de Egipto; y por eso eligió a un pequeño muchacho pastor —David— para derrotar a un gigante. Nuestros dones espirituales quizá armonicen con nuestra constitución natural o sean contrarios a ésta, pero el mismo Jehová de los ejércitos es quien nos da los talentos, aptitudes, dones y capacidades. Por medio de Pablo, en Romanos aprendemos que tenemos "diferentes dones, según la gracia que nos es dada" (Ro. 12:6).

- Los dones espirituales son capacidades especiales que Dios da a los creyentes para la edificación del Cuerpo de Cristo y la extensión del reino de Dios. Los dones espirituales poseen una dinámica sobrenatural muy real.
- La Biblia describe los dones espirituales. Tal vez otras habilidades no reciban el nombre de dones en la Biblia, pero ella los confirma. Por ejemplo: la intercesión, dirección de la adoración, artesanía, etc.
- Algunos dones espirituales pueden definirse con más certeza que otros porque hay más información sobre ellos en la Biblia. Puesto que no es fácil definir los dones espirituales, es importante no detenerse mucho en el proceso de definición. Simplemente, en las oportunidades que tiene ahora ante usted, use para la gloria de Dios lo que Él le ha dado, y el proceso de identificación llegará a ser mucho más claro.
- En el Cuerpo de Cristo hay una gran variedad de opiniones sobre el número de dones espirituales que existen. Ya que la Biblia no menciona un número específico de dones, debemos esforzarnos para ser fieles a la Escritura y observar la obra del Espíritu Santo a través de la vida de los creyentes.
- El objetivo de la lista de dones espirituales y definiciones que incluimos es proveerle un medio para que descubra cómo el Espíritu Santo puede trabajar en su vida y a través de ésta para los propósitos divinos.
- El *significado central* en los siguientes resúmenes de dones representa las palabras con que se describe el don en el idioma hebreo (AT) o griego (NT) originales. Las *observaciones* provienen de numerosos recursos y de los años que el autor ha estado en el ministerio, y su propósito es sencillamente ayudarle a que descubra y comprenda el don. Las *precauciones* nos recuerdan posibles debilidades o advertencias de las que debemos cuidarnos en relación con el don. Los *posibles ejemplos bíblicos* revelan a personas o situaciones de la Biblia que podrían proveer un ejemplo de ese don en acción.

IDEAS Y NOTAS

La siguiente lista presenta los dones espirituales en el orden en que se encuentran en el Nuevo Testamento, especialmente en Romanos 12, Efesios 4 y 1 Corintios 12. Muchos de estos dones, y otros que incluimos aquí, pueden verse también en la vida de personajes del Antiguo Testamento.

Ministerio profético - Ro. 12:6; 1 Co. 12:10, 28; Ef. 4:11

- *Significado central:* el que predice algo; profecía; mostrar o dar a conocer los pensamientos de uno, iluminación.
- *Definición:* Capacidad sobrenatural dada por Dios para revelar y proclamar una verdad en forma pertinente a fin de fortalecer, animar y consolar.

  Nota: Esta descripción sencillamente representa un panorama general del don de profecía (de inspiración, con el objetivo general de fortalecer, animar y consolar), ministrar en lo profético (palabras más específicas de revelación, proveyendo la perspectiva de Dios), y el rol del profeta (vocero de Dios a la iglesias, ciudades, regiones y naciones, anunciando anticipadamente Sus propósitos).

- *Observaciones:*
    - Capacidad para discernir rápidamente el carácter, motivos y actitudes de personas o un grupo.
    - Dependen de la Biblia y del Espíritu para validar la autoridad de sus palabras; no temen hablar en público o defender su posición sobre temas importantes.
    - Cuando dan un mensaje de Dios, a menudo resulta en convicción, arrepentimiento, santidad y retorno a una vida conforme a la Palabra y los propósitos de Dios.
    - Frecuentemente pueden "oír a Dios" al "ver" cosas de Él (visiones, imágenes mentales).
- *Precaución:* Se requiere conciencia clara y quebrantamiento; de lo contrario pueden parecer críticos, duros, que juzgan en vez de reflejar amor, haciendo que los oyentes rechacen su mensaje. Recordemos también que toda profecía es imperfecta (por los instrumentos que la dan y la reciben) y debe someterse a líderes espirituales para que la juzguen y apliquen.
- *Posibles ejemplos bíblicos:*
    - Los 17 libros proféticos del Antiguo Testamento
    - Agabo, en Hechos 11:27-30

Los dones espirituales son capacidades especiales que Dios da a los creyentes para la edificación del Cuerpo de Cristo y la extensión del reino de Dios.

Ningún trabajo es mejor que otro para agradar a Dios; servir agua, lavar platos, ser zapatero o apóstol, todo es lo mismo; lavar platos y predicar es lo mismo, tan conmovedora la obra, para agradar a Dios.

William Tyndale, 1494-1536, traductor y mártir inglés

Servicio - Ro. 12:7
- *Significado central:* atender como un mesero, ayudante, servir
- *Definición:* Capacidad sobrenatural dada por Dios para mostrar amor y apoyo al ver y satisfacer necesidades prácticas.
- *Observaciones:*
    - Puede detectar y satisfacer necesidades tangibles y prácticas; motivado para satisfacer necesidades prácticas tan pronto como sea posible.
    - A menudo usa las necesidades prácticas como factor determinante para guiarse; disfruta realizando metas de corto plazo.
    - Demuestra gran energía y fuerza en su trabajo, determinado a terminar la tarea; son las invaluables "hormigas trabajadoras" del Cuerpo de Cristo.
    - Desea servir sin llamar la atención, pero necesita aprecio y aprobación, y saber que está desempeñando un papel vital en el equipo.
- *Precaución:* Su enfoque y esfuerzo para satisfacer necesidades prácticas son vistos a veces como desinterés en las necesidades espirituales de la gente, pero no es así. Sin embargo, la historia de María y Marta nos recuerda que, en medio del servicio, aún es esencial separar tiempo de las ocupaciones para sentarnos a los pies de Jesús.
- *Posibles ejemplos bíblicos:*
    - Marta, en Lc. 10:38-42
    - Servir a las mesas, en Hch. 6:1-7 (notemos el fruto en el v. 7).

Enseñanza - Ro 12:7; 1 Co. 12:28-29; Ef. 4:11
- *Significado central:* enseñar, instruir, instructor, maestro, educador
- *Definición:* Capacidad sobrenatural dada por Dios para enseñar las verdades divinas de modo que otros puedan entenderlas y aplicarlas a su vida.
- *Observaciones:*
    - Le interesa mucho comprender la verdad de Dios y busca maneras efectivas para explicarla a otros a fin de que puedan aplicarla a sus vidas.
    - Comunica las verdades bíblicas para inspirar a las personas a una mayor obediencia a Dios y Su Palabra; se frustra cuando otros sacan pasajes bíblicos fuera del contexto.
    - Desea compartir con otros todo el consejo de Dios para desarrollar discípulos maduros.
    - Cree que la verdad debe estar apegada a la Biblia, y luego validada por las experiencias humanas.
- *Precaución:* La verdadera enseñanza no está completa hasta que el alumno comprende lo que el maestro ha enseñado y sabe cómo se aplica a su vida.
- *Posibles ejemplos bíblicos:*
    - Jesús como Maestro en los evangelios (ejemplo: el Sermón del Monte, en Mt. 5–7)
    - Pablo, en Hechos y las epístolas paulinas

IDEAS Y NOTAS

Exhortación – Ro. 12:8

- *Significado central:* invitar a que se acerquen, acompañar, animar con palabras, consolar, exhortar
- *Definición:* Capacidad sobrenatural dada por Dios para estimular la fe y el crecimiento en otras personas animándolas, consolándolas y motivándolas a la acción.
- *Observaciones:*
  - Tienden a ser optimistas y llenos de esperanza; a la gente le agrada estar cerca de ellos por su actitud positiva.
  - Aconsejan a otros libremente con el propósito de verlos crecer.
  - Disfrutan al relatar a otros experiencias de la vida real, junto con verdades divinas, a fin de animar, alentar y consolar.
  - No se dan por vencidos fácilmente en cuanto a las personas.
- *Precaución:* La urgencia que sienten de satisfacer al instante una necesidad debe controlarse siguiendo la guía del Espíritu Santo. Pueden parecer agresivos al explicar los pasos de acción, ya que esperan que la gente empiece a realizar de inmediato lo que han sugerido.
- *Posible ejemplo bíblico:*
  - Bernabé, el Hijo de Consolación - Hch. 4:36; 11:22-26; 15:22-35

Generosidad – Ro. 12:8

- *Significado central:* dar, regalar
- *Definición:* Capacidad sobrenatural dada por Dios para adquirir y contribuir recursos para la extensión del reino de Dios.
- *Observaciones:*
  - Posee habilidad para ganar dinero y donar recursos a otros.
  - Administra sus recursos y estilo de vida para dar todo lo que puede.
  - Percibe inversiones sabias y dona a organizaciones y proyectos que se multiplican.
  - Tiende a ver a Dios más como su socio de negocios; responde más a la lógica que a los llamados emocionales.
- *Precaución:* Recuerde que la dirección de la iglesia es determinada por los líderes al seguir a Jesús, no por el que da dinero. Los que poseen este don deben reconocer que su obediencia al dar es una contribución espiritual para la extensión del reino, no sólo un regalo material.
- *Posibles ejemplos bíblicos:*
  - José de Arimatea, en el entierro de Jesús - Mt. 27:57-61
  - La iglesia de Jerusalén, en Hch. 4:34-37

El mundo no necesita más escritores cristianos;
necesita más escritores y compositores buenos que sean cristianos.

C. S. Lewis, 1898-1963, notable autor e intelectual inglés

Liderazgo (presidir) – Ro. 12:8
- *Significado central:* estar al frente, presidir, dirigir, gobernar
- *Definición:* Capacidad sobrenatural dada por Dios para dirigir a un grupo de personas para realizar juntos los propósitos de Dios.
- *Observaciones:*
    - Habilidad para ver adelante cuando otros no lo hacen y para dirigir en forma apropiada.
    - Presentar una visión, proveer dirección y crear estructuras para realizar diversas tareas son expresiones de este don.
    - Demuestra liderazgo ubicando a la gente correctamente para lograr objetivos en común.
    - Define el liderazgo consagrado a Dios como servicio a la gente para alcanzar los caminos y propósitos de Dios.
- *Precaución:* Debe comprender que, en las relaciones, la credibilidad toma tiempo y es crucial para el liderazgo eficaz. Además, como líder, debe estar preparado y dispuesto a soportar reacciones personales de otros mientras lleva a cabo los propósitos de Dios.
- *Posibles ejemplos bíblicos:*
    - La vida de Moisés, en Éxodo
    - La vida de Jesús, en los evangelios

Misericordia – Ro. 12:8
- *Significado central:* compasivo en palabra o hecho, tener compasión, ser misericordioso con
- *Definición:* Capacidad sobrenatural dada por Dios para aliviar el sufrimiento de la gente mediante expresiones prácticas de compasión.
- *Observaciones:*
    - Se siente atraído hacia las personas que sufren y él también las atrae.
    - Puede identificarse rápidamente con los sentimientos de la gente y sentir empatía con ella.
    - Tiene un deseo poco usual de expresar amor en formas tangibles a los desamparados.
    - Se enfoca en aliviar el dolor o incomodidad de la gente, especialmente su sufrimiento emocional o físico.
- *Precaución:* Debe entender que rescatar a las personas de sus dificultades podría obstaculizar lo que Dios trata de hacer en ellas. Moverse con Dios, obedeciendo Su dirección respecto a la gente, y no sólo movido por las emociones, permite que Dios exprese Su compasión con poder por medio de la persona que tiene el don de misericordia.
- *Posibles ejemplos bíblicos:*
    - La vida de Jesús en los evangelios, especialmente respecto a la sanidad
    - El buen samaritano, en Lc. 10:25-37

IDEAS Y NOTAS

Palabra de sabiduría – 1 Co. 12:8
- *Significado central:* sabiduría, algo que se dice, expresión de sabiduría
- *Definición:* Capacidad sobrenatural dada por Dios para recibir percepciones sabias que, de otra manera, no se hubieran conocido, para aplicarlas a una persona o situación para los propósitos de Dios.
- *Observaciones:*
  - Sensibles a las indicaciones del Espíritu Santo, son capacitados para reconocer pensamientos que Dios infunde para una situación o persona en particular.
  - Pueden comprender ciertas situaciones intuitivamente, viendo la solución de Dios para el mismo casi en forma simultánea.
  - Reciben sabiduría que provee soluciones en medio del conflicto y confusión.
  - Ya que es una palabra de sabiduría, es algo que Dios da para que se comparta con otros.
- *Precaución:* Como sucede con todo don, no toda la gente opera con este don, por tanto es importante ser pacientes. También es necesario estar fundamentados en la Escritura y caminar en el temor del Señor.
- *Posibles ejemplos bíblicos:*
  - Salomón, en 1 R. 3:16-28, es un ejemplo del Antiguo Testamento que presenta un cuadro de este don.
  - Jacobo, durante el concilio en Jerusalén, en Hch. 15:1-36.

Palabra de ciencia – 1 Co. 12:8
- *Significado central:* conocer, algo que se dice, expresión de conocimiento
- *Definición:* Capacidad sobrenatural dada por Dios para recibir percepciones de conocimiento que, de otra manera, no podrían saberse, para aplicarlas a una persona o situación para los propósitos de Dios.
- *Observaciones:*
  - Reconoce en ciertas situaciones que el Espíritu Santo quiere hacer algo y se sitúa ante Dios para recibir conocimiento que no podría haber nacido de ella.
  - Puede recibir indicaciones de Dios en diversas formas, incluyendo conocimiento interior, ver con los ojos de la mente, cuadros internos o visiones, sentir dolor físico, etc.
  - Cuando se comparte y actúa con este don, da libertad a la actividad de Dios en la persona o situación.
  - Ya que es una palabra de conocimiento, es algo que Dios da para que se comparta con otros.
- *Precaución:* Debe ser sensible a cuándo y cómo se comparte esta palabra con otros.
- *Posibles ejemplos bíblicos:*
  - Jesús con la mujer en el pozo, en Jn. 4
  - Pedro con Ananías y Safira, en Hch. 5:1-11

La idea de que el servicio a Dios sólo debe estar asociado con el altar de una iglesia, cantar, leer, sacrificios y algo semejante es, sin duda, el peor engaño del diablo. Cómo podría el diablo habernos desviado con más eficacia que con el concepto estrecho de que el servicio a Dios ocurre sólo en un templo y mediante las obras hechas allí... En el mundo entero podrían abundar los servicios al Señor - no sólo en templos sino también en el hogar, la cocina, el taller, el campo.

Martín Lutero, 1483-1546, teólogo y reformador alemán

Fe – 1 Co. 12:9
- *Significado central:* persuasión, convencer, depender
- *Definición:* Capacidad sobrenatural dada por Dios para reconocer, en una situación dada, lo que Dios desea hacer y confiar en Él al respecto hasta que se realiza.
- *Observaciones:*
  - Tiene una fe inamovible para lo que Dios quiere hacer cuando otros a su alrededor no la tienen.
  - Se mueve en completa confianza en el poder de Dios para superar obstáculos enormes.
  - Puesto que puede ver las cosas "ya realizadas", tiene fe cuando otros no la tienen.
  - A menudo Dios interviene en forma sobrenatural en favor de esta persona.
- *Precaución:* En medio de su confianza en lo que Dios ha dicho, es importante que escuche y reciba el consejo sabio de otros a su alrededor.
- *Posibles ejemplos bíblicos:*
  - Daniel en el foso de los leones, en Dn. 6
  - Los héroes de la fe, en He. 11

Sanidades – 1 Co. 12:9, 28, 30
- *Significado central:* sanar, curar, dar sanidad integral
- *Definición:* Capacidad sobrenatural dada por Dios para restaurar la salud y sanidad integral a una persona.
- *Observaciones:*
  - La palabra usada aquí es plural, "sanidades", lo que parece indicar que puede haber varias clases de sanidad con este don, incluyendo física, emocional y espiritual.
  - Operan movidos por compasión y el deseo de ver que la gente sea sanada.
  - Tienen una capacidad no común para sentir la presencia de Dios cuando está en ese lugar para sanar, y Él a menudo demuestra Su poder por medio de ellos.
  - La sanidad puede suceder en varias maneras, incluyendo mediante la oración, el toque o palabras habladas.
- *Precaución:* Como sucede con los demás dones, es esencial seguir y obedecer las indicaciones del Espíritu Santo, tanto en cuanto a la dirección como el tiempo.
- *Posibles ejemplos bíblicos:*
  - Jesús, en Mr. 2:1-12
  - Pedro y Juan, en Hch. 3:1-16

IDEAS Y NOTAS

Hacer milagros – 1 Co. 12:10, 28
- *Significado central:* operación, fuerza, obras, poder milagroso, hecho poderoso, prodigios
- *Definición:* Capacidad sobrenatural dada por Dios para realizar milagros en el nombre de Jesús.
- *Observaciones:*
  - Estos actos poderosos muchas veces son usados por Dios para autenticar y validar el mensaje del evangelio y sus mensajeros; las señales y prodigios apuntan hacia Jesús.
  - La persona que tiene este don a menudo es puesta por Dios en situaciones en las que Su poder debe ser demostrado; puede incluir también liberación de fortalezas demoníacas.
  - Se mueven en fe y obediencia a Dios, siendo instrumentos mediante los cuales Su poder sobrenatural e intervención milagrosa pueden manifestarse libremente y ser experimentados por otros.
  - Ven realidades espirituales y disciernen encuentros inminentes de poder.
- *Precaución:* Recuerde que los milagros son iniciados por Dios y son para Sus propósitos. Siga Su dirección y Él será glorificado por medio de Sus obras poderosas.
- *Posibles ejemplos bíblicos:*
  - Los milagros de Jesús que se relatan en los evangelios
  - Los discípulos, en Hch. 3:1-10; 8:5-8; 9:32-43; 13:6-12; 19:11-12; 28:3-6

Discernimiento de espíritus – 1 Co. 12:10
- *Significado central:* separar completamente, seleccionar, distinguir, probar, decidir
- *Definición:* Capacidad sobrenatural dada por Dios para percibir si una conducta o actividad es de Dios, humana o del ámbito demoníaco.
- *Observaciones:*
  - Posee mayor sensibilidad y comprensión intuitiva respecto a la gente y las situaciones.
  - Capaz de identificar engaños o inconsistencias en la vida o enseñanzas de otros.
  - Tiene la capacidad de ver "tras bambalinas" espiritualmente; puede percibir la presencia de maldad.
  - Puede inclinarse a tratar de saber qué es lo que está mal en algo.
- *Precaución:* Debe buscar confirmación antes de expresar lo que percibe; es posible que tienda a criticar y juzgar si su vida no está respaldada con oración y un carácter de santidad.
- *Posibles ejemplos bíblicos:*
  - Jesús y Pedro, en Mt. 16:21-23
  - Pedro y Simón el mago, en Hch. 8:9-25

Lenguas - 1 Co. 12:10, 28-30; 14
- *Significado central:* lengua, clase, idioma
- *Definición:* Capacidad sobrenatural dada por Dios para expresar palabras divinamente inspiradas en un idioma que la persona nunca ha aprendido.

  Nota: Parece haber una diferencia entre lenguas que pueden acompañar al bautismo del Espíritu Santo y que se usan como lenguaje de oración, y el Don de Lenguas para uso público y uso corporativo que es interpretado por el don de interpretación de lenguas (lea Hch. 2:1-11 y 1 Co. 14).

- *Observaciones:*
  - Expresa mensajes espontáneos por el Espíritu en un idioma desconocido para la persona que tiene el don.
  - En reuniones públicas tiene que haber orden cuando el don de lenguas está en operación; sólo se deben dar algunos mensajes y debe darse uno a la vez.
  - Cuando se usa el don, se debe dar tiempo para la interpretación para que todos los presentes sean edificados.
  - Algunos opinan que este don pudiera incluir también la capacidad de algunos para aprender muchos idiomas, aunque eso parece ser algo distinto de lo que se describe como lenguas en la Biblia.
- *Precaución:* Las lenguas como mensaje espontáneo no deben darse a menos que esté presente alguien que tenga el don de interpretación de lenguas.
- *Posible ejemplo bíblico:*
  - El día de Pentecostés, en Hch. 2:1-11

Interpretación de lenguas - 1 Co. 12:10, 28-30; 14
- *Significado central:* traducir o interpretar
- *Definición:* Capacidad sobrenatural dada por Dios para dar a conocer el mensaje espontáneo dado por la persona que tiene el don de lenguas.
- *Observaciones:*
  - Se usa en conjunto con el don de lenguas.
  - Responde a un mensaje dado en lenguas, proveyendo la interpretación para los oyentes.
  - Edifica al Cuerpo de Cristo al traducir este mensaje de Dios.
  - Demuestra el poder de Dios por medio de esa manifestación milagrosa.
- *Precaución:* Este don se debe ejercer en conjunto con el don de lenguas y con orden. El mensaje interpretado debe armonizar con los caminos y la voluntad de Dios.
- *Posible ejemplo bíblico:*
  - El día de Pentecostés, en Hch. 2:1-11

IDEAS Y NOTAS

Ministerio apostólico - 1 Co. 12:28-29; Ef. 4:11-12
* *Significado central:* apartado, enviado, delegado, embajador
* *Definición:* Capacidad sobrenatural dada por Dios para iniciar, establecer y supervisar nuevas obras para la extensión del reino de Dios.
* *Observaciones:*
    - Tiene autoridad para fundar y establecer nuevas obras y la estructura que conllevan.
    - Tiende a trascender lo local en su pensamiento y en su ámbito de influencia.
    - Puede operar dentro de su cultura o en otras culturas.
    - En la Biblia, las personas con el don apostólico ministraban con señales y prodigios.
    - Nota: Aunque el oficio de los doce apóstoles originales fue especialmente para ellos, el rol del ministerio apostólico continúa hoy en día.
* *Precaución:* Para su protección, quien tiene este don debe trabajar con un grupo de líderes y sujetarse a ellos (presbíteros de una iglesia local o algún tipo de equipo relacional), y debe reconocer que el uso indebido de su autoridad puede apagar al Espíritu y herir a la gente.
* *Posibles ejemplos bíblicos:*
    - Los discípulos de Jesús
    - Pablo en Hechos; las epístolas de Pablo

Ayudantes - 1 Co. 12:28
* *Significado central:* alivio, tomar, ayudar
* *Definición:* Capacidad sobrenatural dada por Dios para actuar sin egoísmo aliviando a otros de deberes necesarios, liberándolos para que usen sus dones más eficazmente para los propósitos de Dios.
* *Observaciones:*
    - Tienen una capacidad singular para ver cómo ayudar a otros.
    - Desean ayudar a otros a cumplir tareas en forma práctica; disposición para hacer trabajos no importantes que, si no se hacen, pueden obstaculizar al Cuerpo de Cristo.
    - Su servicio práctico permite que los demás operen más plenamente en sus dones.
    - A menudo se acercan a los líderes para aliviarlos de cargas, permitiendo que esos líderes den toda su atención a los asuntos que deben tratar.
* *Precaución:* Su rapidez para satisfacer necesidades quizá les impida ver lecciones espirituales que Dios está tratando de enseñarles a ellos o a aquellos a los que están ayudando.
* *Posibles ejemplos bíblicos:*
    - Eliseo sirvió a Elías como su ayudante - 1 R. 19:19-21
    - Febe, en Ro. 16:1-2

Dondequiera que estén, estén completamente allí. Vivan al máximo toda situación que crean que es la voluntad de Dios.

Jim Elliot, 1927-1956, misionero y mártir estadounidense en Ecuador

Administración - 1 Co. 12:28

- *Significado central:* conducir, guía, liderazgo
- *Definición:* Capacidad sobrenatural dada por Dios para organizar y dirigir hacia los propósitos que Él ha dado.
- *Observaciones:*
    - Tiene talento para organizar, planear, crear estrategias; ayuda a las unidades del Cuerpo de Cristo a organizarse para alcanzar sus metas.
    - Le agrada estandarizar métodos y procedimientos para hacer las cosas.
    - No le molesta administrar lo que otros inician.
    - Se identifica con las palabras *eficiente* y *eficaz.*
- *Precaución:* Puesto que este don generalmente se ejerce al lado de un líder, la persona debe estar dispuesta a adaptar sus planes para servir mejor al líder con quien trabaja.
- *Posibles ejemplos bíblicos:*
    - Jetro, en Éx. 18
    - Los discípulos, en Hch. 6:1-7

Evangelismo - Ef. 4:11

- *Significado central:* mensajero, predicador del evangelio, llevar buenas nuevas
- *Definición:* Capacidad sobrenatural dada por Dios para comunicar el mensaje del evangelio a los incrédulos para que lleguen a ser seguidores de Jesús.
- *Observaciones:*
    - Proclaman el evangelio con una autoridad que atrae a otros hacia Jesús y pueden adaptar su presentación para conectarse con sus oyentes.
    - Tienden a ser capaces de influir en la gente, conversar fácilmente con desconocidos e insertar libremente verdades espirituales en una conversación normal con incrédulos.
    - Les preocupa intensamente pensar en los que no son salvos y se perderán eternamente.
    - Este don, en el contexto de Efesios 4, también implica la capacidad de equipar a otros para que compartan su fe en forma natural y poderosa.
- *Precaución:* Evite criticar a los que no comparten su fe tan activamente como lo hace usted.
- *Posibles ejemplos bíblicos:*
    - Jesús y Zaqueo, en Lc. 19:1-10
    - Felipe y el etíope, en Hch. 8:26-40

IDEAS Y NOTAS

Pastor - Ef. 4:11-12
- *Significado central:* cuidar de un rebaño
- *Definición:* Capacidad sobrenatural dada por Dios para cuidar y dirigir a un grupo de personas hacia la madurez espiritual y los propósitos de Dios.
- *Observaciones:*
  - Supervisa y guía a un grupo del pueblo de Dios.
  - Atiende a su congregación, la alimenta y la ayuda a crecer en la semejanza de Jesús.
  - Da ejemplo de madurez espiritual, ayuda a la congregación a comprender la verdad y la protege de errores.
  - Desea que cada miembro de su rebaño cumpla los propósitos de Dios para su vida.
- *Precaución:* En Ezequiel 34, la Biblia enseña que Dios confrontará a los que descuiden o hagan mal uso de sus responsabilidades pastorales. Los pastores deben estar listos para bendecir y dar libertad a quienes los superen en crecimiento, permitiendo que sigan a Dios en la siguiente etapa de su recorrido espiritual.
- *Posibles ejemplos bíblicos:*
  - Jesús, el Buen Pastor, en Jn. 10:1-18; 1 P. 5:1-4
  - Timoteo - lea las instrucciones de Pablo a este pastor joven, en 1 y 2 Timoteo

Hospitalidad - 1 P. 4:9-10; Ro. 12:13
- *Significado central:* alguien a quien le agrada tener invitados, extranjeros, un amigo
- *Definición:* Capacidad sobrenatural dada por Dios para dar atención y amistad a huéspedes, proveyéndoles relación, alimento y hospedaje.
- *Observaciones:*
  - Crea un ambiente donde las personas se sienten atendidas y reciben honor.
  - Recibe a visitas y huéspedes, haciendo que pronto se sientan como en su casa.
  - Habilidad para lograr que la gente se sienta cómoda en su hogar.
  - Crea un ambiente seguro y confortable para que se establezcan relaciones.
- *Precaución:* Esto es más que atender invitados en su casa, aunque también eso es una expresión del don de hospitalidad. Deben ser sensibles a otros miembros de la familia cuando invitan a personas a su hogar.
- *Posible ejemplo bíblico:*
  - Lidia, en Hch. 16:13-15

Los dones no se ganan ni se aprenden; más bien, son extensiones de la gracia de Dios que Él da para Sus propósitos

Si se considera un honor la comisión dada por un rey terrenal, ¿cómo puede considerarse sacrificio la comisión dada por un Rey celestial?

David Livingstone, 1813-1873, misionero y explorador escocés en África

Intercesión – Ez. 22:30; Ro. 8:26-27; Jn. 17:9-26; 1 Ti. 2:1-2
- *Significado central:* suplicar en favor de alguien, ponerse en la brecha, interceder
- *Definición:* Capacidad sobrenatural dada por Dios para interceder en el lugar de oración en favor de otros hasta lograr una victoria.
- *Observaciones:*
  - Es compelido por el Espíritu Santo a orar intensamente por algo que está en el corazón de Dios.
  - Está consciente de las batallas espirituales que se libran a diario y ora y actúa como corresponde.
  - Ora respondiendo a la guía del Espíritu Santo, ya sea que la entienda o no.
  - Está convencido de que Dios actúa en respuesta directa a la oración (y ayuno).
- *Precaución:* Debido a los períodos prolongados en la presencia del Señor, y a que a veces tiene experiencias sobrenaturales subjetivas, es importante que esté fundamentado en la Biblia. También es muy importante que sepa cuándo, y con quién, compartir lo que el Señor le ha mostrado, y cuándo debe permanecer callado.
- *Posibles ejemplos bíblicos:*
  - Abraham, respecto a Sodoma y Gomorra, en Gn. 18:16-33
  - Moisés con Israel, en Éx. 32:7-14
  - Daniel, en Dn. 9—10

Artesanía – Éx. 31:3-5; 35:30—36:1
- *Significado central:* destreza manual, ministerio
- *Definición:* Capacidad sobrenatural dada por Dios para formar o construir creativamente objetos hechos con las manos a fin de usarlos para los propósitos de Dios.
- *Observaciones:*
  - Tiene destreza para trabajar hábilmente con las manos.
  - Utiliza diversas herramientas con habilidad para crear o construir.
  - Conoce y usa toda clase de materiales: madera, tela, metal, pintura, etc
  - Su destreza manual puede parecer enorme y audaz, o práctica y tangible.
- *Precaución:* Las personas que poseen este don muchas veces no ven que realmente están contribuyendo a la extensión del reino.
- *Posibles ejemplos bíblicos:*
  - 2 R. 22:3-7
  - Dorcas, en Hch. 9:36-43

IDEAS Y NOTAS

Comunicación artística - 1 Cr. 15:16, 19, 22; Sal. 150:3-5
- *Significado central:* poeta y músico, canto, proclamar, instrucción
- *Definición:* Capacidad sobrenatural dada por Dios para comunicar el carácter, los caminos y verdades de Dios mediante diversas expresiones artísticas.
- *Observaciones:*
    - Música: cantar, tocar instrumentos musicales, componer canciones, dirigir la alabanza.
    - Incluye expresiones artísticas como drama, pantomima, danza, arte, escritura, bellas artes, etc.
    - Usa diversas formas de arte para lograr una comunicación singular de las verdades de Dios a otros de manera novedosa.
    - Usa creatividad para cautivar a la gente y motivarla a seguir y obedecer a Jesús.
- *Precaución:* Es importante recordar que el arte es para glorificar a Dios y edificar a otros. Los que tienen este don también deben recibir comentarios de otros como algo constructivo (no como crítica). Deben asimismo evitar volverse demasiado independientes.
- *Posibles ejemplos bíblicos:*
    - David, cuando danzó delante de Dios - 2 S. 6:14-15
    - Jesús, cuando enseñó por medio de parábolas

¿Más dones?
- Puesto que 1 Corintios 13 sigue a los comentarios e instrucciones sobre los dones espirituales en el capítulo 12, algunos creen que la pobreza voluntaria y el martirio, mencionados en 13:3, también deben verse como dones espirituales. Otros en el Cuerpo de Cristo reconocen también como dones espirituales el celibato, el ser misioneros y la interpretación de sueños.

Descubra sus dones espirituales

Cuando nuestros dones corresponden a las tareas a las que somos llamados, servimos más eficaz y gozosamente. Al comprender cómo nos ha creado Dios, cuáles son las pasiones que arden en nosotros, y los dones espirituales que hemos recibido del Espíritu Santo, Dios puede confirmar nuestro llamamiento y ponernos en el sendero de Su plan, a fin de usar nuestra vida para glorificarlo a Él en el servicio y ministerio. He aquí algunas guías prácticas para ayudarle a descubrir sus dones:
- *Busque a Dios* — Pida a Dios que le muestre en cuáles áreas le ha concedido dones para Sus propósitos.
- *Camine en humildad* — Sea como Dios le ha hecho y no trate de ser otra persona.
- *Busque oportunidades para servir* — La mayoría de las personas descubren sus dones al usarlos. Si aprovecha las oportunidades para servir donde está, con una correcta actitud de corazón, con el tiempo descubrirá a dónde le ha llamado Dios para invertir a largo plazo.
- *Sea obediente a Dios* — Avance cuando Dios se lo diga y vea lo que hará a través de usted.

¡Vivamos como si Cristo hubiese sido crucificado ayer, hubiera resucitado hoy y viniera mañana!

Martín Lutero, 1483-1546, teólogo y reformador alemán

- *Atracción de dones* — Las personas con dones similares con frecuencia se atraen unas a otras - observe qué dones poseen aquellos con quienes tiene afinidad.
- *Por medio de otras personas* — Pregunte a unas seis personas que le conocen bien cuáles consideran que son los dones que usted posee.
- *Por medio de sus líderes espirituales* — Puesto que a nuestros líderes Dios les da sabiduría y discernimiento para nuestra vida, podrán ayudarnos a identificar algunos de nuestros dones espirituales.

Modificadores del ministerio

Al descubrir el propósito de nuestra vida, es importante reconocer el tiempo de Dios en ella. Los siguientes cinco modificadores del ministerio son principios comprobados que le ayudarán a determinar dónde se encuentra actualmente en cuanto a su propósito, pasión y dones.

- *Etapas de la vida* — ¿En cuál "etapa de la vida" le tiene Dios en este tiempo? ¿De qué le está hablando Él? ¿Es un tiempo de sanidad interior? ¿Está Dios tratando con problemas del corazón y alinéandole correctamente a Su Palabra y Espíritu? ¿Es un período para enfocarse e invertir en su matrimonio y vida familiar? ¿Es tiempo de aprendizaje? ¿Es tiempo de servir con diligencia? ¿Es tiempo de graduarse a un nuevo nivel en sus dones? Cualquiera que sea la etapa, una vez que lo comprenda, sabrá cómo y con quién debe pasar su tiempo.
- *Actitud de siervo* — No importa a qué nos llame Dios, o a quién nos llame a servir, debemos estar listos para manifestar nuestro corazón de siervos poniéndonos en acción y satisfaciendo las necesidades de otros, aunque no tenga relación con nuestras pasiones y dones.
- *En el altar* — A menos que pongamos el propósito, las pasiones y los dones de nuestra vida en el altar delante del Señor, quizá nos encontremos tratando de cumplirlos con nuestras propias fuerzas y en nuestro tiempo. Una vez que los rindamos completamente a Jesús, Él podrá guiarnos en Sus propósitos para nuestra vida.
- *Obedecer a Dios* — ¿Está pidiendo a Dios que le bendiga mientras usted se esfuerza en cumplir su propia agenda? ¿O se está uniendo a Dios donde Él está trabajando? La manera más fácil de participar en los propósitos divinos es observar dónde está actuando Dios y unirse a Él en ello. No importa cuáles sean nuestros dones, es importante que aprendamos a dejar que Dios los opere por medio de nosotros en obediencia a Él y en relación con Él, no de acuerdo a necesidades o deseos basados en el hombre.
- *Una vida balanceada* — Es sabio tener una vida balanceada. A la vez que descubre y vive en su propósito, pasiones y dones, no olvide incluir otros ingredientes clave en su caminar con Jesús. Adorar a Dios, orar, conocer la Palabra de Dios, escuchar y obedecer Su voz, desarrollar un carácter de santidad, procurar la salud integral personal, cuidar de sus relaciones, andar bajo autoridad y crecer en los caminos de Dios son ejemplos de áreas en las que podemos crecer.

IDEAS Y NOTAS

ECHEMOS LA RED

¿Qué le ha mostrado Dios acerca de Su propósito singular para la vida suya? ¿Quién, qué, dónde, cuándo y cómo tiene que ver con usted?

_____

_____

_____

_____

_____

_____

_____

¿Qué es lo que le apasiona ahora?

_____

_____

_____

_____

_____

¿Cuáles cree usted que son sus dones espirituales?

_____

_____

_____

_____

_____

_____

_____

_____

_____

Ciertamente, en el día del juicio no se nos examinará por lo que leímos,
sino por lo que hicimos; no por lo bien que hemos hablado,
sino qué tan religiosamente hemos vivido.

Tomás de Kempis, 1380-1471, místico y autor alemán

¿Qué puede hacer ahora para tratar de descubrir más sobre sus dones?

_____

_____

_____

_____

_____

_____

_____

_____

¿Cuál Modificador del Ministerio le habló con más fuerza?

_____

_____

_____

_____

_____

_____

_____

_____

_____

IDEAS Y NOTAS

_____

_____

_____

_____

LA PESCA DEL DÍA

— Resumen del capítulo

- Dios tiene un propósito singular en la vida para cada uno de nosotros. Podemos descubrir nuestro propósito al caminar con Él y reconocer cómo nos ha creado.
- Lo que nos apasiona puede conducirnos hacia aquello a lo que Dios nos está llamando, dirigiéndonos así a realizar el propósito de nuestra vida.
- Dios es quien nos da los dones, y es nuestra responsabilidad caminar con Él en el descubrimiento y desarrollo de esos dones para Sus propósitos y gloria.
- Cada creyente tiene por lo menos un don espiritual, y muchos de los que son llamados a ser líderes tienen un don principal, que es apoyado por uno o más dones secundarios.

¿Cuáles fueron las dos o tres áreas de las que el Espíritu Santo le habló más claramente en este capítulo, y cómo le responderá usted?

_____

_____

_____

_____

_____

_____

_____

_____

_____

_____

_____

_____

_____

_____

UNA MIRADA DESDE LA ORILLA

"Y Jesús se acercó y les habló diciendo: Toda potestad me es dada en el cielo y en la tierra. Por tanto, id, y haced discípulos a todas las naciones, bautizándolos en el nombre del Padre, y del Hijo, y del Espíritu Santo; enseñándoles que guarden todas las cosas que os he mandado; y he aquí yo estoy con vosotros todos los días, hasta el fin del mundo".

Mateo 28:18-20

Al final de Su tiempo en la tierra, Jesús comisionó a Sus discípulos a ir a todo el mundo y transmitir a otros lo que Él les había dado. Esta comisión, expresada en los versículos antes citados, no fue tan solo una buena sugerencia sobre lo que podrían hacer cuando Él los dejara. Fue un mandato del cielo.

El concepto de hacer discípulos (y ser mentores) fue formulado por Dios y comunicado por medio de Jesús, con el propósito de extender el reino de Dios en la tierra. La fórmula es simple: debemos comunicar a otros lo que Jesús nos ha comunicado. Este es un principio importante del reino de Dios. En distintas formas se nos exhorta a invertir en la vida de otros con la riqueza que hemos recibido. Lo vemos ilustrado en la Biblia, en el estilo de vida que escogieron grandes personajes bíblicos. Moisés invirtió en Josué, Jonatán fue amigo-consejero de David, Elisabet fue mentora de María, y Pablo influyó en la vida del joven Timoteo.

Al observar la vida de Jesús, notamos varias características. Primero, fue obediente a Su Padre, aun hasta morir en la cruz. Segundo, amó, ministró y enseñó a las multitudes. Tercero, invirtió tres años de Su vida como mentor de doce personas. Deténgase un momento y considere los efectos del tercer punto. Debido a Su compromiso y enfoque en invertir Su vida en la gente —en doce hombres, para ser precisos—, cada generación

desde entonces ha tenido la oportunidad de oír el mensaje del evangelio y caminar con Jesús, ¡incluyendo a la generación de hoy! ¡Qué ramificaciones tan increíbles!

Al iniciar este capítulo final, quiero desafiarle a aprender más sobre el trabajo del mentor —considere la posibilidad de buscar un(a) mentor(a), a la vez que usted se convierte en mentor(a). Hacer discípulos es el método relacional que Dios creó para mostrar y multiplicar Su carácter y Sus caminos en la vida de otros. Cuando llegamos a ser Sus manos y pies, y nos presentamos en Su lugar, permitiendo que el Espíritu Santo duplique Su semejanza en nuestra vida, las verdades del reino son transmitidas a las vidas y eneraciones de quienes nos siguen.

Mire a su alrededor. Empiece con su familia y siga después con los vecinos, amigos y compañeros de trabajo. ¿Hay personas cercanas con las que camina en el reino de Dios? Considere ahora lo que Dios le ha enseñado para que se lo comunique a ellas. No necesita ser experto en cierta área para ser mentor — simplemente tiene que estar unos pasos más adelante.

¿Está dispuesto a aceptar el desafío de invertir en otros? Si es así, las siguientes páginas iniciarán un nuevo capítulo en su vida, un capítulo a través del cual el reino de Dios podrá extenderse y en el que Jesús será glorificado.

zarpemos

El discipulado no sólo involucra estar con Jesús, ser como Jesús y seguir a Jesús; también significa que nuestra meta es discipular a otros en Jesús. Dios nos ha dado muchas enseñanzas, bendiciéndonos con conocimiento, sabiduría, dones, talentos y experiencias que deben duplicarse en la vida de otros. Hacer discípulos, o ser mentores, es sencillamente transmitir lo que Dios nos ha dado a aquellos que nos rodean.

La frase "hacer discípulos" se refiere, específicamente, a formar a las personas en lo espiritual a medida que siguen a Jesús y realizan los propósitos divinos para su vida. El término "ser mentor" incluye hacer discípulos, pero en un sentido más amplio, que comprende invertir toda clase de elementos en la vida de otra persona. Por lo general uso las dos expresiones indistintamente porque el objetivo es el mismo: personas equipadas para vivir por Jesús, usando los recursos que Él les ha dado para Su gloria y la extensión de Su reino.

Empecemos observando a Jesús como mentor, viendo brevemente algunos ejemplos de relaciones de tutoría en la Biblia, y definiendo en qué consiste ser mentores.

Observaciones y principios de la vida de Jesús

Jesús nos llama a estar con Él, pero no sólo para ponernos a trabajar. Su llamado es una invitación a seguirle (Mt. 4:19) y disfrutar de Él en íntima comunión (1 Co. 1:9). Eso es lo principal. Si los discípulos hubieran perdido interés en Jesús como persona y amigo, no habrían caminado más con Él. En el contexto de una intimidad cada vez más profunda con el Maestro, empezaron a pensar, sentir y actuar como Él (2 Co. 3:18). Lo mismo sucede con nosotros. El llamado de Jesús al discipulado implica rendirle todo, o nada, abarcando todas las áreas de nuestra vida. Su llamamiento requiere que le demos preeminencia por encima de nuestras relaciones más íntimas, nuestros sueños y deseos. Significa que llegamos a ser Sus siervos en el mundo. Jesús promete que cuando le entregamos lo que no podemos guardar, ganamos algo que no podemos perder (Mt. 16:25). Él nos llama para un propósito supremo: "Venid en pos de mí, y os haré pescadores de hombres" (Mt. 4:19; Mr. 1:17).

IDEAS Y NOTAS

Observaciones de Mateo 28:18-20 sobre el hacer discípulos

- A Jesús le ha sido dada toda autoridad en el cielo y en la tierra.
- En base a esa autoridad, Él ordena a Sus discípulos que vayan y hagan discípulos.
- Jesús da a Sus discípulos toda la autoridad que necesitan para hacer discípulos.
- Debemos hacer discípulos de Jesús en todas las naciones (todos los pueblos).
- Naciones y pueblos enteros pueden ser impactados mediante el proceso de hacer discípulos.
- Los nuevos discípulos son bautizados en el nombre del Padre, del Hijo y del Espíritu Santo.
- Después los discípulos deben enseñar a nuevos discípulos a obedecer lo que Jesús les ha transmitido.
- Jesús promete que Su presencia estará con los que hacen discípulos.
- El mandato en Mateo 28 es "haced", que en el idioma original se traduce como: "mientras vayan, hagan discípulos". Es decir, mientras realizan las actividades diarias en su vida, tengan el objetivo de hacer discípulos para Jesús.

Observaciones de Marcos 3:13-19 sobre el hacer discípulos

- Jesús llamó a los que Él quiso (Lc. 6:12 nos dice que Jesús hizo eso después de pasar una noche en oración).
- Ellos vinieron a Él.
- Jesús nombró a 12 para que estuviesen con Él:
    - a fin de enviarlos después a predicar.
    - a fin de que pudieran tener autoridad para echar fuera demonios.
- Jesús repitió para ellos la comisión que había recibido del Padre, de predicar las buenas nuevas y demostrar la autoridad y poder de Dios.

El modelo rabínico

- Como rabino, o maestro judío, Jesús esperaba que Su vida y misión fueran duplicadas por Sus seguidores. En el tiempo del Nuevo Testamento, la relación de maestro-discípulo se caracterizaba por el concepto de *mimesis* o imitación. Significaba que el estilo de vida del maestro podría verse en la vida de sus estudiantes.
- Note el sentir rabínico en los comentarios de Jesús, como el que encontramos en Juan 13:34: "como yo... que también [vosotros]" (lea también Lc. 6:40; Jn. 17:18, 23; 20:21).
- Observamos el mismo sentir en 1 Co. 11:1 cuando Pablo dice: "Sed imitadores de mí, así como yo de Cristo".

El modelo para hacer discípulos

- *Los llamó:* Jesús los llamó a ser pescadores de hombres (Mt. 4:18-20).
- *Les dio un compromiso:* Ellos dejaron todo y lo siguieron (Mt. 4:21-22).
- *Los moldeó:* Les enseñó Sus caminos (Mt. 5—7).
- *Les dio un modelo:* Les proveyó experiencias para mostrarles qué hacer y cómo hacerlo (Mt. 8—9).
- *Los movilizó:* Los envió a aplicar lo que habían aprendido ministrando a otros (Mt. 10).
- *Les dijo que se multiplicaran:* Los comisionó a transmitir a otros lo que les había enseñado (Mt. 28:18-20).

El legado del discipulado

- El fruto de la inversión de Jesús en la vida de Sus discípulos tiene una influencia de largo alcance; esto se puede ver en el libro de Hechos y después de éste.
- En Hechos vemos a discípulos que oraban, obedecían, hablaban de Jesús, enseñaban, sanaban y ministraban con la misma clase de autoridad como Jesús.
- El reino se extendió tanto que el libro de Hechos se refiere a Pablo y su equipo como aquellos que trastornan el mundo entero (Hch. 17:6).
- Todos los discípulos, excepto Juan (que murió por causas naturales), literalmente dieron su vida por Jesús y el evangelio.
- Los discípulos de Jesús multiplicaron sus vidas en otros, creando una "cadena de mentores" de siete generaciones: Jesús - Sus discípulos - Bernabé - Pablo - Timoteo - hombres fieles - otros (2 Ti. 2:2).
- Jesús fue mentor de los primeros doce discípulos en forma tan maravillosa que el mensaje del evangelio ha seguido extendiéndose a través de las generaciones - ¡hasta hoy!

Tutoría

En la Biblia hay ejemplos maravillosos de tutoría. Los siguientes cinco mentores, junto con Jesús y Sus discípulos, enseñan verdades clave sobre la tutoría. Pero, note que aunque uno sea el mentor y el otro el discípulo, a veces los roles cambian. El principio es permanecer abiertos a recibir del Señor por medio del otro.

IDEAS Y NOTAS

Ejemplos bíblicos de tutoría

- Moisés y Josué (Éxodo – Deuteronomio)
- Elías y Eliseo (1 R. 19:19-21; 2 R. 1–2)
- Jonatán y David (1 y 2 Samuel)
- Elisabet y María (Lc. 1)
- Pablo y Timoteo/Tito (Hechos; 1 y 2 Timoteo; Tito)

Definición de tutoría

La tutoría es una experiencia relacional en la que una persona deliberadamente comunica a otra lo que Dios le ha dado.

- La tutoría es una experiencia relacional.
    - Jesús llamó a los doce, primordial y principalmente, para que estuvieran con Él.
    - La tutoría empieza con una relación; antes de que podamos influir en la vida de alguien, tiene que existir un nivel de amor y confianza.
- La tutoría es deliberada.
    - La tutoría intencional, donde ambas partes (el mentor y el discípulo) están conscientes del compromiso de la tutoría, es la más eficaz y produce el mejor fruto.
- La tutoría involucra a un mentor.
    - Para ser mentor de otros no se requiere que uno sea perfecto, sino estar uno o dos pasos más adelante en el área o las áreas en que enseñará a otros.
    - El mentor debe ser capaz de aportar cierto conocimiento y experiencia en el área o las áreas en que usted desea crecer.
    - Cuando busque a un(a) mentor(a), debe ser alguien que usted honra y respeta, y cuya sabiduría y consejo usted valora.
- La tutoría involucra a un discípulo.
    - Jesús pasó toda la noche en oración antes de elegir a Sus doce discípulos. Si Él pasó tanto tiempo orando para saber en quiénes debía invertir, eso debemos hacer nosotros (Lc. 6:12-16).
    - Si debe elegir entre una persona con grandes habilidades y un carácter y actitud terribles, y otra con menos talento pero con buen carácter y actitud, elija a ésta.

Jesús fue mentor de los primeros doce discípulos en forma tan maravillosa que el mensaje del evangelio ha seguido extendiéndose a través de las generaciones.

Más tiempo con menos gente equivale a un mayor impacto por el reino.

Frase atribuida a Dawson Trotman, 1906-1956, fundador de los Navegantes

- La tutoría consiste en comunicar a otros lo que Dios le ha dado a usted.
  - A cada uno Dios ha provisto una multitud de recursos, incluyendo conocimiento, sabiduría, dones, talentos y experiencias que podemos usar para ser mentores de otros.
  - Podemos ser mentores en áreas relacionadas con el desarrollo espiritual, por ejemplo: cómo orar, cómo estudiar la Biblia, cómo compartir su fe o dirigir alabanzas, etc.
  - También incluye otras enseñanzas, por ejemplo, cómo usar la computadora, el horno; cómo ser mejores líderes; cómo tocar algún instrumento musical; deportes, etc.
  - Recuerde, todo lo que Dios nos ha dado debemos rendirlo a Él para Sus propósitos y gloria. Quizás nunca sepamos, por ejemplo, cuando un idioma que hemos aprendido lo necesitará alguien a quien Dios llamó a ministrar a un pueblo que habla ese idioma.

 # EN AGUAS MÁS PROFUNDAS

En nuestras comunidades personales podemos realizar el discipulado mediante tres tipos de relación de tutoría, cada una con cualidades y oportunidades singulares para crecer. Para recibir todo lo que Dios tiene para nosotros a través de la relación mutua, debemos orar para permanecer activos en la Tutoría Ascendente, la Tutoría Descendente y la Tutoría Lado a Lado.

Tutoría Ascendente
- La Tutoría Ascendente es participar en la relación de tutoría como discípulo. Involucra recibir de alguien que tiene más experiencia y está más adelante que nosotros en cierta área. El mentor provee perspectiva, sabiduría, dirección y la oportunidad de rendir cuentas mientras nos muestra el camino a seguir.
- La Tutoría Ascendente nos desafía a crecer y ser todo lo que Dios desea que seamos. Evita también que los pozos de nuestra vida queden vacíos al recibir información fresca de otros.

Tutoría Descendente
- La Tutoría Descendente es asumir el rol de mentor, apoyando, edificando y discipulando a los que nos siguen. Es el principal medio para desarrollar la capacidad, el compromiso y los valores que potenciarán a la próxima generación para servir fielmente a Dios.
- Al ser mentores, crecemos con aquellos a quienes capacitamos. La tutoría tiende a eliminar nuestra complacencia, renovar nuestras convicciones y desafiarnos a profundizar en áreas de nuestra vida.

IDEAS Y NOTAS

Tutoría Lado a Lado

- La Tutoría Lado a Lado se refiere a compañeros y amigos con los que hay un vínculo natural por la edad, trabajo, circunstancias comunes en la vida, etc. Son relaciones de "amigos-consejeros", donde la inversión del uno en el otro compele al crecimiento y a rendir cuentas. Los mentores que trabajan lado a lado se conocen, se aman, se identifican el uno con el otro y caminan juntos en la vida diaria. Estas relaciones proveen una fuente de apoyo y aliento.

- Hay dos clases de relaciones en la tutoría de amigos. Los Mentores Internos se forman en el contexto de la participación mutua en un grupo u organización. Estos mentores comparten la misma información y proveen un lugar seguro para la confidencialidad que sólo pueden ofrecer los miembros del mismo grupo. Los Mentores Externos se refieren a la relación como compañeros con personas que no pertenecen al grupo u organización. Estos mentores proveen una perspectiva objetiva que mantiene bajo control las tendencias al exclusivismo que a menudo tiene un grupo. En nuestra vida necesitamos estas dos clases de relaciones para tener equilibrio y sabiduría.

Ocho clases de mentores

¿Verdad que sería agradable encontrar a alguien con experiencia que pudiera ser nuestro mentor en todas las áreas de la vida? Lamentablemente, tal ser humano de carne y hueso no existe. En la gloriosa economía de Dios, cada persona tiene cualidades positivas y negativas. El más joven entre nosotros posee algo que ofrecer al más anciano, y viceversa. Es decir, todos somos capaces de ser mentores, y todos necesitamos mentores. La clave para lo último es encontrar a alguien con más conocimiento y experiencia que pueda ser nuestro mentor en cierta área. Eso significa que podríamos tener varios mentores a la vez, y cada uno nos dará diferentes desafíos. Y también puede ocurrir lo contrario. Quizás invirtamos simultáneamente en varias personas, y cada una estará aprendiendo algo distinto.

Según el Dr. Robert Clinton,* hay ocho clases de mentores. Los primeros tres son Mentores Activos, notables por el compromiso deliberado del mentor y del discípulo; los siguientes tres son Mentores Periódicos, que participan cuando se les necesita; y los últimos dos son Mentores Indirectos, llamados así precisamente porque influyen en forma indirecta. Es importante reconocer las clases de mentores que necesitamos, así como el tipo de rol que podemos desempeñar como mentores en la vida de otros. Comprender esto provee a ambas partes la oportunidad de lograr el máximo impacto.

*Agradezco al Dr. J. Robert Clinton, cuyo material de *The Mentor's Handbook* (El manual del mentor) ayudó a formar mi comprensión sobre la tutoría. Aprendí mucho de su material sobre este tema y lo he usado aquí con su permiso.

El discipulador

- *Rol:* Esta clase de mentor facilita el establecimiento de fundamentos sólidos y hábitos santos en la vida de los nuevos cristianos, capacitándolos para seguir fielmente a Jesús y cumplir el destino que Dios les ha dado.
- *Objetivo:* El objetivo del discipulador es acercarse a los nuevos creyentes y ayudarlos a fundamentarse en las cosas de Dios. Debe incluir aspectos como desarrollar su estudio de la Biblia, oración, involucrarse en la comunidad de una iglesia local, testificar de su fe, servir y dar, descubrir sus dones espirituales, etc.
- *Consejo útil:* A diferencia de las otras relaciones de tutoría que veremos, donde el discípulo tiene que buscar al mentor, el discipulador debe buscar al nuevo creyente. Estos primeros pasos hacia la madurez en los caminos de Dios son críticos para su futuro crecimiento y para que cumpla el llamado de Dios en su vida.

El guía

- *Rol:* Esta clase de mentor facilita el desarrollo de la persona, ayudándola a evaluar dónde se encuentra y proveyéndole un sentido de perspectiva, dirección y sabiduría respecto al crecimiento y madurez continuos.
- *Objetivo:* Estos mentores tienen habilidad para valorar y evaluar la espiritualidad. Sus principales contribuciones son una perspectiva santa, consejos para crecer y madurar, y la oportunidad para rendir cuentas que se necesita para ver cambio y desarrollo.
- *Consejo útil:* Los que ejercen este rol necesitan seguir creciendo en el conocimiento de Dios y Su Palabra. Deben ser personas que han caminado con Dios lo suficiente como para comprender los retos, han perseverado en las dificultades, han sido humildes al recibir bendición y han seguido la voluntad de Dios en diversas circunstancias en la vida.

El entrenador

- *Rol:* Esta clase de mentor provee motivación y las habilidades que se necesitan para una tarea o desafío.
- *Objetivo:* El entrenador es importante en especial cuando es tiempo de asumir una nueva responsabilidad o desarrollar una nueva habilidad. Puede transmitir destrezas específicas necesarias para la tarea, e imparte confianza y conocimiento para usarlas.
- *Consejo útil:* Identifique las habilidades que vale la pena comunicar a otros. Considere cómo las impartirá. Sea un ejemplo de lo que enseña.

IDEAS Y NOTAS

El consejero

- *Rol:* Esta clase de mentor provee consejo oportuno y una perspectiva imparcial sobre uno mismo, otras personas, las circunstancias y las decisiones en la vida.
- *Objetivo:* El consejero alienta, sirve como portavoz, conexión con los recursos, ofrece perspectiva del cuadro total y aconseja en situaciones específicas.
- *Consejo útil:* Reconozca la diferencia entre aquellos a quienes puede servir en este rol periódicamente, y otros a quienes Dios le llama a aconsejar por un tiempo más prolongado.

El maestro

- *Rol:* Esta clase de mentor provee conocimiento y comprensión sobre un tema en particular.
- *Objetivo:* El maestro potencia al discípulo enseñándole los recursos que necesita y proporcionándoselos. También organiza información e imparte conocimiento sobre un tema, ayudando a aplicarlo a la situación del discípulo.
- *Consejo útil:* Si posee el don de maestro, considere el valor de canalizar su habilidad para la enseñanza a relaciones de tutoría. Identifique los temas principales que puede enseñar y adáptelos para trabajar con una persona o un grupo pequeño.

El patrocinador

- *Rol:* Esta clase de mentor, al tener autoridad posicional o espiritual en una organización o esfera de relaciones, sirve como recurso y consejero en áreas de desarrollo en la carrera y el ministerio.
- *Objetivo:* El énfasis del patrocinador es dar guía y sabiduría al discípulo mientras avanza en una organización o esfera de influencia, asegurándose de alentarle y apoyarle en su desarrollo mientras descubre el servicio más eficaz. La mayoría de los patrocinadores cumplen roles importantes de liderazgo, o tienen amplia credibilidad entre gente influyente, permitiéndoles servir como puente en favor de aquellos a quienes patrocinan.
- *Consejo útil:* Como patrocinador, pida al Señor que le indique a quién debe apoyar como mentor. Ocupar un rol de influencia conlleva la responsabilidad de administrarlo juiciosamente. La integridad y capacidad son esenciales para mantener credibilidad. Aconseje al discípulo que se concentre en desarrollar su potencial pleno, y al elegir una carrera, que elija trabajar con una organización que cree y practica la tutoría.

Pocas cosas ayudan más a una persona que darle responsabilidad y hacerle saber que usted confía en ella.

Booker T. Washington, 1856-1915, primer educador negro de EUA en los inicios del s. 20

El modelo contemporáneo

- *Rol:* Esta clase de mentor es un ejemplo viviente de quien uno puede recibir valores, principios, actitudes y habilidades. Al discípulo le sirve como modelo o estándar de lo que desearía ser en cierta área o algunas áreas de su vida.
- *Objetivo:* Con este modelo hay menos intencionalidad que en los otros tipos de tutoría porque las observaciones del discípulo son principalmente las que influyen en su crecimiento. Valores, principios, actitudes y aun diversas habilidades pueden aprenderse con este estilo indirecto de tutoría. El modelo contemporáneo quizás no esté consciente del rol significativo que está desempeñando en la vida de otra persona.
- *Consejo útil:* El discípulo debe pasar tanto tiempo como pueda en ambientes que le permitan observar al mentor. Identifique los valores y principios positivos de la vida de éste y procure imitarlos. Recuerde que nadie es perfecto; por tanto, si ve fallas y defectos en la persona, no por eso deje de anhelar sus características buenas.

El modelo histórico

- *Rol:* Esta clase de mentor es alguien de quien podemos recibir inspiración, esperanza y principios para cumplir los propósitos de Dios para nuestra vida.
- *Objetivo:* El modelo histórico representa a hombres y mujeres de épocas previas cuyas biografías inculcan valores, principios y habilidades. Son héroes del pasado cuyas vidas podemos observar de principio a fin, proveyéndonos entendimiento respecto a los tiempos e impartiendo cualidades eternas de perspectiva y valor.
- *Consejo útil:* El discípulo puede empezar hoy escogiendo un modelo histórico y estudiando su vida en busca de verdades clave que Dios desearía impartirle.

Cinco puntos para encontrar a un mentor

Los mentores generalmente no tocan a nuestra puerta para ofrecer sus servicios; entonces, ¿cómo escogemos y hallamos un mentor? Sugiero que comience haciéndose las siguientes preguntas:

¿En qué aspectos deseo crecer?

- El primer paso es identificar un área en nuestra vida en la que deseamos crecer. Puede ser cualquier área. ¿De qué le ha estado hablando Dios? Él conoce nuestras necesidades y sabe, mejor que nosotros, que necesitamos ayuda para crecer.

IDEAS Y NOTAS

¿De quién puedo aprender?

- Hay muy buenos recursos de tutoría a nuestro alrededor. Sin embargo, muchos de nosotros no pensamos en la tutoría al ver a la gente en nuestra vida. Pero, mire a su alrededor y pregúntese —y pregunte a Dios— quién podría ministrarle en una relación de tutoría ascendente. Teniendo en cuenta su personalidad, las áreas en que desea crecer y el estilo de capacitación que ve como el más eficaz, considere qué clase de mentor necesita. ¿Necesita un guía, un entrenador, un consejero?
- ¿Quién tiene cierto grado de conocimiento y experiencia en el área en que desea crecer? ¿Honra en su corazón a esa persona? ¿Está dispuesto a recibir de esa persona?
- Si cree haber hallado a un posible mentor, pregúntele si podrían reunirse en una hora que sea conveniente para esa persona. No necesita mencionarle de inmediato su interés en iniciar una relación de tutoría, pero dedique tiempo para establecer un nivel de amistad y para sentirse cómodos en esa relación.
- ¿Siente que la relación se desarrolla con naturalidad? ¿Existe buena química entre ustedes? ¿Muestra sincero interés en su vida? Cuando están juntos, ¿siente que esa persona le honra y anima?
- A medida que conoce mejor a la persona, ¿desea acercarse más a ella? Al conversar, ¿ve que esa persona posee conocimiento y experiencia en el área que usted desea cultivar?
- Si respondió "sí" a estas preguntas, ore y considere preguntarle a la persona si aceptaría pasar tiempo con usted de modo que pueda aprender de ella.

¿Cuál es la agenda y qué es más conveniente para el mentor?

- Si el mentor acepta iniciar la relación de tutoría, escojan un tiempo cuando puedan dialogar sobre lo que harán al reunirse. ¿Hay algún libro que podrían leer o un proyecto que podrían realizar juntos? ¿Con cuánta frecuencia se reunirán y por cuánto tiempo? Este es el momento de presentar las expectativas y establecer las metas que desean lograr.
- Arregle su horario en torno al mentor. Averigüe qué le conviene más a él, y acomódese a las demandas de la vida del mentor. Él está cediéndole su tiempo; por tanto, haga todo lo que pueda para trabajar con él.

¿Cómo recibo la ayuda máxima de un mentor?

- Vaya preparado a sus reuniones. Pregunte. Escuche atentamente. Escriba lo que le enseñe y busque formas de aplicarlo a su vida. Dígale que le pida cuentas.
- Recuerde que usted ha pedido que le ayude. Es siempre responsabilidad del discípulo buscar al mentor, no viceversa. La manera más rápida de poner fin a una relación de tutoría es no asistir a la cita que acordaron, o no invertir su vida en lo que le han enseñado.

¿Qué sucede después?

- Sea siempre diligente durante todo el tiempo que dure el compromiso. Al llegar al punto que hayan establecido previamente, pueden decidir si continuarán por otro período, o si celebrarán juntos lo logrado y seguirán al próximo paso. Si le interesa que otro mentor le ayude en la siguiente etapa de su viaje, quizá su mentor actual tenga algún consejo o recurso con el que podría ponerle en contacto. Pida su consejo y recuerde honrarle por el tiempo que dedicó y la inversión que hizo en su vida.

Cinco puntos para ser mentor de otras personas

La tutoría no es una línea de montaje — nuestra meta no es formar réplicas exactas de nosotros mismos. Por el contrario, como discípulos de Jesús deseamos impartir la semejanza de Cristo mientras, con oración, comunicamos creencias que infunden vida en la mente, corazón y alma de aquellos de quienes somos mentores. Un buen mentor siempre se propone reproducir lo bueno en otros, apreciando a la vez las diferencias que cada persona trae al proceso. Puesto que nuestro Padre celestial es el Dador de dones, el mentor sabio honra la singularidad del discípulo ordenada por Dios, y permanece a su lado para ayudarle a desarrollarlos.

Examínese

- Además de comprender el corazón de Jesús para invertir en otros, hay algunas consideraciones prácticas antes de involucrarse en la tutoría. Debe examinar sus valores y prioridades, y ver cómo usa su tiempo, de modo que pueda comprometerse a estar al lado de otros como mentor.

Reconozca qué clase(s) de mentor es usted

- En este capítulo vimos antes ocho clases de mentores. No es extraño que alguien pueda funcionar cómodamente en más de una categoría. Sin embargo, por lo general uno o dos tipos de tutoría serán más naturales. Entre los ocho tipos de mentores, indique uno o dos con los que más se identifica usted.
- Es importante que reconozca la(s) clase(s) de mentor que es usted. Le ayudará a determinar si es la persona adecuada para quien le pida que sea su mentor. Por ejemplo, si alguien necesita un entrenador que le enseñe a dirigir la alabanza, y usted no es director de alabanza ni entrenador, sabrá que otra persona será más adecuada para satisfacer esa necesidad.

IDEAS Y NOTAS

Cómo escoger discípulos

- Ore pidiendo a Dios que le muestre en quién debe invertir. Jesús oró al respecto antes de decidir (Lc. 6:12-16); lo mismo debemos hacer nosotros.
- Si alguien le pide que sea su mentor, lo primero que debe preguntarle es: "¿En cuál área?" ¿En qué aspectos necesita su ayuda? Pídale que sea específico. Eso de inmediato le ayudará a evaluar si su necesidad es afín con la capacidad que usted posee, y si su tipo de tutoría podrá alcanzar el fin que desea. Es decir, si necesita un consejero y usted es discipulador, usted sabe que otra persona será más apropiada para esa relación.
- Cuando considere ser mentor de alguien, es muy importante que haya una conexión relacional en la que se sientan cómodos. Si no hay una química natural en la relación, quizás no sea la persona en quien debe invertir su vida.
- Cualidades que debe buscar en un posible discípulo son humildad, fidelidad, compromiso, buena actitud, disposición para aprender, corazón de siervo y temor de Dios. Estas siete virtudes ayudarán a que el tiempo que pasen juntos sea positivo y productivo.
- Cuando considere a un posible discípulo, no necesita decirle que será su mentor. Inicie la relación y observe cómo la dirige Dios. Ame a la persona, hónrela y sírvale. Influya en su vida tanto como se lo permita. Si ambos perciben que está llegando a ser una relación de tutoría, simplemente sigan adelante.
- Algo que he notado durante mis años como mentor es que las personas con dones similares se atraen. Por ejemplo, puesto que soy líder, atraigo a otros líderes, y lo que empieza como amistad puede llegar a ser una relación de tutoría. Ponga atención a personas a su alrededor que tengan dones similares y escuche lo que el Señor pudiera decirle.

Puesto que nuestro Padre celestial es el Dador de dones, el mentor sabio honra la singularidad del discípulo ordenada por Dios, y permanece a su lado para ayudarle a desarrollarlos.

Varones, ¿dónde están sus hombres? Damas, ¿dónde están sus mujeres? ¿Con quiénes están invirtiendo su vida?

Dawson Trotman, 1906-1956, fundador de los Navegantes

Determine la agenda

- Una vez que el Señor le muestre a quién debe servir como mentor, determine la agenda, los límites que necesitan establecer, las expectativas y requisitos, cuándo y dónde se reunirán, los recursos que usarán y cuál deberá ser el resultado en el discípulo. Estos factores deben establecerse desde el principio.
- La tutoría se puede realizar individualmente, en un grupo pequeño o en un grupo más numeroso. Me gusta trabajar con grupos de doce personas, más o menos, que tienen la misma necesidad en su desarrollo. Al ministrar así, estoy disponible también para reunirme con uno de ellos si es necesario, a fin de ayudarle en forma más personal a procesar y aplicar lo que estamos aprendiendo.
- El mentor debe usar una combinación de instrucción, demostración, experiencias y el rendir cuentas para ayudar al discípulo a crecer. Personalmente, me gusta el modelo de Jesús: (1) Jesús lo hizo y los discípulos observaron; (2) Jesús lo hizo y los discípulos ayudaron; (3) los discípulos lo hicieron y Jesús los dirigió y alentó; (4) los discípulos lo hicieron y Jesús partió.

Comprométase a finalizar y celebrar

- Permanezca comprometido con la *gente* de la que es mentor durante el *proceso* del trabajo con ella, y manténgase fiel al *propósito* por el que comenzó.
- Finalice lo que empezó. En cuanto al tiempo, recomiendo unos tres meses para la primera etapa. Siempre pueden renovar el compromiso si ambas partes desean continuar.
- Parte del proceso de finalización es asegurarse de que el discípulo esté preparado para multiplicar su vida en la vida de otros. Básicamente, la multiplicación es una meta clave.
- Así como Pablo superó a su mentor, Bernabé, prepárese para permitir que los discípulos más hábiles le superen. Sea el primero en animarlos y busque maneras de promocionarlos ante otros y a otros.
- Al concluir el período de tutoría, celebren juntos lo que Dios ha hecho. Vayan a comer a un restaurante, organicen una actividad social o hagan juntos algo entretenido. Ore por el discípulo y permita que siga a Dios en la siguiente etapa de su recorrido con Él.

El mentor debe usar una combinación de instrucción, demostración, experiencias y el rendir cuentas para ayudar al discípulo a crecer.

IDEAS Y NOTAS

ECHEMOS LA RED

¿Cuáles son algunos principios clave que observó en la vida de Jesús como mentor que usted puede implementar en su vida?

_____

_____

_____

_____

_____

_____

_____

_____

_____

Considere algunas áreas de conocimiento y experiencia que podría transmitir a otros. Piense primero en temas relacionados con su vida espiritual, y luego en otras áreas de su vida. Escríbalos aquí.

_____

_____

_____

_____

_____

_____

_____

_____

_____

_____

_____

Siembre un acto y cosechará un hábito. Siembre un hábito y cosechará un carácter. Siembre un carácter y cosechará un destino.

Charles Reade, 1814-1884, novelista y dramaturgo inglés

Piense en sus esferas de tutoría. ¿Quién en su vida podría ser un mentor ascendente? ¿Quién sería un mentor lado a lado en su vida? ¿Qué de la tutoría descendente? ¿En quién podría invertir usted por el bien del reino?

_____

_____

_____

_____

_____

_____

_____

¿Qué clase de mentor necesita en su vida ahora?

_____

_____

_____

_____

¿Qué clase(s) de mentor es usted?

_____

_____

_____

_____

IDEAS Y NOTAS

_____

_____

_____

_____

LA PESCA DEL DÍA

Resumen del capítulo

- Jesús fue para nosotros un modelo del principio de tutoría, y nos dio el mandato y la autoridad para hacer discípulos.
- La tutoría se define como una experiencia relacional en la que una persona deliberadamente comunica a otra lo que Dios le ha dado.
- Hay tres esferas de relaciones en la tutoría: Tutoría Ascendente, Tutoría Descendente y Tutoría Lado a Lado.
- Hay ocho clases de mentores:

  - El discipulador
  - El guía
  - El entrenador
  - El consejero

  - El maestro
  - El patrocinador
  - El modelo contemporáneo
  - El modelo histórico

- Dios nos ha dado muchas personas maravillosas de las que podemos recibir tutoría, y en quienes podemos hacer una inversión de nosotros mismos para los propósitos de Dios conforma a Su guía.

¿Cuáles fueron las dos o tres áreas de las que el Espíritu Santo le habló más claramente en este capítulo, y cómo le responderá usted?

_____

_____

_____

_____

_____

_____

_____

Si lee historia verá que los cristianos que más hicieron por el mundo presente fueron los que pensaban más en el próximo. Los apóstoles mismos, que salieron a pie para convertir al imperio romano, los grandes hombres que desarrollaron la Edad Media, los evangélicos ingleses que abolieron el mercado de esclavos, todos dejaron su marca en la tierra, precisamente porque sus mentes estaban ocupadas en el cielo. Fue desde que los cristianos dejaron de pensar principalmente en el otro mundo que se han vuelto tan ineficaces en éste. Apunte al cielo y recibirá también la tierra. Apunte a la tierra y no tendrá ninguno.

C. S. Lewis, 1898-1963, notable autor e intelectual inglés

REFLEXIONES
sobre el carácter de Dios

 UNA MIRADA DESDE LA ORILLA

"Así dijo Jehová: No se alabe el sabio en su sabiduria,
ni en su valentía, ni el rico se alabe en sus riquezas.
Mas alábese en esto el que se hubiere de alabar: en entenderme
y conocerme, que yo soy Jehová, que hago misericordia, juicio y justicia
en la tierra; porque estas cosas quiero, dice Jehová".

Jeremías 9:23-24

El propósito principal de nuestra vida cristiana es que procuremos conocer a Dios. En la Biblia Dios se revela a través de Su carácter. Para ayudarle a acercarse a Dios, encontrará 52 nombres, títulos y atributos que describen Su naturaleza. El plan es que reflexione en uno de ellos cada semana en el transcurso del año, para permitir que el Espíritu Santo renueve su corazón y mente, y le comunique quién es Dios y cómo es Él.

Para cada aspecto del carácter de Dios incluimos dos partes: *Reflexión* y *Respuesta para la vida*. La sección de *Reflexión* le dará cinco pasajes bíblicos que hablan de cierto aspecto del carácter de Dios. Lea un pasaje cada día y reflexione en él considerando el contexto en que se encuentra. Se le ha provisto espacio para que escriba las ideas que le dé el Espíritu Santo.

La sección de *Respuesta para la vida* le da otros dos pasajes para meditar. Estos pasajes tienen que ver con su respuesta a ese nombre, título o atributo divino en particular. Puede ser una respuesta de gratitud o alabanza, o de obediencia a fin de ser más semejante a Jesús en cierta área de su vida. Estos pasajes también muestran cómo ese aspecto del carácter de Dios debe aplicarse a la vida suya y a sus relaciones, de modo que, a través de su vida, el mundo tenga un cuadro más exacto de quién es Dios. Use el espacio provisto para anotar lo que Dios pudiera pedirle que haga para ser más semejante a Él en su carácter.

Puede seguir la lista en orden, o escoger un aspecto de acuerdo con lo que esté ocurriendo en su vida. Al finalizar las 52 caracteristicas provistas, encontrará otra lista con más de 170 nombres, títulos y atributos distintos de Dios que puede buscar en la Biblia.

Al empezar este viaje para conocer mejor a Dios, mantenga estos dos pensamientos en su corazón y mente: primero, como dijo David en Salmos 27:4: *"Una cosa he demandado a Jehová, ésta buscaré; que esté yo en la casa de Jehová todos los días de mi vida, para contemplar la hermosura de Jehová, y para inquirir en su templo".* Segundo, que *"El principal fin del hombre es glorificar a Dios y disfrutar de Él para siempre"* (Catecismo de Westminster).

Determine en su corazón que morará en la presencia de Dios todos los días de su vida. Al hacerlo, contemplará Su hermosura y disfrutará de Él para siempre.

Dios Todoperoderoso

- Reflexión
  Job 11:7-9; Isaías 6:1-8; Apocalipsis 4:1-11; Apocalipsis 11:15-19; Ap. 15:1-4

_____

_____

_____

_____

_____

_____

_____

_____

- Respuesta para la vida
  Génesis 17:1; Amós 5:14

_____

_____

_____

Ira de Dios

- Reflexión
  Éxodo 32:1-14; Números 11:1-3; Números 12:1-16; Salmos 145:8; Juan 2:13-17

_____

_____

_____

_____

_____

_____

_____

- Respuesta para la vida
  Efesios 4:26-27; Santiago 1:19-21

_____

_____

Consolador

- **Reflexión**
  Salmos 23:4; Sal. 71:19-21, 94:17-19; Sal. 119:50, 52, 76; Isaías 12:1-2; Is. 66:12-13

_____

_____

_____

_____

_____

_____

_____

- **Respuesta para la vida**
  Isaías 40:1; 2 Corintios 1:3-7

_____

_____

_____

Compasión de Dios

- **Reflexión**
  Salmos 103:13; Salmos 116:5; Mateo 9:35-38; Mateo 15:29-38; Santiago 5:11

_____

_____

_____

_____

_____

_____

_____

- **Respuesta para la vida**
  Efesios 4:32; 1 Pedro 3:8-9

_____

_____

Creador

- **Reflexión**
  Génesis 1:1-2:25; Nehemías 9:6; Colosenses 1:15-17; Hebreos 11:3; Apocalipsis 4:9-11

_____

_____

_____

_____

_____

_____

_____

- **Respuesta para la vida**
  Efesios 2:10; Eclesiastés 12:1

_____

_____

_____

Liberador

- **Reflexión**
  Éxodo 14:5-31; Daniel 3:1-30; Daniel 6:1-29; Salmos 34:4-7; Hechos 12:1-19

_____

_____

_____

_____

_____

_____

- **Respuesta para la vida**
  2 Corintios 1:10; 2 Timoteo 4:16-18

_____

_____

_____

264

Dios Eterno

- **Reflexión**
  Salmos 135:13; Salmos 145:13; 1 Timoteo 1:17; 2 Pedro 3:8; Apocalipsis 1:8

_____

_____

_____

_____

_____

_____

_____

- **Respuesta para la vida**
  Juan 3:16; 2 Corintios 5:1

_____

_____

_____

Fidelidad de Dios

- **Reflexión**
  Deuteronomio 7:9; Salmos 145:13; Lamentaciones 3:23; 1 Corintios 10:13; 1 Ts. 5:23-24

_____

_____

_____

_____

_____

_____

_____

- **Respuesta para la vida**
  Mateo 25:21-23; Apocalipsis 2:10

_____

_____

Padre

- **Reflexión**
  Isaías 9:6; Isaías 64:8; Mateo 6:25-34; 2 Corintios 6:18; 1 Juan 3:1

_____

_____

_____

_____

_____

_____

_____

- **Respuesta para la vida**
  Romanos 8:15-17; Gálatas 4:4-7

_____

_____

_____

Perdón de Dios

- **Reflexión**
  Salmos 103:2-5; Mateo 6:9-15; Juan 8:1-11; Efesios 1:7-8; 1 Juan 1:9

_____

_____

_____

_____

_____

_____

_____

- **Respuesta para la vida**
  Mateo 18:21-35; Colosenses 3:13

_____

_____

_____

Amigo

- **Reflexión**
  Éxodo 33:7-11; Proverbios 18:24; Mateo 11:19; Lucas 19:1-10; Santiago 2:23

_____

_____

_____

_____

_____

_____

_____

- **Respuesta para la vida**
  1 Samuel 18:1-4; Juan 15:13-15

_____

_____

_____

Ternura de Dios

- **Reflexión**
  1 Reyes 19:11-13; Isaías 40:11; Mateo 11:28-30; Mateo 21:1-5; 2 Corintios 10:1

_____

_____

_____

_____

_____

_____

_____

- **Respuesta para la vida**
  Efesios 4:2; 1 Pedro 3:15-16

_____

_____

Gloria de Dios

- Reflexión

  Éxodo 33:18-34:7; Salmos 19:1-6; Isaías 6:1-8; Apocalipsis 4:9-11; Apocalipsis 21:22-27

  _____

  _____

  _____

  _____

  _____

  _____

  _____

  _____

- Respuesta para la vida

  Salmos 96:1-13; 1 Corintios 10:31

  _____

  _____

  _____

Bondad de Dios

- Reflexión

  Salmos 25:8; Salmos 34:8; Salmos 86:5; Nahum 1:7; Hechos 10:38

  _____

  _____

  _____

  _____

  _____

  _____

  _____

- Respuesta para la vida

  Salmos 37:3-4; 1 Pedro 2:1-3, 11-12

  _____

  _____

  _____

Gracia de Dios

- Reflexión
  Juan 1:14-17; Romanos 3:23-24; Efesios 2:5-10; Tito 2:11-14; Santiago 4:6

_____

_____

_____

_____

_____

_____

_____

_____

- Respuesta para la vida
  2 Corintios 12:7-10; Hebreos 4:14-16

_____

_____

_____

Grandeza de Dios

- Reflexión
  Deuteronomio 3:24; Dt. 10:17-22; 1 Crónicas 29:10-13; Salmos 145:3; 1 Juan 3:19-20

_____

_____

_____

_____

_____

_____

_____

_____

- Respuesta para la vida
  Salmos 150; Mateo 20:25-28

_____

_____

Cabeza de la iglesia

- Reflexión
  Efesios 1:22-23; Efesios 4:15-16; Efesios 5:23; Colosenses 1:17-20; Colosenses 2:19

_____

_____

_____

_____

_____

_____

_____

_____

- Respuesta para la vida
  Romanos 12:4-8; 1 Corintios 12:12-27

_____

_____

_____

Sanador

- Reflexión
  Éxodo 15:26; Salmos 147:3; Isaías 53:4-5; Mateo 8:1-3; Marcos 10:46-52

_____

_____

_____

_____

_____

_____

_____

- Respuesta para la vida
  2 Crónicas 7:14; Marcos 16:15-18

_____

_____

Santidad de Dios

- **Reflexión**
  Éxodo 15:11; Salmos 99:1-9; Isaías 6:1-8; Apocalipsis 4:8; Apocalipsis 15:3-4

_____

_____

_____

_____

_____

_____

_____

_____

- **Respuesta para la vida**
  Hebreos 12:14; 1 Pedro 1:15

_____

_____

_____

Humildad de Dios

- **Reflexión**
  Mateo 11:28-30; Lucas 2:6-7; Juan 13:3-15; 2 Corintios 8:9; Filipenses 2:5-11

_____

_____

_____

_____

_____

_____

_____

_____

- **Respuesta para la vida**
  Filipenses 2:3; Santiago 4:10

_____

_____

Intercesor

- Reflexión
  Isaías 53:12; Juan 17:1-26; Romanos 8:26-27; Romanos 8:34; Hebreos 7:25

_____

_____

_____

_____

_____

_____

_____

- Respuesta para la vida
  Ezequiel 22:30; 1 Timoteo 2:1-4

_____

_____

_____

Celo de Dios

- Reflexión
  Éxodo 20:4-6; Éxodo 34:14; Deuteronomio 4:23-24; Deuteronomio 32:21; Zacarías 8:1-5

_____

_____

_____

_____

_____

_____

- Respuesta para la vida
  2 Corintios 11:1-3; Gálatas 5:19-21

_____

_____

Gozo de Dios

- **Reflexión**
  Sofonías 3:17; Lucas 10:21; Lucas 15:3-7; Romanos 14:17; Hebreos 12:2

_____
_____
_____
_____
_____
_____
_____
_____

- **Respuesta para la vida**
  Mateo 5:11-12; Filipenses 4:4

_____
_____
_____

Juez

- **Reflexión**
  Salmos 58:11; Salmos 96:13; Mateo 16:27; Mateo 25:31-46; Apocalipsis 20:11-15

_____
_____
_____
_____
_____
_____
_____

- **Respuesta para la vida**
  2 Corintios 5:9-10; 1 Pedro 1:17

_____
_____

Justicia de Dios

- Reflexión
  Salmos 103:6; Isaías 61:8; Juan 5:28-30; 1 Juan 1:9; Apocalipsis 15:1-4

  _____

  _____

  _____

  _____

  _____

  _____

  _____

- Respuesta para la vida
  Salmos 106:3; Miqueas 6:8

  _____

  _____

  _____

Benignidad de Dios

- Reflexión
  Salmos 18:50; Jeremías 9:24; Lucas 6:32-36; Romanos 2:1-4; Efesios 2:6-7

  _____

  _____

  _____

  _____

  _____

  _____

  _____

- Respuesta para la vida
  Efesios 4:32; 1 Tesalonicenses 5:15

  _____

  _____

Rey

- **Reflexión**
  Salmos 24:7-10; 1 Timoteo 1:17; 1 Timoteo 6:11-16; Apocalipsis 17:14; Ap. 19:11-16

- **Respuesta para la vida**
  Mateo 25:34-40; Apocalipsis 15:1-4

Cordero de Dios

- **Reflexión**
  Éxodo 12:21-30; Isaías 53:4-12; Juan 1:29-42; 1 Corintios 5:7; Apocalipsis 5:6-14

- **Respuesta para la vida**
  Apocalipsis 12:7-12; Apocalipsis 21:22-22:5

Luz

- **Reflexión**
  Salmos 27:1; Salmos 104:1-3; Juan 1:1-13; Juan 8:12; 1 Juan 1:5-7

_____

_____

_____

_____

_____

_____

_____

_____

- **Respuesta para la vida**
  Mateo 5:14-16; Efesios 5:9-20

_____

_____

_____

Señor

- **Reflexión**
  Deuteronomio 10:12-22; Hechos 2:36-39; 1 Cor. 8:4-6; Fil. 2:6-11; Ap. 19:11-16

_____

_____

_____

_____

_____

_____

_____

- **Respuesta para la vida**
  Salmos 95:6-9; Salmos 100:1-5

_____

_____

_____

Amor de Dios

- Reflexión
  Juan 3:16; Juan 17:20-23; Romanos 5:8; Romanos 8:35-39; 1 Juan 3:1

_____

_____

_____

_____

_____

_____

_____

_____

- Respuesta para la vida
  Marcos 12:28-31; 1 Corintios 13:1-8

_____

_____

_____

Misericordia de Dios

- Reflexión
  Lamentaciones 3:22-23; Miqueas 6:8, 7:18-20; Ef. 2:1-5; Tito 3:3-7; Santiago 2:12-13

_____

_____

_____

_____

_____

_____

_____

- Respuesta para la vida
  Mateo 5:7; Lucas 6:27-36

_____

_____

Mesías (Cristo)

- **Reflexión**

  Mateo 16:13-20; 26:62-64; Juan 4:13-26; Hechos 2:29-41; 5:42, 9:22, 18:28, 26:19-23

  _____

  _____

  _____

  _____

  _____

  _____

  _____

- **Respuesta para la vida**

  2 Corintios 5:17-21; 1 Juan 5:1

  _____

  _____

  _____

Paciencia de Dios

- **Reflexión**

  Nehemías 9:28-31; Romanos 2:3-4; 1 Timoteo 1:15-17; 1 Pedro 3:18-22; 2 P. 3:8-9

  _____

  _____

  _____

  _____

  _____

  _____

  _____

- **Respuesta para la vida**

  Salmos 40:1-3; 1 Tesalonicenses 5:14

  _____

  _____

Poder de Dios

- Reflexión
  2 Crónicas 25:7-8; Salmos 147:1-6; Marcos 4:35-41; Mr. 5:21-43; Romanos 1:16-17

_____

_____

_____

_____

_____

_____

_____

_____

- Respuesta para la vida
  Lucas 10:19; Hechos 1:8

_____

_____

_____

Presencia de Dios

- Reflexión
  Génesis 28:10-17; Éxodo 33:12-23; Salmos 139:1-18; Sal. 145:17-20; Isaías 43:1-7

_____

_____

_____

_____

_____

_____

_____

_____

- Respuesta para la vida
  Mateo 18:19-20; Mateo 28:18-20

_____

_____

Principe de paz

- Reflexión
  Isaías 9:6-7; Juan 14:25-27; Efesios 2:14-22; Filipenses 4:4-7; Colosenses 1:15-20

- Respuesta para la vida
  Romanos 12:17-21; Colosenses 3:15-17

Protector

- Reflexión
  Éxodo 14:5-31; 2 Reyes 6:8-23; Salmos 34:7; Salmos 91:1-16; Salmos 125:1-2

- Respuesta para la vida
  Juan 17:6-19; 2 Tesalonicenses 3:1-3

Proveedor

- **Reflexión**
  Génesis 22:1-14; Salmos 37:25-26; Malaquías 3:6-12; Mateo 14:13-21; Filipenses 4:19

- **Respuesta para la vida**
  Mateo 10:5-10; Juan 14:1-3

Redentor

- **Reflexión**
  Job 19:25; Gálatas 3:10-14; Colosenses 1:9-14; 1 Pedro 1:18-21; Apocalipsis 5:9-10

- **Respuesta para la vida**
  Salmos 34:22; Hebreos 9:11-15

La resurrección

- Reflexión
  Lucas 24:1-49; Juan 11:17-44; Hechos 2:22-24; Romanos 4:18-25; 1 Corintios 15:1-8

_____

_____

_____

_____

_____

_____

_____

- Respuesta para la vida
  Juan 6:35-40; 1 Corintios 15:50-58

_____

_____

_____

Rectitud de Dios [expresada en la Biblia en español como "jusicia de Dios"]

- Reflexión
  Salmos 71:19; Salmos 89:14; Salmos 145:17; Jeremías 23:5-6; Romanos 3:21-24

_____

_____

_____

_____

_____

_____

- Respuesta para la vida
  1 Timoteo 6:11; 2 Timoteo 4:6-8

_____

_____

La Roca

- **Reflexión**
  Génesis 49:22-25; Deuteronomio 32:3-4; Salmos 18:1-3; Salmos 19:14; Isaías 26:3-4

- **Respuesta para la vida**
  Mateo 7:24-27; Mateo 16:13-19

Salvador

- **Reflexión**
  Mateo 1:18-21; Juan 3:16-17; 1 Timoteo 4:9-10; Tito 3:4-7; 1 Juan 4:13-16

- **Respuesta para la vida**
  Hechos 2:21; 1 Timoteo 2:1-6

Siervo

- ## Reflexión
  Mateo 20:20-28; Lucas 22:24-27; Juan 13:1-5; 2 Corintios 6:3-10; Filipenses 2:5-11

  _____

  _____

  _____

  _____

  _____

  _____

  _____

  _____

- ## Respuesta para la vida
  Juan 13:12-17; Efesios 6:5-8

  _____

  _____

  _____

Pastor

- ## Reflexión
  Salmos 23:1-6; Isaías 40:11; Juan 10:11-15; Hebreos 13:20-21; 1 Pedro 2:25

  _____

  _____

  _____

  _____

  _____

  _____

  _____

- ## Respuesta para la vida
  Juan 10:3-5, 27; 1 Pedro 5:2-4

  _____

  _____

Soberanía de Dios

- **Reflexión**
  Job 9:10-12; Salmos 135:5-7; Isaías 40:10-26; Daniel 4:35; Romanos 9:19-21

_____

_____

_____

_____

_____

_____

_____

_____

- **Respuesta para la vida**
  Deuteronomio 4:39-40; Mateo 19:26

_____

_____

_____

La Verdad

- **Reflexión**
  Juan 1:14; Juan 14:6; Juan 14:16-17; Juan 18:37; Hebreos 6:18

_____

_____

_____

_____

_____

_____

_____

- **Respuesta para la vida**
  Juan 8:31-32; 16:13; Efesios 4:15

_____

_____

_____

Dios no cambia

- Reflexión

  Salmos 33:6-11; Salmos 102:27; Malaquías 3:6; Hebreos 13:8; Santiago 1:17

- Respuesta para la vida

  1 Corintios 15:58; Santiago 1:6-7

Dios es inescrutable

- Reflexión

  Job 5:8-16; Job 11:7-9; Eclesiastés 3:11; Isaías 40:12-31; 1 Corintios 2:9-16

- Respuesta para la vida

  Salmos 139:23-24; Jeremías 29:11-13

El Victorioso

- **Reflexión**
  Juan 16:33; 1 Corintios 15:53-58; Colosenses 2:13-15; Apocalipsis 19:11-21; 20:1-15

- **Respuesta para la vida**
  Romanos 8:37; Apocalipsis 2:7, 11, 17, 26-28; 3:5, 12, 21

Sabiduría de Dios

- **Reflexión**
  Sal. 104:24; Daniel 2:20-23; Romanos 11:33-36; 1 Cor. 1:18-25; Colosenses 2:2-3

- **Respuesta para la vida**
  Proverbios 9:10; Santiago 1:5

Otros nombres, títulos y atributos de Dios

La siguiente lista incluye otros aspectos del carácter de Dios que encontramos en la Biblia y en los que puede reflexionar. Siempre recuerde que la principal manera en que Dios se revela es mediante Sus nombres, títulos y atributos. Busque el carácter de Dios al leer la Biblia. Una Concordancia le ayudará mientras estudia y medita en estos aspectos del carácter de Dios. Escriba sus Reflexiones y Respuestas para la vida como referencias que podrá usar en el futuro.

Abogado
Abrigo
Admirable
Alfa y Omega (Primero y Último)
Alfarero
Altísimo
Amén
Anciano de días
Apóstol y Sumo Sacerdote
Apoyo
Arquitecto y Constructor
Autor y consumador de nuestra fe
Autor de vida

Benevolencia
Benignidad
Brazo del Señor

Cabeza
Camino
Caminos de Dios
Canción
Castillo
Celoso
Cercano
Cimiento estable
Confiable
Consejero
Consuelo de Israel
Cuidado

Dador de la ley
Defensor de las viudas
Deseado de las naciones
Digno de alabanza
Dios de dioses
Dios fuerte
Dios viviente

El que adopta
El que alienta
El que borra el pecado
El que examina los corazones
El que guarda el pacto
El que justifica

El que prueba
El que recompensa
El que refina
El que resucita a los muertos
El que satisface
Emanuel (Dios con nosotros)
Enojo de Dios
Entendimiento
Escudo
Esperanza
Espíritu
Espíritu Santo
Esposo
Estandarte
Estrella de la mañana
Excelencia
Expiación

Favor
Fiador
Fiel
Fortaleza
Fortaleza de los siglos
Fortaleza en tiempo de angustia
Fuego consumidor
Fuente
Fuente de agua viva
Fuerza

Gran sumo sacerdote
Grande galardón
Guardador

Heredero de todo
Hermosura del Señor
Hijo amado
Hijo de David
Hijo de Dios
Hijo del Hombre

Imagen del Dios invisible
Indignación
Invisible

Jefe

reflexiones sobre el carácter de Dios

Jehová el Altísimo
Jesús
Juez justo

Labrador
Legislador
Luz del mundo
Luz verdadera

Maestro
Majestad
Mansedumbre
Mediador
Médico
Milagroso
Morada

Nombres hebreos de Dios - vea
    el capítulo "Conozcamos a Dios"
Nunca falla

Obras de Dios
Ofrenda de olor fragante
Omnipotencia (todopoderoso)
Omnipresencia (está en todo lugar)
Omnisciencia (sabe todo)

Padre de las luces
Palabra de Dios
Pan de vida
Pascua
Paz
Perfecto
Personal
Piedra que desecharon los edificadores
Piedra viva
Precioso
Primogénito de entre los muertos
Principal piedra del ángulo
Príncipe del ejército de Jehová
Principio de la creación
Profeta
Promesas
Pronto auxilio
Providencia
Puerta
Purificador
Puro

Recompensa
Reconciliador
Rector
Rechazado (por el hombre)

Refugio
Renuevo
Repentino
Reprensor
Rescate por todos
Rey de gloria
Rey de los judíos
Rey de los siglos
Rey de reyes
Rey eterno
Risa

Salvación
Santificador
Santo de Israel
Santuario
Señor de la mies
Señor de señores
Señor del día de reposo
Silencio
Silo
Sin incertidumbre
Soberano de los reyes de la tierra
Socorro
Sol
Sombra
Suficiencia
Sufrimiento
Supremo

Temible
Testigo fiel
Trascendente
Trinidad

Último o postrer Adán
Ungido

Varón de dolores
Varón perfecto
Vencedor
Vengador
Venganza
Verdad
Vid verdadera
Vida
Voluntad de Dios
Voz del Señor
Vulnerabilidad

Yo Soy

RECURSOS
BIBLIOGRAFÍA

Akempis, Thomas. *Imitation of Christ.* Nashville: Thomas Nelson Publishers, 1999.

Anderson, Leith. *A Church for the 21st Century.* Minneapolis: Bethany House Publishers, 1992.

Augustine. *Confessions.* Nashville: Thomas Nelson Publishers, 1999.

Bartleman, Frank. *Azuza Street.* Logos International, 1980.

Bennett, William J. *The Broken Hearth.* Doubleday, 2001.

Bickle, Mike y Michael Sullivant. *Growing in the Prophetic.* Eastbourne: Kingsway Publications, 1995.

Bilheimer, Paul. *Destined for the Throne.* Minneapolis: Bethany House Publishers, 1975.

Blackaby, Henry T. y Claude V. King. *Experiencing God.* Nashville: LifeWay Press, 1990.

Bright, Bill. *The Coming Revival.* New Life Publishers, 1995.

Bugbee, Bruce; Don Cousins; Bill Hybels. *Network: Participant's Guide.* Willow Creek Community Church, 1994.

Bunyon, John. *Pilgrim's Progress.* 1678, 1684. Penguin Group, 1965, 1986, 1987.

Campbell, Dr. Ross. *How to Really Love Your Child.* Victor, 1985.

Chambers, Oswald y Jim Reiman (editor). *My Utmost for His Highest.* Discovery House Publishers, 1992.

Clinton, Dr. J. Robert y Dr. Richard W. Clinton. *The Mentor's Handbook.* Barnabas Publishers, 1991.

Clinton, Dr. J. Robert y Dr. Richard W. Clinton. *Unlocking Your Giftedness.* Barnabas Publishers, 1993.

Cloud, Dr. Henry y Dr. John Townsend. *Boundaries.* Grand Rapids: Zondervan Publishing House, 1992.

Cloud, Dr. Henry. *Changes That Heal.* Grand Rapids: Zondervan Publishing House, 1990, 1992.

Cook, Jerry con Stanley C. Baldwin. *Love, Acceptance & Forgiveness.* Regal Books, 1979.

Cunningham, Loren con Janice Rogers. *Is That Really You, God?* YWAM Publishing, 2001.

Cunningham, Loren con Janice Rogers. *Winning, God's Way.* Seattle: Frontline Communications, 1988.

Dawson, John. *Healing America's Wounds.* Regal Books, 1994.

Dawson, John. *Taking Our Cities for God.* Creation House, 1989.

Dawson, Joy. *Intimate Friendship with God.* Grand Rapids: Chosen Books, 1986.

Deere, Jack. *Surprised by the Power of the Spirit.* Zondervan Publishing House, 1993.

Eastman, Dick. *No Easy Road.* Grand Rapids: Baker Book House, 1971.

Edwards, Gene. *A Tale of Three Kings.* Christian Books, 1980.

Eldredge, John. *Wild at Heart.* Nashville: Thomas Nelson Publishers, 2001.

Elmore, Tim. *Mentoring.* EQUIP and Emerging Young Leaders, 1998.

Erwin, Gayle. *The Jesus Style.* Ronald N. Haynes Publishers, Inc., 1983.

Finney, Charles. *Revivals of Religion.* CBN University Press, 1978.

Foster, Richard J. *Celebration of Discipline.* Harper San Francisco, 1978, 1988.

Fry, Steve. *I AM: The Unveiling of God.* Multnomah Publishers, Ind., 2000.

Grant, George. *Bringing in the Sheaves.* American Vision, 1985.

Guinness, Os. *The Call.* Word Publishing, 1998.

Guyon, Madame. *Union With God.* Christian Books, 1981.

Hayford, Jack. *The Key to Everything.* Orlando: Creation House, 1993.

Hayford, Jack. *Worship His Majesty.* Word Publishing, 1987.

Hegre, T. A. *The Cross and Sanctification.* Minneapolis: Bethany Fellowship, Inc., 1960.

Keller, Phillip. *A Shepherd Looks at Psalm 23.* Grand Rapids: Daybreak Books, 1970.

Lawrence, Brother. *The Practice of the Presence of God.* Spire Books, 1958.

Lovelace, Richard F. *Dynamics of Spiritual Life.* Inter-Varsity Press, 1979.

MacDonald, Gordon. *Ordering Your Private World.* Thomas Nelson Publishers, 1984, 1985.

Marshall, Tom. *Right Relationships.* Sovereign World, 1989.

Mayhall, Jack y Carole. *Marriage Takes More Than Love.* NavPress, 1985.

McAlpine, Campbell. *Alone With God.* Minneapolis: Bethany Fellowship, Inc., 1981.

McAlpine, Campbell. *The Leadership of Jesus.* Sovereign World, 2002.

McClung, Floyd. *The Father Heart of God.* Harvest House Publishers, 1985.

McDowell, Josh. *Evidence That Demands a Verdict.* Campus Crusade for Christ, Inc., 1972.

Murray, Andrew. *Absolute Surrender.* Chicago: Moody Press, 1895.

Murray, Andrew. *Waiting on God.* Minneapolis: Bethany House Publishers, 1986.

Murray, Andrew. *With Christ in the School of Prayer.* Spire Books, 1953.

Nee, Watchman. *Spiritual Authority.* Nueva York: Christian Fellowship Publishers, Inc., 1972.

Nee, Watchman. *The Release of the Spirit.* Sure Foundation Publishers, 1965.

Neighbor, Ralph. *Where Do We Go From Here?* Touch Publications, 1990.

Otis Jr., George. *God's Trademarks.* Chosen Books, 2000.

Packer, J. I. *Knowing God.* InterVarsity Press, 1973.

Pratney, Winkie. *A Handbook for Followers of Jesus.* Minneapolis: Bethany Fellowship, Inc., 1977.

Pratney, Winkie. *Revival - Its Principles and Personalities.* Huntington House Publishers, 1994.

Pratney, Winkie. *Youth Aflame.* Minneapolis: Bethany House Publishers, 1970, 1983.

Sanders, J. Oswald. *Spiritual Leadership.* Chicago: Moody Press, 1967, 1980, 1994.

Schaeffer, Francis. *How Should We Then Live: The Rise and Decline of Western Thought and Culture.* Fleming H. Revell Co., 1976.

Sherman, Dean. *Relationships Workbook.* Crown Ministries International, 1985.

Sherman, Dean con Bill Payne. *Spiritual Warfare for Every Christian.* Seattle: Frontline Communicatios, 1990.

Silvoso, Ed. *The None Should Perish.* Regal Books, 1994.

Smalley, Gary y John Trent. *The Gift of the Blessing.* Nashville: Thomas Nelson Publishers, 1993.

Smith, Ron y Rob Penner. *Grace... Simply Grace.* JENSCO LTD., 1990.

Sproul, R. C. *The Holiness of God.* Wheaton: Tyndale House Publishers, Inc., 1985.

Spurgeon, Charles. *All of Grace.* Chicago: Moody Press, 1984.

Stanley, Paul D. y J. Robert Clinton. *Connecting.* NavPress, 1992.

Synan, Vinson. *The Holiness-Pentecostal Tradition.* William B. Eerdmans Publishing Company, 1971, 1997.

Thompson, Dr. Bruce. *Las Murallas de mi Corazón.* Crown Ministries International, 2003.

Wagner, C. Peter. *Churches That Pray.* Regal Books, 1993.

Wagner, C. Peter. *Prayer Shield.* Regal Books, 1992.

Williams, Dr. J. Rodman. *Renewal Theology.* Grand Rapids: Zondervan Publishing House, 1996.

Wimber, John con Kevin Springer. *Power Evangelism.* San Francisco: Harper & Row Publishers, 1986.

Winter, Ralph D. y Steven C. Hawthorne. *Perspectives on the World Christian Movement.* William Carey Library, 1981.